新橋アンダーグラウンド

本橋信宏

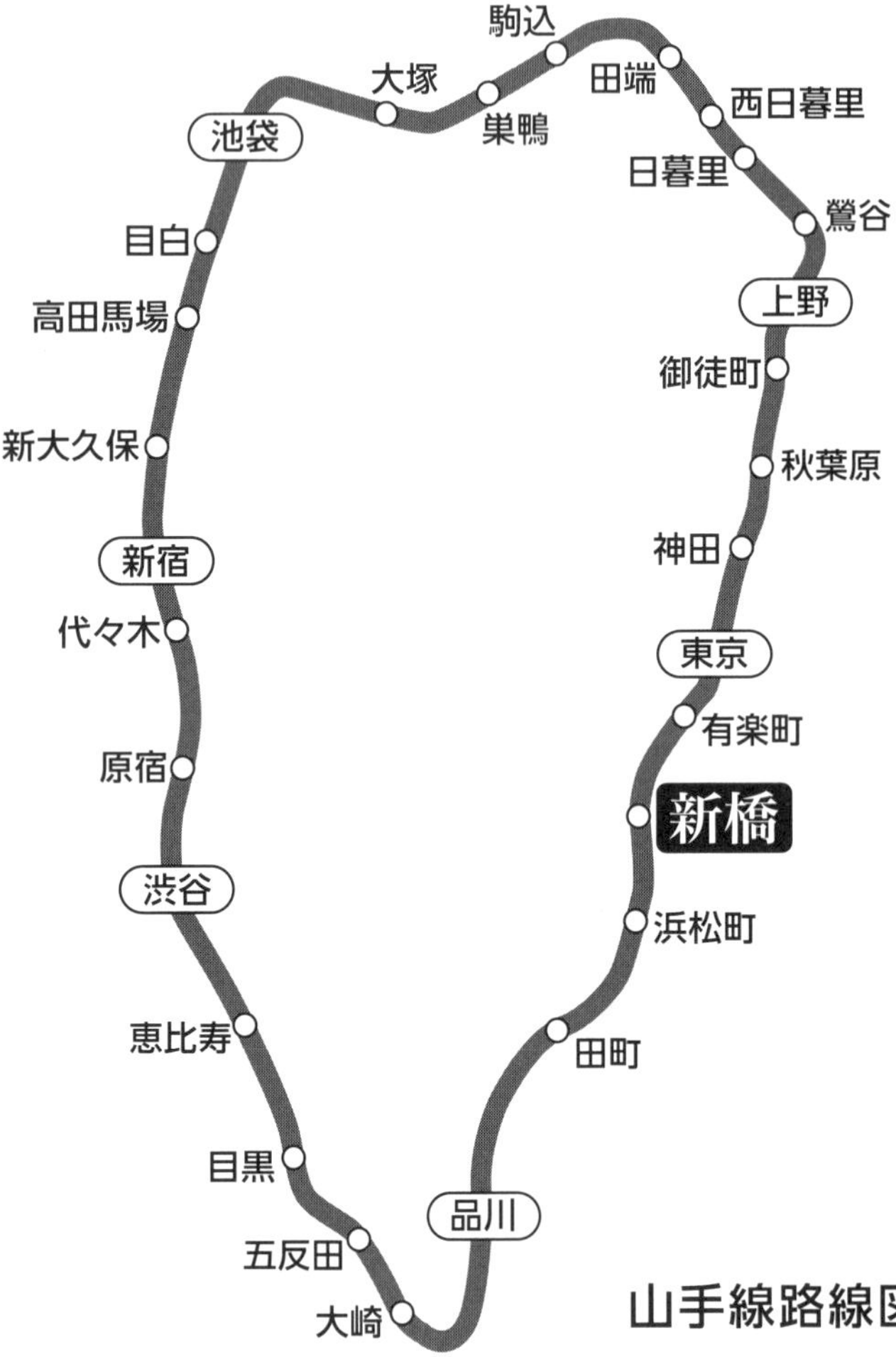
池袋
大塚
巣鴨
駒込
田端
西日暮里
日暮里
鶯谷
上野
御徒町
秋葉原
神田
東京
有楽町
新橋
浜松町
田町
品川
大崎
五反田
目黒
恵比寿
渋谷
原宿
代々木
新宿
新大久保
高田馬場
目白

山手線路線図

プロローグ

新橋は風の街だ。

巨大ビル群をぬって汐留《しおどめ》方向から海風が新橋名物ＳＬ広場に吹き込み、ほろ酔いサラリーマンの酔いを覚ます。

風が冷たい。

焼け跡闇市時代のような有楽町—新橋間のアーケード街を抜けたと思ったら、ガード下の店が建ち並び、ここだけ見たら新橋はまだ闇市時代を引きずっているかのようだ。

突然、空気を切り裂くかのように汽笛が鳴り響いた。

広場に静態保存されている本物の蒸気機関車《ＳＬ》が午後六時を報せる音だ。

知らない通行人にとってはいったい何があったのかと思わせる大音響である。

東京湾からの寒風が広場に吹き流れ、身に応《こた》える。

「寒いですねえ、新橋って。秋葉原から来たんですけど、気温が二、三度低いですよ」

編集部のある秋葉原から待ち合わせ場所に到着した杉山茂勲《しげのり》が声を震わせた。

彼とは鶯谷《うぐいすだに》を巡る異界の旅をするようになってから、渋谷円山町、上野、とつづきこれで四冊目のコンビとなる。

彼は幼いころから昆虫を愛し、筑波大学生物資源学類に入学すると蠅《ハエ》の研究に没頭し将来を嘱望される優秀な大学生だったが、蠅よりも女を研究したい、と軟派系出版社に就職。その後フリーランス編集者として数多のベストセラー、話題作を世に送り出し、奥さんの出産を機に本書発行元の駒草出版に再就職した。

今回、私が新橋をテーマに書き下ろしをすることになったのも、彼の言葉がきっかけだった。

「ニュー新橋ビルの二階って、いま、すごいことになってるんですよ。怪しい中国エステに占領されて、『オニイサン、キモチイイヨ』ってあちこちからおねえさんが手招きするんです。前回、上野で九龍《クーロン》城ビルと呼ばれる風俗ビルに潜入したじゃないですか。中国本番エステ、もしかしたらあんな感じなのかもしれませんよ」

爆買いの中国人団体が風物詩になって久しいが、ここ新橋も中国人が進出し、新橋のランドマークであるニュー新橋ビルには広東語や北京語が飛び交っている。

杉山は怪しいゾーンを見つけ出してくる特異な才能があり、嗅覚が外れたためしはない。

新橋にはいまだに闇市時代の名残がある。

ＪＲ新橋駅の煉瓦《れんが》造りの高架が明治時代の姿を残したままいまも健在で、〝新橋ガード下〟という俗称で人気があり、高架下の居酒屋は昭和の雰囲気でサラリーマンばかりでなくＯＬや女子大生といった若い女子まで引き込んでいる。

新橋はいまや女の街でもある。

汐留の再開発、ゆりかもめの開通によって電通、パナソニック、ソフトバンクをはじめとした大手企業が集結したことで、新橋で食事をとるＯＬが大量に出現。居酒屋、大衆料理店を目当てにＢ級グルメの女子たちが押し掛け、オヤジたちに迫る勢いとなった。

杉山から今回の書き下ろしを提案された私は、自身の新橋体験を掘り起こしてみた。

私にとって新橋といえば、徳間書店と『アサヒ芸能』が真っ先に思い浮かぶ。

徳間書店は物書き稼業をはじめるにあたって忘れることのできない出版社であり、当時は新橋駅烏森口近くに本社があった。まだ新米記者だった私は二十四歳のころからこの地を訪れたものだった。

大学を出てまだ一年の私は、Ｋデスクという人物から仕事をもらい、見よう見まねで書いた記憶がある。

私がフリーランスの物書きをやりだしたのは、徳間書店のライバル出版社、双葉社から出ている『週刊大衆』であった。

だがよく振り返ってみると、ほぼ同時期、もしかしたら徳間書店のほうが少し早くプロの物書きとして原稿を書いた記憶が甦ってきたのだ。そのときよくしてもらったＫデスクは、早期退職制度で定年前に退職したということは私も知っていた。

Ｋデスクは在職中からある不思議な趣味に没頭し、退職してからもその趣味はＫデスクの全存在に影響を与えていた。

二十四歳の私を新橋の店に連れていってくれたあのＫデスクはいま、何をしているのだろう。

新橋を描くにあたって、Ｋデスクにはぜひともあいさつをしたかった。

シンクロニシティというのだろうか。杉山から声をかけられる直前、仕事場の段ボールに詰め込まれて長いあいだ忘れていたあるものが出てきた。西武デパートの大きなビニール袋に無造作に詰め込まれた大学ノートだ。

物書き稼業をはじめた二十四歳のころ、取材で使っていたノートだった。物持ちのよくない私であったが、能率手帳と取材ノートだけは捨てられないものだった。

奇跡的に残っていた取材ノートを開くと、すっかり忘れていた取材先の記録が乱雑な字と図解で目の前に復活したのである。

念願のフリーランスの物書き稼業になれたものの、右も左もわからぬなんのコネクションも技量もカネもない二十四歳の若者が綴った取材ノートは、いまよりもずっと細かい文字で若さをみなぎらせた筆勢だった。

あれから三十七年。

取材ノートに記録された新橋の店はいまなお生き残っているのだろうか。

西銀座から新橋に伸びる人外魔境のようなガード下の半地下通路はどのようにしてできたのか。

駅前のＳＬ広場でサラリーマンがインタビューに応じる光景はいつからあるのか。

ニュー新橋ビル二階であちこちから手招きする妖艶な中国女性たちの素顔とは。

新橋にはなぜラブホテルがないのか。

激安レンタルルームで男女はいったい何をおこなっているのか。

昭和のスパゲティ、ナポリタンはいかにして新橋名物となったのか。

靴磨きのおばあちゃんは灼熱の日も凍えつく日も四十年以上にわたって、路上で何を見つづけたのか。

幻の成人映画会社「東活《とうかつ》」はなぜ新橋から消えたのか。

新橋に本社があった徳間書店創業者、徳間康快《やすよし》が歩んできた数奇な人生とは。

スタジオジブリ鈴木敏夫代表と新橋の関係とは。

新橋に居を構える日本最後のフィクサー朝堂院大覚《ちょうどういんだいかく》とは何者なのか。

SL広場で人待ち顔の熟女はいったいだれを待っているのか。

新橋に吹き荒れた中国昏睡強盗団の手口とは。

噂の激安手淫風俗を呼ぶと、どんな女性がやって来るのか。

昭和二十一年から営業している新橋ガード下のパブに集う熟女ホステスたちの素顔とは。

壁から剥がれかけた巨大な女の顔は何を見たのか。

三島由紀夫が割腹自決する前夜、最期の晩餐に選んだ新橋のある料理とは。

迷宮入りとなった新橋の女性歯科医殺人事件とは。

青年時代に徘徊した新橋は、還暦を迎えたいまの私にどう映るのだろう。

もう一度新橋を歩いてみよう。

若かった自分がさまよった新橋を歩き直そう。

目前にせまる新橋再開発計画によって昭和の風景が消えてしまう前に。

目次

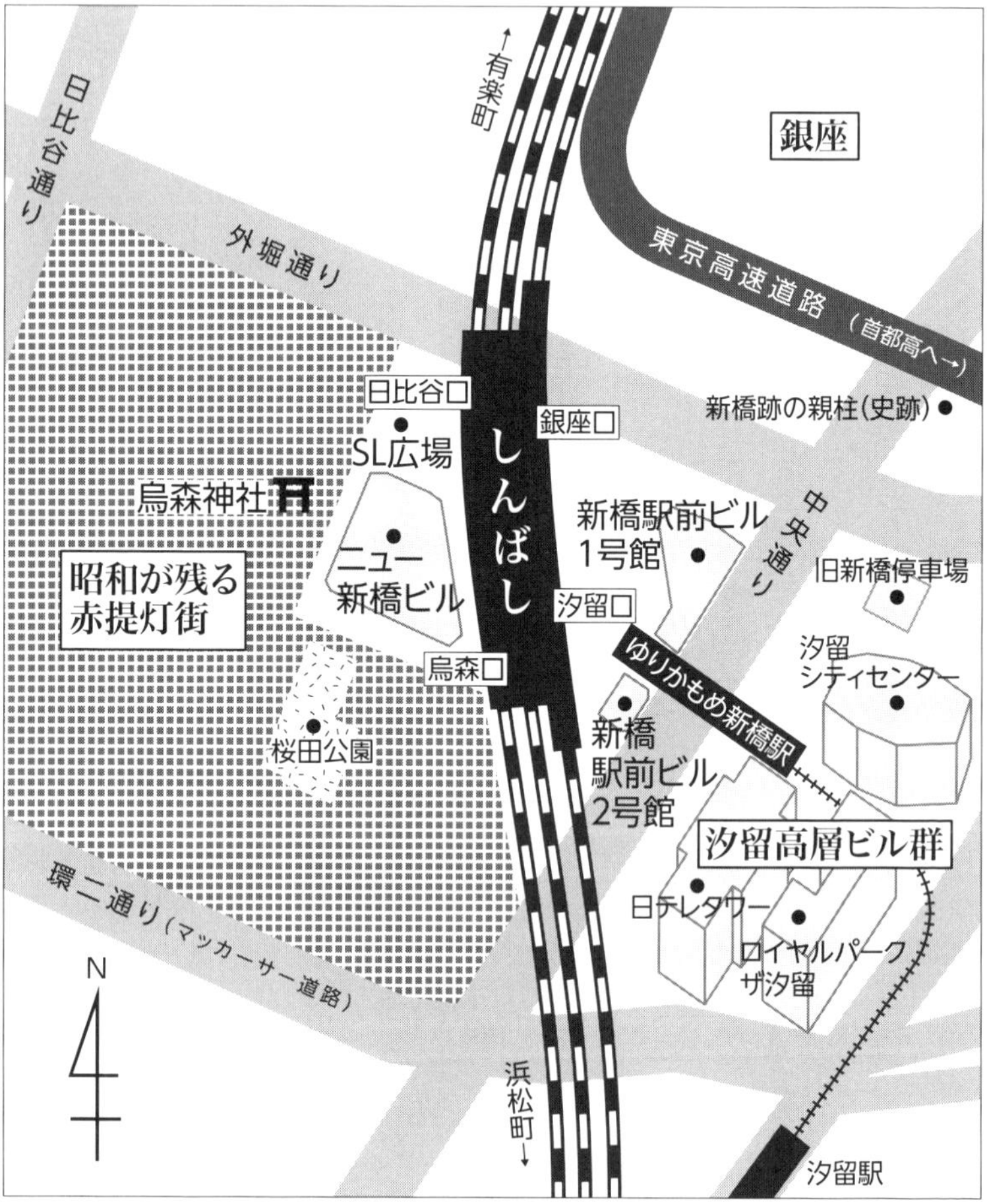

↑有楽町
銀座
日比谷通り
外堀通り
東京高速道路（首都高へ→）
日比谷口
銀座口
新橋跡の親柱（史跡）
SL広場
しんばし
烏森神社
中央通り
新橋駅前ビル
1号館
ニュー
新橋ビル
旧新橋停車場
昭和が残る
赤提灯街
汐留口
ゆりかもめ新橋駅
汐留
シティセンター
烏森口
桜田公園
新橋
駅前ビル
2号館
汐留高層ビル群
環二通り（マッカーサー道路）
日テレタワー
ロイヤルパーク
ザ汐留
N
浜松町↓
汐留駅

第一章　闇市が生き残る街

時代に取り残された通路

「新橋方面近道」

薄暗い通路がはるか彼方まで伸びている。

暗くぽっかり空いた〝近道〟をはじめて歩くのは少しばかり勇気が必要だった。

歩いていくと右手の壁から女の大きな顔が半分剥がれ落ち、私に迫ってくる。

宗教的な画風のフレスコ画に似た大きな絵が老いさらばえて破れ、剥がれ、落ちかけているのだ。

フレスコ画というと思い出すのは、スペインの教会にある著名なイエス・キリストの壁画である。湿気のせいで崩れだしたために八十代の女性が善意から修復したのだったが、完成したとき人々は凍りついた。イエス・キリストではなく、まるでサルのような壁画になっていたからだ。

私がいま歩き出した通路の壁に貼られた絵画も、昔は荘厳な絵だったのだろうが、時間の経過とともに恨み節を奏でるようになったのか。有楽町から新橋に向かう〝近道〟にまるで必要性の感じられない絵画が何故に貼られていたのだろう。

平日の昼間だというのに人影もなく、私は歩を進める。

むきだしの配管、何本もの黒いコードが伸び、天井を見上げると暗さでめまいがしそうだ。

いま歩いているのは間違いなく都心である。

「新橋方面近道」という表示を頼りに、どこまでもまっすぐに伸びる道を歩く。

もしもここで悲劇的な事態が起きたとしても、しばらくは気づかれないだろう。そう思うと、自然と歩みが速くなる。

頭上からはしばしば、陰鬱な重奏低音が響いてくる。

有楽町側にあるアーケード街の入口には「西銀座JRセンター入口」という文字が書かれている。

入口の案内看板には数店舗の飲食店の表示があるように、本来ならここは商店街か飲食街なのだろう。しかし店舗と思しき大半はシャッターが閉まり、ほとんど廃墟と化している。もともとここは一九六二年（昭和三十七年）、完成した新幹線高架下のデッドスペースを有効活用しようと、高架下を掘り下げて通路の両脇に二階建ての雑居ビルを建設、飲食店や事務所スペースとして貸し出したのがはじまりだった。

通路をはさんで右手には日本のエスタブリッシュメントが日夜集う帝国ホテルがそびえ立ち、左手には高速道路公団の建設物があり、その隣には日本一華やかな街・銀座が控えているというのに、この廃墟のような空間は何なのか。壁に貼られた女たちの不吉な絵画は、閉店した店を弔うものなのだろうか。

時代から取り残された抜け道。

終戦直後の闇市の名残を漂わせる道だ。

有楽町側の入口には「インターナショナルアーケード」と称する店舗がある。一九六四年（昭和三十九年）開幕の東京オリンピックに合わせ外国人向けに土産物店がここに開業したのがきっかけだった。

通路の左手は二階へ上がる階段があるが、鎖がつながれて入れないようになっている。

有楽町から新橋に抜けるこの〝近道〟は、旧国鉄、現在のＪＲ東日本とＪＲ東海が所有するものだ。西銀座ＪＲセンターという正式名称が示すように、ここには東海旅客鉄道株式会社（ＪＲ東海）の名札のかかった事務所が七十軒近く並んでいる。

昔、けっして潰れない官公庁系事業所のことを「親方日の丸」と言っていたように、ここもかつては親方日の丸の拠点であり、まるで商売っ気のない事務所が建ち並んでいるのだろう。これらの事務所にも人の気配は感じられない。東京オリンピック以後、ほとんど手が加えられていない化石のような通路なのだ。


歩いて行くとようやく人の気配がしてきた。

新聞を配達する丸の内新聞事業協同組合だ。

様々な新聞を配達する協同の事務所なのだろう。

ネット配信に移りゆく時代に、このような事務所がまだ存在していたとは。

やっと左手に飲食店が見えた。

「マダン」という韓国料理屋だ。

「昔は反対側も店があったよ。有名なちゃんこ屋とかスナックとか」

韓国人の女性店主が回想する。

壁に貼られたあの不気味な女の顔は、この店を開く前からあったという。

私は再び歩き出した。

不気味な女の絵は他にもあった。

子犬を抱いた西洋女性がぬっと立っている。ドラキュラめいた西洋風の紳士が横にいる。

物騒な轟音が頭上から降りかかり、しばらく歩いていくと、やっと人とすれ違った。

二十代のOL風だ。どことなくあの壁の女の顔に似ている。歩く速度が速くなる。

いったいどこまでつづくのだ。

廃墟の神殿のようなむきだしのコンクリート柱が見えてきた。

右手は高架下の耐震補強工事でこのところずっと作業中だ。不慮の天災に備えて大規模な補強がおこなわれているのだ。

光が見えてきた。

やっと新橋に出た。

忘れかけていた都会の喧噪が復活した。

振り返ると、この半地下通路がある新幹線高架と平行してすぐ真横に同じく高架建ての高速道路が伸び、この二つの高架の間に直線の道が伸びている。こちらは屋根もなく、車一台がやっと通れるくらいの幅で、はるか向こうまで一本道がつづき、遠近感が麻痺してきそうだ。人通りは皆無で、資材などを載せた車が時折行き来している程度。元は国鉄、道路公団が占有する敷地の間に生まれた不思議な空間だ。

古びた二つの高架に挟まれた一本道から、どういうわけか私は昭和三十年代、大映映画のスターだった川口浩が全速力で走ってくる光景が浮かんできた。

すぐ横は日本一地価の高い街・銀座が控えているのに、まったく人通りのない、忘れ去られたような

西銀座 JR センター内の謎の壁画（2010 年 6 月撮影 ※現在内部は撮影禁止）

一本道があったとは。
新橋は時間が止まっていた。

新橋停車場跡が語る歴史

新橋は港区の一画に位置する。新橋という地名の由来は、新橋川とも呼ばれた汐留川に架かっていた橋の名前からきている。区名のように港区は東京湾に面し、六本木、赤坂、麻布といった流行の先端をいくエリアを有する人気の区だ。新橋というオヤジ臭いエリアが港区にあるのが意外だ。

江戸時代初期まで、新橋は江戸湾（現在の東京湾）に面した岬の突端にあった。「江戸前島」と呼ばれた細長い砂州の半島の突端が現在の新橋駅付近で、首都高速環状線の東側、築地から新富町、八丁堀あたりは全部外海だった。そして反対側、内幸町《うちさいわいちょう》から日比谷公園あたりまでが日比谷入江と呼ばれる深くえぐられた内海だったのだ。

ちなみに新橋駅西口の烏森《からすもり》という旧地名は、もともと江戸湾の砂浜であり松林があったことから「枯《かれ》州《す》の森」あるいは「空州の森」と言われていた。しかもその松林にはカラスが多く集まって巣をかけていたので、のちに「烏の森」とも呼ばれるようになったという（『烏森神社縁起』）。

徳川家康の江戸入城とともに、海岸部が埋め立てられ激変していく。

駿河台のニコライ堂のある高台（神田山と呼ばれていた）から大量の土を切り崩して運び、江戸湾を埋め立てて、徐々に陸地が拡大していく。埋め立て地は平地なので人が住みやすく、海産物が採れる東京湾に接しているので漁業にも向いていた。

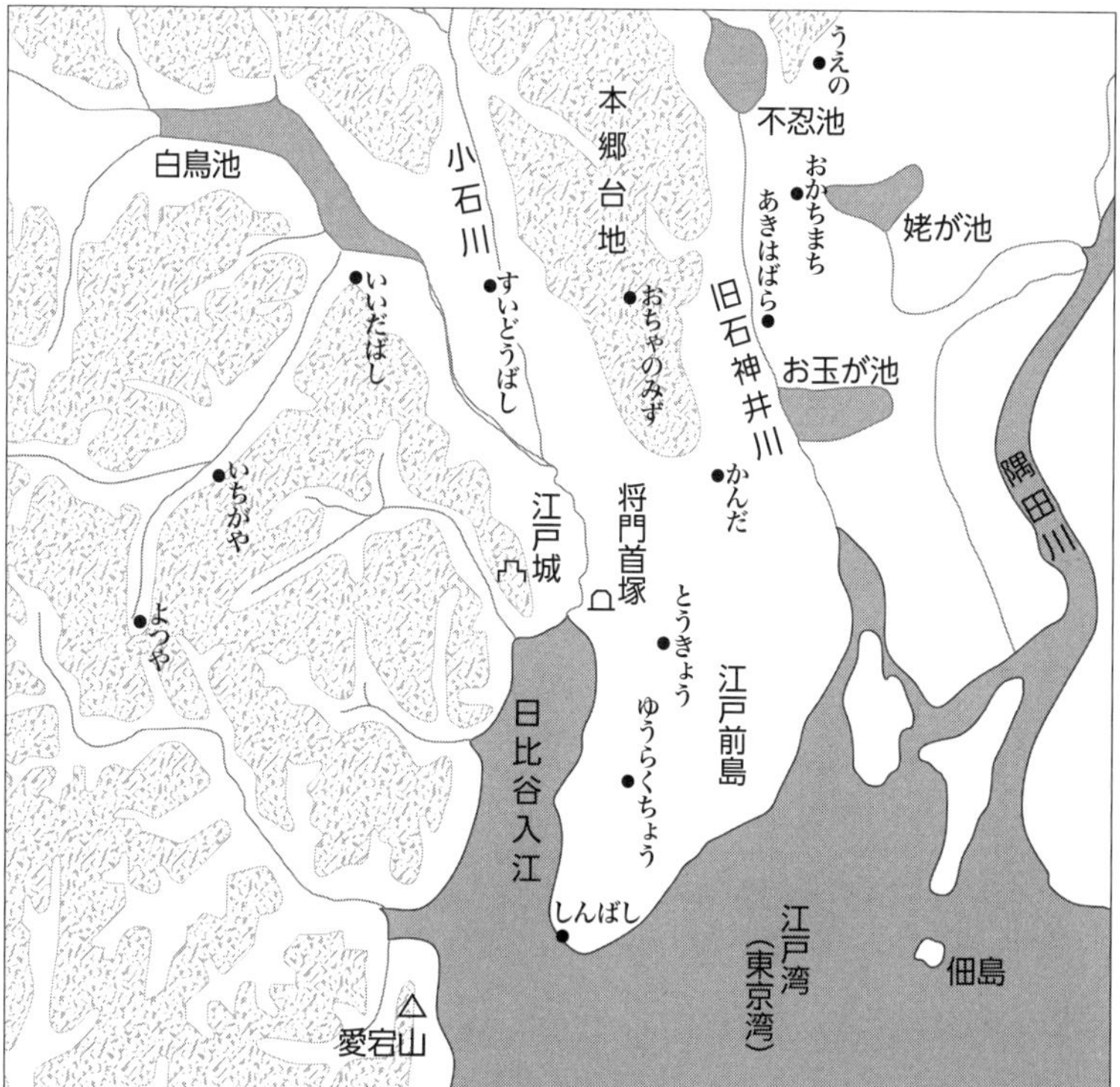

家康入府前の江戸。江戸前島と呼ばれる砂州の半島が伸び、その先端が現在の新橋駅あたり

新橋は鉄道とともに発展してきた。

明治の元勲たちは西洋列強に思い知らせようと、当初は横浜から神戸までの長距離に列車を走らせようという遠大な構想を練っていた。

ところが軍事費に食われて資金不足に陥り急遽路線を変更し、貿易の中心地である横浜と輸送の基地として汐留が選ばれることになった。

一八七二年（明治五年）九月十二日、横浜―新橋間が開通した。日本初の鉄道である。

距離にして二十九キロメートル、それまで人力車でも七時間を要した道のりをわずか五十三分で繋いだのは革命的な出来事だっただろう。一九一四年（大正三年）に東京駅ができるまでは、この新橋駅が東京の玄関口だった。

正確にいえばこの時代の新橋駅は現在の汐留であり、この地に新橋停車場跡として残っている。

いまも汐留に残る新橋停車場跡に再現された三十五メートルのプラットホームがある。当時は百五十一・五メートル、幅九・一メートルあったとされるから、開業当初から本格的な規模だったことがうかがわれる。

新橋駅のプラットホームは盛土式石積という構造で、基礎石には龍野《たつの》藩脇坂家・仙台藩伊達家両屋敷の礎石が使われた。このあたり、まだ江戸時代が終わったばかりだと実感させられる。

現在の汐留に新橋停車場が誕生した裏には、明治新政府による旧徳川幕府の勢力を弱体化させようという思惑が見られる。

新橋駅にあてられた土地は、もともと伊達家、脇坂家、保科《ほしな》家の屋敷があった場所であった。伊達・脇坂・保科は徳川家康のころから徳川家に仕えた有力大名である。

明治維新は旧徳川幕府勢力をいかに壊滅させるかが大テーマだった。上野では徳川幕府の精神的支柱だった上野寛永寺の領地を召し上げて上野恩賜《おんし》公園を造成し、東京藝大、国立博物館、上野動物園と大規模施設を次々と建てて、寛永寺と旧徳川幕府の勢力を削いでいる。

ここ新橋もまた旧勢力と明治新勢力のせめぎ合いがあった。

鉄道敷設《ふせつ》は国家をあげての一大事業とされたのだったが、反発もあった。鉄道敷設を強く訴えたのは伊藤博文、大隈重信というライバル同士であった。国力は鉄道で決まる、と確信していたのだろう。

その一方で鉄道は莫大な国費を要するために国力が削がれてしまうと反対した勢力もあった。代表格は大久保利通、西郷隆盛だった。

明治維新はスムーズに進行したのではなかった。明治維新を断行した維新の志士たちは個性の強い自己中心型ばかりだから、おれがおれがの世界だった。

鉄道敷設にしても然り。

紆余曲折の末に横浜—新橋間に鉄道が敷かれた。反対派だった大久保利通が賛成にまわったことも大きかった。

一八七二年（明治五年）五月、開業式。

一八八九年（明治二十二年）、新橋—神戸間全面開通。

現在の新橋駅、当時の烏森《からすもり》駅は明治四十二年に開業した。

馬や籠で移動していた江戸時代の庶民はさぞや驚いたことだろう。

煙を吐き爆走する汽車は近代国家の象徴になり、新橋は近未来都市のような存在であった。鉄道は憧れの存在になり、一度は汽車に乗って旅をしてみたい庶民の夢になった。

新橋名物ガード下

新橋駅は隣の有楽町駅とともにガード下の店が名物になっている。

新橋のガード下といえば、闇市時代の雰囲気をもったレトロな煉瓦《れんが》造りの高架下に居酒屋や映画館、ラーメン店が建ち並び、新橋名物になってきた。

私は三十代のころまで漠然と「ガード下の店」というと、頭上を山手線が走るガード下に屋台を出して客をもてなす店だとばかり思いこんでいた。高架下を屋根代わりに利用したれっきとした建物だった、という事実を知ったときは新鮮な驚きだった。

一八七二年（明治五年）に開業した日本初の鉄道はロンドン、パリ、ベルリン、ニューヨークといった西欧の都市を走る鉄道を見本として敷設され、明治三十九年には人間や馬車、車の往来を妨げることのないように立体の交通にすべく、新橋—上野間に高架線を引くことになり、日本初の高架式鉄道が誕生した。

いまだに開かずの踏切が大渋滞をもたらす道路事情からみたら、明治期にすでに交通の立体化を実践していることは先見の明があったというべきだろう。

このとき新橋—東京間に用いられた工法は半円形の煉瓦アーチ式だった。煉瓦、コンクリートをアーチ型に積み上げてその上に線路を走らせる。煉瓦造りの高架式は一九〇九年（明治四十二年）に完成、二十一世紀の現在まで生き残った。

いま、私たちが見ている煉瓦のガードは苔《こけ》や錆《さび》、ヨゴレが染みつき、えも言われぬ味わいとなって往

東海道線 9
二葉橋ガード
お願い
のを見た方は、至急
御連絡下さい。
JR東日本
新橋保線区長
新橋駅長
羅生門
炭火焼
羅生門
羅生門
ガード下の名物居酒屋

事を偲ばせる。

太平洋戦争の空襲にも耐え、いまでもガード下にはいくつもの店が営業している。

一九四七年（昭和二十二年）から営業している焼き鳥屋「羅生門」は、洞穴のようなガード下に店を構えている。ガードに掲げられている古びた標識には「二葉町高架橋」という文字が確認できる。

二葉町とは一九三二年（昭和七年）に地名変更で消えた地名であり、世紀をまたいだいまでも当時の標識だけはガード下に生き残っていた。

ガード下の煉瓦は関東大震災、空襲によるダメージなのか、ところどころがひび割れ、補修された跡がある。薄暗いガード下と焼き鳥の煙と匂いが闇市のようだ。

新橋駅付近のガード下に向かう。

ガード下は国鉄（現在ＪＲ）の所有地であり、この下で店を営業するには何かと面倒な手続きが必要だったにちがいない。

終戦後、空襲で土地台帳が消失し、強制疎開で東京から離れ終戦後帰京したものの、すでに焼け跡には見ず知らずの他人が商売をやっていた、という混乱によって東京の闇市が誕生したとされる。

敗戦によって日本の警察権力も弱まり、戦勝国を自称する台湾、中国、朝鮮（当時の俗称で〝第三国人〟と呼ばれた）が幅を利かせていたために焼け跡は混乱をきわめた。

終戦後、ガード下の店はいかにして営業権を勝ち取り、店開きしたのか。どさくさにまぎれて権利を取ったのではないか、という風説まである（権利関係の貴重な証言はこの後、「パブ・コダマ」で発掘した）。

ザ・タイガース解散秘話

有楽町から新橋につづくガード下は隠れた名店が多く、新宿ゴールデン街のように新聞社の記者、出版社の編集者、作家、カメラマン、役者、演出家、ミュージシャンといった面々が夜ごと集い、酔う。

忘れ去られたガード下のとある店に、こんなドラマが埋もれていた。

一九七一年（昭和四十六年）一月二十四日夜。

私が通ったあのアーケード街「西銀座JRセンター」のある店に五人の若者たちが集まった。

彼らは当時日本においてもっとも人気のあるバンドメンバーで、今夜を最後にグループでの活動を終了してしまうのだ。

ザ・タイガースと呼ばれた彼らは、京都から上京してきた五人組だった。デビュー当時はボーカルの沢田研二（ジュリー）、リードギターの加橋かつみ（トッポ）、リズムギターの森本太郎（タロー）、ベースの岸辺おさみ（サリー・現在、岸部一徳）、ドラムスの瞳みのる（ピー）の五人で、加橋かつみが脱退した一九六九年からは岸辺の実弟・シローが加入した。

タイガースは一九六七年から爆発的な人気になったGS（グループサウンズ）のなかでもっとも売れたバンドであり、沢田研二はジュリーの愛称で神がかり的な人気を集めた。ファンの熱狂度からいえば昨今のSMAPを上回る勢いだった。

GSブームはわずか二年ほどでしぼみ、ザ・タイガースも惜しまれつつ一九七一年一月二十四日、「ビューティフルコンサート」と銘打ち、日本武道館で日本人初の単独ライブをおこない同日解散した。

生きていく上で難しい課題が人間関係だ。バンドというのは個性が強い集団ゆえに、人心が離反しだすと結束力が弱まり、たちまち解散に追い込まれる。

五人はバラバラになり、それぞれの道を歩み出す。

いままでタイガースが全員そろった最後の宴は、銀座の高級ちゃんこ料理屋だとされていたが、最近になってあのアーケード街、西銀座JRセンターのちゃんこ屋だった事実が判明した。

コンサートが終了し最後の晩餐として選ばれたのは、高級フランス料理店でも中華料理の名店でも高級料亭でもない、ここ新橋ガード下のちゃんこ屋だったのだ。

私が歩いて見かけた韓国料理屋「マダン」の真向かいに、そのちゃんこ屋は存在していた。そういえば、マダンのママさんも「昔は反対側も店があったよ。有名なちゃんこ屋とかスナックとか」と証言していたではないか。

日本最大の人気アーティストたちの最後の宴が、ガード下のちゃんこ屋だったというのは意外だった。気の置けないくつろげる店、それがガード下だったのだろう。

熱狂的ファンが多かったドラムスの瞳みのるは、みんなに別れを告げると、ガード下の近くに待たせていたトラックに荷物を乗せて故郷の京都に帰っていった。その後、四十年以上、二度とメンバーたちに会うこともなかった。

瞳みのるは高校に入り直し、慶應義塾大学文学部に進学、国語教師として慶應義塾高校で教鞭に立った。

けっしてマスコミの前に登場することもなく、一九八一年（昭和五十六年）のタイガース同窓会コンサートに加わることもなく、表舞台に立つことはなかった。

人気絶頂時に引退してから二度とマスコミの前に姿を現さない女優・原節子、歌手の山口百恵とならび、瞳みのるを加えて三大消えたスターとでもいうべき存在だった。

時は人を変える。

あれほど元メンバーやメディアを避けていた瞳みのるが、二〇一一年九月八日、東京国際フォーラムでの沢田研二ライブツアー初日、四十年ぶりにステージに立った。

元メンバーたちの瞳みのるに捧げた作品『ロング・グッバイ』（作詞・岸部一徳、沢田研二／作曲・森本太郎）に心を揺れ動かされたことがきっかけだった。歳を積み重ねるとあらゆるものを受け入れやすくなる。

ライブツアーにドラムスとして参加し、著作活動もおこないだした。

ガード下に秘められた別離と再会だった。

ホステスは七十代、ママは九十一歳

「ホステスさん全員がおばちゃん、四十代から七十代までそろってます。みなさん元気で、『飲んでいい？』ってさんざ言う（笑）。小さなグラスで。面白いんですよ。年増好みにはいい店です。若い子なんかいるのかな、見たことないな。僕が入社したころからある古い店です」

新橋ガード下の取材をしていくうちに、こんな証言を得た。

私の仕事仲間の編集者である。

さっそく新橋駅近くのガード下「パブ・コダマ」という店に潜入する。

開業は終戦直後、新橋がまだ焼け野原の一九四六年（昭和二十一年）だった。

駅からほど近く、アーチ型煉瓦がえも言われぬ風合いを醸し出すガード下にその店はあった。

この店の吉田秀子ママは、そのときからこの店の主人としていまも現役である。

ガード下の店は数々あるが、終戦直後から営業している、新橋をもっともよく知る生き証人だ。

階段を上がると、薄暗い店内から太い嬌声がいくつも響いてきた。

「いらっしゃーい」

「あらー、若くていい男ねえ」

還暦を迎えた私たちを歓待するのは、七十代とおぼしきホステスたちだ。

店の吉田秀子ママが登場した。

ロマンスグレーをていねいにまとめている小柄で品のよさそうな夫人だ。

「七十年同じ場所でやってます！　いま九十一歳、がんばってるよ。元気が一番お金は二番！　ウワーッハハハハハ！　そうそう、大正十五年生まれ、ウエッヘッヘッヘ。ここ嫁にきたのが七十年前。オヤジ（主人）がやっていた店にわたしがやってきただけ。普通の女がこんなガード下を借りられません。オヤジ？　とっくに天国逝っちゃった。これも寿命。オヤジ（主人）は大正十三年生まれ。二十年も前に逝っちゃったよ。こうやってわたしが生きているのも寿命。ウエーッヘッヘッヘ！」

上品な風合いでありながら、会話の折々にぶちこまれる豪快な笑い声。酒が入ると愉快になるのだろう。いい酒飲みだ。

「わたし、大阪生まれですよ。小学六年で品川に越してきたんですよ。父はなにもやってなかったね。幼いころに親が保証人になって、借金の肩代わりで家も店も取られちゃって、品川に出てきたんです。

それで風呂屋やったんだけど、大八車でオヤジとお屋敷町に行って剪定《せんてい》した庭木の木《こ》っ端《ぱ》もらいに回っていた記憶があるんだよね。それを乾かして風呂のカマドで燃してたの。わたしは下足番だよ。風呂屋に来るお客さんから札もらって靴を預かる。いまはカギで入れる時代だけど、昔は下足預かってわたしが入れるんだよ。子どものころから働いているよ。いまでも働きっぱなし。ウワッハッハッハ。高輪台小学校出て、そこしか行ってない。親が死んだからずーっと働いている。それでも兄弟は大学出させたよ。五人。わたしは一番上だから兄弟の面倒みて、自分は大学行かなくてもあとはみんな（大学）出したよ。ウワッハッハッハッハーア！」

終戦になって、秀子ママは現在の新橋ガード下で知り合いがやっている飲食店を手伝いだした。隣には台湾出身の華僑・張という人物が経営している中華料理店があった。

二人は恋仲になり、結婚した。

「主人は中華ソバ屋。中国の人だから。戦前から日本にいたんだよ。隣にあたしが勤めてた。年中顔見合わせたからなんとなく一緒になったんだ。うちも飲食だったけど、なにやってたんだったか忘れちゃったよ。それでお互い気心わかってるから一緒になっちゃった。でも親は反対したよー。そのころは中国人だからって怒っちゃって大変だったよ。でもなんとなく一緒になっちゃった。だからこうやってガード下で店持ってるんだ。手相見てもらったら、相性がいいんだって。何があっても別れないって言われちゃったよ、ウワーッハッハッハッハッハッハ！　終戦直後で食糧ないから、繁盛したよ。ウエーッヘッヘッヘッヘッヘ！」

不幸を寄せ付けない神がかり的な笑いである。

国鉄ガード下とキャバレー全盛時代

家のなかった秀子ママは新婚当初、大田区の六郷土手《ろくごうどて》の防空壕で暮らしていた。

終戦直後昭和二十一年からガード下で営業をはじめた秀子ママは核心を語り出した。

「友だちがＪＲ（旧国鉄）に勤めていて、ここ（を借りる権利）をもらったんだけど自分では何もできないので、あたしのダンナが借りたんだって。そうだよ、昭和二十一年、国鉄から借りてたんだよ」

一九四九年（昭和二十四年）、国有鉄道（国鉄）が誕生するまで、鉄道省の管轄にあった鉄道は鉄道省の路線という意味で、省線と呼ばれていた。

鉄道省という呼び名が示すように、鉄道は明治以来国家の土台であった。

終戦後、鉄道省は解体され運輸省になり、昭和二十四年、国有鉄道（国鉄）が誕生する。

ガード下は駅からゼロ分、商売に適した立地条件であるので、商売したい者にとっては打ってつけの場所だった。

親方日の丸も重い腰をあげて、物置程度にしか利用してこなかったガード下を民間に貸し出すことになった。

ただしひとつだけ問題があった。

国電が轟音をたてて真上を走る。

私が秀子ママの話を聞いているときも、ゴゴゴゴゴゴゴゴゴゴゴゴゴという走行音がひっきりなしに響いてくるのだ。この騒音と振動が我慢できれば、最高の立地条件だった。

現在、ガード下は耐震補強工事のため十五年間かけて大規模工事中で、パブ・コダマはすでに一年間かけた補強工事が終わり、店内は表からでは想像もできないモダンなつくりになった。

「補強工事したから前より狭くなっちゃったのよねえ」

六十代の完熟ホステスがそうこぼす。

パブ・コダマの前は「ナイトトレイン」という店名で営業していた。当時の店内はダンスホールのようにだだっ広い。

「キャバレーだもん昔は。踊りもできたよ。この本つくってくれたのよ、ありがたいわよねえ。頼みもしないのに。ほら」

常連さんが制作したというパブ・コダマの歴史を一冊にまとめた立派な小冊子を見せてくれた。

九十一歳になる秀子ママ若きころの写真がある。

「美人じゃないですか」

私が素直に賞賛すると、あの豪快な笑いがまたもや店内にこだました。

「JRから借りてる借地権っていうの？　立ち退き？　言われないよ。七十年借りてるんだから。家賃？　毎月ちゃんと払ってるよ。いくら？　酒飲んでるときはすぐ忘れるんだ。いくらだったかなあ。ホワワーッハッハッハ！　立ち退き、一度も言われたことない。耐震補強工事してた一年間は、駅前のニュー新橋ビルの二階で営業してたよ。とにかくね、わからなかったら弁護士に聞くわけよ。ここのガード下の店はみーんな借りてるんだ。うちが一番古いんだ。ホワウワァッハッハッハッハ」

終戦直後、闇市が駅前にひしめいていたころ、キャバレー「ナイトトレイン」は総勢六十名以上のホステスが夜を彩る大型店として人気を博した。現在はガード下の二階で営業しているが、キャバレー時代は一階と二階をぶち抜き、バンドを入れて毎晩ショーをやっていた。ホステスと客が酒を飲み、合間に踊子によるセクシーなショーがはさまる。昭和三十年代までサラリーマンを中心に大いに流行ったものだった。

「ナイトトレイン」もキャバレー人気に後押しされて、大分儲かったらしい。

変化がおきたのは東京オリンピックがあった一九六四年（昭和三十九年）前後だった。

人々の暮らしぶりも豊かになり、日常生活に目が行くようになると、エキゾチックな大箱の娯楽施設は次第に避けられるようになっていく。

パブ・コダマもキャバレーから脱皮し、店名もそのころ開通した東海道新幹線こだま号からとり、ダンスはやめて少数のホステスによる接待に変えた。

「ほんとは店名もひらがなの〝こだま〟だったんだけど、業者に看板頼んだら〝コダマ〟になってた。だからそのままになっちゃったんだ。ウエーッヘヘヘヘッ」

七十年間働きつづけ、その間休んだのは客同士の喧嘩の仲裁に入って額をケガして休んだときだけだった。

完熟ホステスの魅力

私の斜め前にホステスが座った。

パブ・コダマに十六年在籍しているというホステスは、以前全日空に勤務していたという。

「この店がグリーンの絨毯だったころ、わたしお客だったのよ。毎日のように来ていたんだから。わた

昭和 39 年、キャバレー「ナイトトレイン」のころ。この年よりコダマになる

パブ・コダマのママ・吉田秀子

し？　七十（歳）のババアよ。結婚してますよ。でもしてないと言ってるの。子ども二人。みんな真面目よ。ここはお客さんもモテようと気を遣わなくていいから気楽に飲めるんだって。前はダンスしたり歌ったりしたけど、いまは狭くなっちゃった。前はもっと忙しかったけど、いまはねえ」

もう一人が席に着いた。

七十四歳、英語とスペイン語が堪能な完熟ホステスだ。

肌艶がよく照り輝いている。

「英語は話せたんだけど、スペイン語はね、バルセロナオリンピックのときに現地の言葉で買い物したいから学んだのよ。でもニューヨークが一番すてき。半日ずーっと女を見てました。かっこいい女を」

世界を股にかけた半生だった。

元全日空が話す。

「生意気なこと言わせてもらっていい？　大庭哲夫の秘書十年やってたの。知ってる？　大庭哲夫」

「知ってますよ。全日空の社長をやっていた。ロッキード事件で国会に証人喚問で呼ばれて、発言するとき右手を拳にして委員長に発言を求める姿が話題になりました。実直な印象があります」

「あらー！　あなたよく知ってんのねー」

彼女の口から、元大物運輸省関係者や政治家の名前がぽんぽん出てくる。話が過熱すると私の右手をぎゅっと握りながら語りつづけるのだ。

「ロト6、二回当たったわ。四十八万円を二回。十万は三回当たってます。お世話になった人たちとお店ハシゴして当選金全部使ったのよ。当たるコツはねえ、買うとき数字を指定するの。たとえば今回は二〇一七年だから、一七の通しでくださいとか、去年なら一六くださいって。数字にこだわるのね」

こういうのを強運家というのだろう。

「でもねえ退職金ぜーんぶ消えた。一千五百万。ダンナがやっていた貿易会社が潰れてさ、マンションとられるわ、カネはとられるわ、夜逃げして……」

完熟ホステスは人生の酸いも甘いも噛みしめているから、若い子よりも話が抜群に面白いのだ。

「いらっしゃいませー」

もうひとりが私の左隣についた。

御年七十四歳。

完熟ホステスがつづく。

昼間は年金関係の事務職で働き、夜はパブ・コダマでホステスをしている。

「いらっしゃいませー」

もうひとり登場。

「昭和四十年生まれです」

と言うから、御年五十二歳。

今日のホステスのなかで一番のヤングホステスである。

「電話工事の派遣でいまも働いてます。もともとお客として飲みに来ていたんです。ワールドワイドなおねえさんたちが辞めちゃって、それでわたしが週に二日くらいならできるかなって」

ワールドワイドとは、この店で働いているアジア系外国人ホステスのことだ。

「独身です。まったく縁が無くて。それに両親を見てて、結婚はわたしはいいかなって。ママの歳とともにホステスの年齢も上がるんです。だからババクラブと言われる（笑）」

完熟ホステスたちの話は腰痛だとか更年期障害だとか健康話が中心になる。

全日空で秘書をやってきたあのインテリホステスは――。

「寝る前と朝起きたら人肌の水をまず飲む。起きたらすぐ歯ブラシで舌を磨く。これが大事ね。朝食はヨーグルトと珈琲、バナナ。胃に負担がかからないでしょ。ダンナはもうとっくに死んじゃった。でも恋がしたいわねえ。ホテルのカウンターで世界情勢話せる男が欲しい！」

話を聞いているうちに、次々とサラリーマンが客として入ってくる。三十代から四十代、完熟ホステスからみたら全員年下の男の子だ。

カラオケがはじまる。

耐震補強がなされた店内はまことに音の響きがよく、ドームコンサートのような大音響になる。

完熟ホステスの一人が私の耳元で大声を出した。

「うちのママ、クビにしたホステス、一人もいないんだよ。若い子はどこでも働けるけど、年寄りは働けないでしょ」

たしかに六十、七十代女性がこうして働ける職場は貴重である。

カネがない客は、先にカネがないことを言えば、〝学割〟サービスするという。

振り返ってカウンターを見ると、背中を丸めた中年男がひとり、ぼんやりしていた。

「あの人？　ホームレスだよ。寒いからって、ママが店に入れてやるの」

人情酒場だ。

秀子ママ再登場。

「いまはうちの店のホステス全部で六人。あたしとあの子たち入れて。商売も難しくなったよ。景気もわるいし競争も激しいし。いい時代はけっこう儲けさせてもらいましたよ。バブルのころはよかった。うちだけではなくてみんなね。わたしはのほほんとしてるから元気でいられるの。でもねえ、歳とってから忘れっぽくてダメですよ。ウエーッヘッヘッヘッヘ！　子ども、みんな天国逝っちゃった。これも寿命だなと思う。それも運命。しょうがない！　あら、わたしの名刺、無い？　わかった」

名刺がわりに何かの紙切れに店名と名前、電話番号を書いてくれた。

ひっくり返すと車券だった。

戦後闇市時代にオープンして新橋を見つづけてきた吉田秀子ママ、九十一歳。本日もいたって健康。

新橋の会員制クラブに集った作家たち

今宵も広場にはほろ酔いサラリーマンが行き交い、若いＯＬも目立つ。

海を埋め立てたことで平地が形成され、人々が海風に吹かれて集まり散じる。

一九五六年（昭和三十一年）四月二日――私が生まれる二日前、ここ新橋のキャバレー「フロリダ」で、当時日本中を騒がせていたある小説の映画がクランクインした。

石原慎太郎原作『太陽の季節』である。

一橋大学学生だった石原慎太郎が書いた小説『太陽の季節』はこの年、芥川賞を受賞し、湘南を舞台に金持ちの息子たちが放蕩する日々を描いた内容が物議を醸し、彼らは「太陽族」と呼ばれた。主人公の青年が恋人に向かって勃起した陰茎を障子に突き刺すシーンは話題を呼んだ。

戦後出現した昭和一ケタ世代の若者たちの、なかでも裕福で享楽的な姿を描いた石原慎太郎は古い権威を破壊する価値紊乱《びんらん》者の英雄であった。

『処刑の部屋』では、不良学生が狙った女子大生の酒に睡眠薬を混入させて泥酔したところを犯すシーンがあったために、模倣する若者たちが続出し、これも社会問題になった。

石原慎太郎原作の映画はあまりにも不道徳過ぎるというので、それに類する映画も含めて「太陽族映画」と称され、上映自粛する映画館もあり、「太陽族映画」をきっかけに映倫という映画団体の自主審査機関が誕生した。

昭和三十年代初頭、石原慎太郎はまさしく反道徳の騎手であった。それから半世紀、都知事になった太陽族の生みの親は、エロ漫画を規制する側に立つのだから、世の中先のことはわからない。

その石原慎太郎の原作をもとにした記念すべき映画版『太陽の季節』の撮影が四月二日、新橋のキャバレー「フロリダ」でスタートしたのだった。

実弟の裕次郎は湘南の遊び人たちの言葉を映画で指導するために呼ばれたが、このときの存在感がスタッフの目にとまり出演することになり、『太陽の季節』上映からわずか二ヶ月後、慎太郎原作『狂った果実』で主演デビューを果たした。

『太陽の季節』は石原兄弟の運命を大きく変えた。

昭和三十三年、新橋の会員制クラブに集ったのは、石原慎太郎をはじめとする若き作家たちの群れで、「若い日本の会」と名乗った。当時の自民党が改正しようとした警察官職務執行法に対する反対運動から生まれた会であり、石原慎太郎、永六輔、谷川俊太郎、大江健三郎、開高健、寺山修司、黛敏郎《まゆずみとしろう》、富島健夫といったそうそうたる青年たちが集い、安保改正反対を唱えた。六〇年安保のころ、石原慎太郎はどちらかというとリベラル側の住人だった。

当時もっとも時代の先端をいっていた若い文化人の集まりだった「若い日本の会」が新橋のクラブに集ったのも、新橋に引き寄せるものがあったからだろう。

高見順『敗戦日記』に描かれた新橋

太平洋戦争末期。

新橋一帯はＢ29による空襲で、壊滅的な被害を受けた。

最後の文士と言われ、鎌倉に住んでいた作家・高見順は、しばしば新橋駅まで向かうときがあった。高見順が書き残した膨大な日記のなかでも、戦時中から終戦直後の自身と身のまわりの事柄を記述した『敗戦日記』には、新橋とその周辺がよく登場する。

日比谷公園にＢ29が墜落し、日本の戦闘機と比べてあまりにも桁外れの大きさに驚く。

有楽町、新橋への空襲によって市民が殺害され、なかには勤務中の国鉄職員、芸人がいた。新橋四丁目の焼け跡は、高見順にかつて南方戦線で目撃した戦場を思い出させた。

戦争末期、東京はまさしく南方戦線並みの激戦地と化していたのだ。

Ｂ29の焼夷弾攻撃で人や家が焼かれ、グラマン、ムスタングといった艦載機が何百機と飛来し、逃げ惑う市民に向けて機銃掃射した。いままでテレビではこういった国際法違反のシーンはほとんど放送されなかったが、ユーチューブ等ネット動画でノーカットのシーンがアップされるようになった。ＮＨＫでもいままで放送されなかった戦闘シーンが公開されるようになった。

新橋も焼死体や銃殺体が転がり、日本の敗戦が目前に迫る。

高見順はそんななかにあって、ドストエフスキーや有島一郎、田山花袋《かたい》を読んだりしながら、出版社から小説執筆の依頼を何度も受けるのだが、なかなか形にならない。

戦災で原稿依頼が減り生活の糧を得るために、小林秀雄、久米正雄、里見弴《とん》、大佛次郎、真杉静枝といった文士たちと貸本屋「鎌倉文庫」を開く。

あの小林秀雄が食い詰めて、趣味で集めてきた貴重な骨董品を売りさばかなければ生きていけなくなったほどだ。多くの文士たちは食い詰めていた。

汽車に乗れば、空襲で時刻表通りに運行しないために車内は殺人的な混み方になって、目的地に着いても降りられなかったり、トイレに行けず我慢しきれなくなって車内で放尿してしまう。悪臭と罵声。焼夷弾の不気味な落下音と機銃掃射の無慈悲な音。

東京は、新橋は、戦場だった。いつ殺されてもおかしくなかった。

三月十日未明。

東京下町を中心にB29三百機が焼夷弾を投下し、二時間足らずで日本人十万人が焼き殺される大悲劇が起きた。

東京大空襲である。

強風が吹いていたこともあって、火は大波のようにうねり、人家を焼き尽くし、人を枯れ枝のように焼き、窒息死させた。

情報は混乱し、高見順も「昨夜の爆撃に関する大本営発表をラジオで聞く、被害の詳細がわからず不安」と日記に書いている。

知人がやってきて、東京はすごい（被害だ）と伝える。

大の男が泣きながら生き残った家族を連れて本郷を歩く話を聞き、心を痛ませる。

浅草松屋あたりを歩くと、焼けたトタンが重ねてあって、「吉川錠子、二十五歳」と書かれた木板がある。娘が空襲で犠牲になり、死体がトタンの下に置かれているのだ。あまりにも突然のことで、家族も逃げ惑い、仮埋葬も満足にできないのだろう。

焼け野原の浅草、銀座を歩く高見順は呆然としながらも日記は、「書け、病のごとく書け」と綴っている。

新橋に着くと、駅の二階の食堂で昼食をとろうとする人たちが長い列をつくり、駅前のビフテキで有名だった小川軒にも行列ができている。家や家族を失いながらも生きようとする人々はまず胃袋を満たすのだった。

八月。

高見順は新橋駅前で広島に落とされた新型爆弾の話を聞く。

大本営は被害の異様な大きさに、原子爆弾だとわかったが、動揺を防ぐために新型爆弾と言い換えた。だが庶民は噂で原子爆弾だと気づいていた。

東京駅も焼け、新橋演舞場も焼失、毎日のように空襲警報が鳴り出す。

昭和二十年八月十五日。

青空のなか玉音放送が流れ、日本の敗戦を知る。

新聞売り場には、日本が置かれた状況を知ろうと新聞を買い求める長蛇の列ができた。

焼け跡の新橋駅前には終戦直後から闇市が誕生しつつあり、憲兵検問所ができて治安維持にあたった。

新橋駅には浮浪者があふれ、ホームから後にＳＬ広場になる空き地を見おろすと、人々が物資を買い求めひしめいていた。戦争中は見られなかった新しい風景があった。

高見順は新橋駅前にできた広大な闇市を歩き出す。

靴直しがずらりとならび、その背後から闇市が広がっていた。靴直しとは、靴磨きとは少々異なる、靴の修繕を主な商売にしたもので、終戦直後、物資が足りない時代ならではのものであった。

新橋の闇市は都下最大のブラックマーケットになった。

配給制度によって自由な飲み食いができないために、庶民は闇市で売られる食い物に群がった。うどん粉をオムレツ型に焼いた正体不明の食べ物。ふかし芋、小魚を藁にはさんで乾かしたもの。

闇市は安い、という印象があるが、けっして安くはなかった。色々な品物が自由に売り買いができるので人々が集まってきたのだ。

当時の闇市では、米軍の食堂で残飯となった生ゴミが大鍋で売られていた。カップにそそられた雑炊のようなスープのような奇っ怪なものも売れた。カップの中には煙草の吸い殻やビニール片が混じっていた。

太平洋戦争開始時に日本では日本人の主食である米を国家が管理しようと、米穀配給通帳が発行されて、これが無いと米が買えなかった。終戦後、食糧不足になるとこの制度は維持され、外で食事をするときには外食券というチケットが無いと食堂で食事ができなかった。

外食券食堂とは、主食の米を配給される正規の食堂のことであり、新橋にも外食券食堂が駅近くに二軒あった。外食券食堂で食事にありつこうと人々が列をなし、物を売る闇屋が現れ、徐々にエリアが拡大し、闇市が形成された。

第一ホテル周辺はここに泊まる上官の出迎えなのか、進駐軍のジープがたくさん停まっていた。

新橋駅から省線（旧国鉄）や地下鉄に乗り換えようとする高見順は、あまりにもの混雑ぶりに、電車に乗るのも命懸けだ、と悲鳴をあげるほどだった。

高見順は一九〇七年（明治四十年）、私生児として誕生し、東京帝国大学英文科を卒業、純文学作家として活躍した。高見順と愛人とのあいだにできた女児が、タレントでプロレスラー馳浩を夫にもつ高見恭子である。

新橋芸者を次々愛人にした伊藤博文

戦後、高見順は純文学論争を買って出て、松本清張の量産ぶりを批判したときもあった根っからの文学の鬼であった。

その松本清張であるが、清張もまた自作に新橋を何度も登場させている。

清張の代表作が量産された昭和三十年代半ばといえば、新橋は新橋芸者に代表される大人の歓楽街だった。

戦後推理小説における記念碑的作品『点と線』（一九五八年）では、時刻表トリックが話題になった。昭和期のＪＴＢが発行する時刻表は最大で二百万部という大部数を誇り、時刻表マニアが増加したことが『点と線』の大ヒットにつながっている。

当時の省庁を舞台にした収賄事件が殺人事件の背景にあり、賄賂を贈る犯人として描かれる民間業者が赤坂の割烹「小雪」に省庁の部長を接待する。このとき係にお時さんと呼ばれる女中がいた。二十六歳だが四歳くらい若く見えて、黒目の勝った大きな目、瓜実顔《うりざねがお》、唇とあごのあいだが狭く、横顔がきれい、客からからかわれると上目遣いで微笑みながらにらむ、というかなり具体的な描写を清張はしている。

お時さんは夜十一時には仕事が終わるので、その帰りを待って客からよく誘われる。待ち合わせの場所が新橋駅ガード下なのだ。

当時ガード下は薄暗く、たちんぼと呼ばれる街娼もいたくらいだから、不倫めいた男女の逢い引きの場としてもふさわしかった。

お時さんは客からの誘いを三回も四回もすっぽかしてしまう。

そして新橋からはるか彼方、九州福岡県香椎海岸で某省課長補佐との心中死体となって発見されるのだった。

清張の作品には新橋芸者が登場する『統監』という短編がある。

伊藤博文が韓国統治のために朝鮮半島に赴く歴史的事実をもとに、清張は伊藤博文の行動と当時の日韓関係を、新橋芸者・光香に語らせる、という斬新な視点で描いている。

一九一〇年（明治四十三年）、韓国併合によって大日本帝国領となった韓国を統治するための最高責任者を韓国統監と呼び、初代統監に伊藤博文が就いた。

伊藤博文は初代内閣総理大臣であり、近代日本の基礎を創り上げた元勲だった。まだ法律も未整備な時代ゆえに、明治新政府の元勲たちのなかには収賄《しゅうわい》にはげむ者もいたが、伊藤博文は金銭に関してはまことに潔癖で、普段の食事も粗食を旨《むね》にしていた。

明治天皇のおぼえめでたく、初代総理大臣になったのも明治天皇の後押しがあればこそだった。

その偉大なる初代内閣総理大臣であるが、唯一最大の趣味が芸者だった。なかでも新橋芸者には入れ揚げた。

伊藤博文は朝鮮にまで新橋芸者を同行させて、夜の相手も務めさせている。その事実を清張は小説にしたのだ。

伊藤博文は毎日セックスしないとおさまらない。ある種、権力者に共通する絶倫ぶりが脈打ち、最初の奥さんと離婚した後の再婚相手は芸者だった。

再婚して夫人がいるのに家に芸者を持ち帰り、夜伽《よとぎ》したりした。

二十一歳の新橋芸者を新橋駅から旅立たせて随行させ、朝鮮半島に着いてからも、毎夜セックスしていた。

資料によれば、若い芸者と一戦終えた後、枕元にある鈴を鳴らし、隣部屋に控えていたもう一人の芸者を床に呼び、三人で仲良く寝た、という。実際のところ、伊藤博文が3Pセックスしていたことをぼかしたのだろう。

コントロール不能の性欲は燃えさかり、鹿鳴館時代、岩倉具視《ともみ》の三女で伯爵夫人を、首相官邸で開かれたパーティの席上でナンパして庭に誘い出しセックスしようとして大問題になった。

十三歳の芸者を可愛がり、愛人にした。当時は数え年であるからこのとき十二歳、いまでいう小学六年生である。

この他に手当たり次第に肉交し、変なところで面倒見がいいために、関係をもった芸者を部下に伴侶として押しつけたりした。

史実によれば、伊藤博文が好んだ芸者は二線級であった。一流の芸者にはバックに実力者が控えているので機密漏洩になったり、リスクが付き物だから、権力者と関係のない芸者がいい、というのだ。

だが理由はもっと別のところにあったのではないか。

古今東西、プレイボーイ、根っからの女好きというのは、意外とストライクゾーンが広いものだ。

梶原一騎の実弟で空手実力者、抱いた女の数では、「映画に出たとき松方弘樹と話してたら女の数は互角だったな」というほどの真樹日佐夫《まきひさお》もこんなことを言っていた。

「女はどれもいいよ。太ってるだ、細すぎるだとか言うのは、おれに言わせればガキだよ。女はみんな可愛いよ」

日本で一番女を抱いた元ＡＶ男優・加藤鷹も「自分はＢ専」と断言している。

容姿が見栄えしない女のほうが、抱いてみるとすごい、という。美人は立って微笑んでいるときがピークであって、裸にしてセックスするとマイナス要素が目立ち、引き算になる。それに比べると地味な女のほうがいざ裸になったら透き通るような美肌であったり名器であったり、肉感的だったり、反応がすごかったりする。女性経験が豊富な男の経験法則だからこそ信頼できる。

初代内閣総理大臣伊藤博文も、真樹日佐夫、加藤鷹状態にあったと言えよう。

伊藤博文は芸者を妻にしたが、維新の元勲・木戸孝允《きどたかよし》、陸奥宗光《むつむねみつ》も芸者を妻にした。文豪二葉亭四迷《ふたばていしめい》は最初の結婚が娼婦であった。

明治期はいまより性的にも大らかであり、メディアが未成熟で、私生活に関するスキャンダルも一部にだけしか伝わらなかったこともあって、エスタブリッシュメントも太っ腹なところがあった。

新橋は伊藤博文が愛した新橋芸者を数多く輩出し、夜の世界から妖しく男を支配していたのだ。

荷風が愛した新橋花柳界

新橋芸者を愛した文豪に永井荷風がいた。

高級官僚の父をもつ荷風は、官立高等商業学校（現一橋大学）附属外国語学校清語科に入学するが中退して、演劇、文学の道を歩み出す。外遊したり銀行員になったり慶應義塾大学で教鞭に立ったりするが、根が自由人だったのだろう。いずれも長続きせず、創作活動しながらカフェや花柳界、戦後はストリップ劇場に通い詰める。

創作活動が認められて文化勲章を授与されるが、その足でストリップ劇場の楽屋裏を訪れ、半裸の踊り子たちに囲まれにやける永井荷風の写真は有名だ。

叔父の阪本釤之助《さんのすけ》とはそりが合わず、絶縁されたままだった。この叔父が産ませた私生児が高見順であり、荷風と高見順は従兄弟《いとこ》にあたる。もっとも荷風は高見順とも疎遠にしていた。

永井荷風は『すみだ川』『断腸亭日乗《だんちょうていにちじょう》』『墨東奇譚《ぼくとうきだん》』『腕くらべ』といった傑作をものにしてきたが、最期は女との享楽を味わいながら独り身で亡くなった。かたわらには印税・原稿料の現金が大量に残っていた。

その荷風が愛した新橋の花柳界を舞台にしたのが『新橋夜話』（一九一二年）である。

新橋はここでは〝しんきょう〟と読む。

新橋夜話に登場する明治期の新橋は、芸者を乗せた人力車が、四台、五台、チンチンと鈴を鳴らして走って行く粋な街だった。首筋が白く艶めかしく光り、灯影が横顔を照らし、荷風は素直に美しいと感

新橋駅日比谷口の SL 広場前。奥は汐留のインテリジェントビル群

待ち合わせスポットでもある SL 広場。12 時、15 時、18 時には汽笛が鳴る

嘆する。ここSL広場も芸者の白粉の薫りが毎夜、したことだろう。

他人と交流することを拒否してきた荷風は、自他共に認める変人だった。

最近になって、ユーチューブで七十代の荷風の肉声を聞く機会に恵まれた。ラジオのインタビューに荷風が答えるのだが、意外なことにまことによくしゃべるのだ。偏屈でもなければ無愛想でもない。信用金庫の営業部員のように実直で腰が低く、人当たりがいいのだ。

映画監督をやってみたい、といったコメントまで発している。

荷風を惹きつけた新橋芸者は二十一世紀のいまでも生き残っている。

SL広場の風にゆれる柳を見ながら、ふと新橋芸者の風情を思った。

駆け出し記者時代の恩人

将来はフリーランスの物書き稼業に就こうと思っていた私は、大学四年になり会社訪問直前の九月末になってもまだ成績証明書も用意していない体《てい》たらくだった。

モラトリアムがまだつづいていると思いたかった。

会社訪問を経てサラリーマンになることがまったく現実感をともなわず、卒業と同時に私は華々しく文筆業で活躍しているはずだった。だが二十二歳の若者が、いきなり組織に頼らず原稿書きだけでやっていけるわけもなかった。

独立した文筆業を営む前に、どこか他の世界を見てみるのもいいだろうと、私は出版以外の企業をいくつか受けてみようと、テレビ局・広告代理店・芸能プロダクションを受けた。だが腰の定まらない学生など採用もされず、私は大学時代に企画演出部という企画系サークルにいたときに知り合った若手ディレクターに頼み込んで、テレビ制作会社に転がり込んだ。

そこも二ヶ月足らずで飛び出して、四人だけの小さなイベント制作会社に飛び込んだ。

大手広告代理店が制作するイベント、大会の段取りを取り仕切ったり、ムーブメントを起こす仕掛けが仕事だった。

バブル経済が押し寄せる十年ほど前だったが、日本経済は黄金の八〇年代を迎えつつあり、広告代理店も予算が余ると他に何か仕掛けようという余裕がある時代だった。

私が任されたのは、ある生理用品のテレビCM制作予算が余ったので、イメージキャラクターに起用されたとある女性歌手と生理用品をもっと雑誌メディアに露出させ、知名度アップさせるという作業だった。

大学生たちに、今年の夏もっとも光ったのはどんな女性だったか、という設問アンケートをおこない、上位の答えを集計した。たとえば、ローラースケートをしている。ショートカット。薄めのメイク。スリム体型。ファニーフェイス、といった答えをもとに、「今年の夏、光った女」というのを具体的にイラストにした。ローラースケートをしているショートカットの若い女、という絵のモデルは、実は生理用品のCMに登場するある女性歌手の姿をモチーフにしていた。

大学生四百七名アンケートで今年の夏もっとも光った女、という結果報告を女性週刊誌、月刊誌の編集部に送ったり、受け取ってくれる編集部があれば出向いて渡した。女性誌だけではなく、『週刊現代』『週刊ポスト』といった男性週刊誌から、『夕刊フジ』『日刊ゲンダイ』『東京スポーツ』といった夕刊紙まで手当たり次第に送った。

いくつの雑誌・新聞に「光った女」のイラスト、データが掲載されたかで、私の任務は評価される。だが女性誌は期待したほどの掲載数に達しなかった。

意外だったのは、男性週刊誌だった。なかでも徳間書店が発行している『アサヒ芸能』、双葉社が発行している『週刊大衆』が熱心に話を聞いてくれた。

実はこれには時代的な背景があった。

一九七九年当時、世間では女子大生が高嶺の花で、女子大生がアルバイトでホステスをしただけで立派にグラビアが組めるほど、商品価値が高かったのだ。女子大生ブームを牽引した深夜番組『オールナイトフジ』が放送開始されるのはまだ四年先のことだ。

アサヒ芸能、週刊大衆は中年オヤジたちの愛読誌であり、女子大生ネタはなんとしてでも欲しい企画だった。私が持って行った大学生アンケートを読んだ編集者が、これ、女子大生特集でやれるんじゃないか、と思ってもおかしくはなかった。そこで両誌は特集ページを組んでくれたのだった。

アサヒ芸能や週刊大衆に生理用品のイメージガールを連想させるイラストが載っても、ほとんど生理用品売り上げに貢献するわけでもないのに、時代はまだ余裕があったのだろう。

フリーランスの物書き稼業になろうとしても、なかなかとば口《くち》を見つけられなかった私だったが、運が向いてきた。

アサヒ芸能からはKという国立大卒の元文学青年で二十代後半のデスクが、私に目をかけてくれた。双葉社の週刊大衆では林幸治という副編集長が声をかけてくれた。

本格的にうちで書いてみないか、と誘ってくれたのは週刊大衆の林副編集長だったが、数ヶ月早く私に声をかけて、大学生特集をやるからまとめ役として手伝ってくれないか、と誘ってきたのはアサヒ芸能のKデスクと上司のMデスクだった。

一九七九年、私が大学を出て一年目の年、アサヒ芸能にどんな企画を提案し、記事を書いたのか、おぼろげながら思い出し、頼れる相棒、この本の担当編集者・杉山茂勲に探してもらった。するとほどなくして私のアサヒ芸能初登場記事を探し出してきてくれたのである。私からの記事のヒント、「一九七九年、大学生、ナンパ」というキイワードで探って見つけ出してくれたのだから、偉い。

肝心の記事は「実験大研究　有名大学プレイボーイ、プレイギャルのラブ・アタック」（アサヒ芸能一九七九年十月十八日号）。

堂々の十五ページ大特集だ。

私は大学時代の企画演出部の後輩たちを多数紹介し、誌面でバカをやらせた。

大特集の冒頭はこんな企画だ。

〈ハント実践　早大の〝マダムキラー〟と明大〝小判鮫〟の対決〉

マダムキラーとは、学生街にある喫茶店のママさんと不倫関係にあった早大生である。小判鮫とは、いつも先輩からおごってもらって食いつないでいる後輩である。両者を新宿の街頭に立たせてナンパさせるといういかにも安易な中身だった。

次の企画は、横浜福富町にあった超豪華サロンAに法政大の学生が潜入。Kデスク、私が同行した。ところが法政大学生がアルバイトが延びたと言いだし、現場に来られなくなった（おそらく怖じ気づいたのだろう）。そこで急遽、私が学生になりかわって体験取材するはめになった。

七〇年代後半、靴を脱ぎ絨毯が敷かれた薄暗い店内でホステスがつき、ウイスキーの水割りを飲んだりする〝絨毯パブ〟というのが大流行した。私が潜入した店もその流れで絨毯の敷かれた店で、中はピンサロのように大音量の音楽が流れ、ホステスがつき、限りなく水で薄めたウイスキーが出た。絨毯パブとの違いはこの後だった。

まずは四千九百円を払って席につく。

私についた三十代の太ったホステスがやおら立ち上がり、スカートの中に私の上半身を入れて踊り出した。なんの興奮も感じず、むしろ軽くあしらわれた感が強く、屈辱すら感じた。

「向こうのボックスに移ってもっと激しいことやらない？　あと八千九百円払って、ね？」

乗り気ではなかったが、移動すると「ねえ、もうすぐお店の照明が暗くなるの。そのとき最後までしてあげるから、あと八千九百円ちょうだい」

店内が暗いために勘定がうまくできないでいると、「わたしが数えてあげる」といきなり財布を取り上げ、中を出されるとまた返された。千円札一枚あるだけだ。

これで総計二万五千円近く払ったことになる。

さあ最後までと思ったら、女は手の平に唾を吐き、手でしごきだした。ムードもへったくれもないが、最後までできると信じ込み、しばらくされるがままでいると、「もう時間よ」とタイムアウト。

文句を言うと「何言ってんの。うちはそういう店じゃないのよ」で打ち切りとなった。

財布を半ば強制的とはいえホステスに取られてしまうという失態を演じてしまった。この手の店で見せ金をしたら帰りの交通費だけを残してすべて取られてしまう。

まだ若かった。

こんな失敗談を綴ったものをKデスクが手直しして特集の一コーナーを飾った。

三十七年ぶりに記事を読み返すと、すっかり忘れていたあのころが甦ってきた。自分が文筆業をやっていけるという自信もなかったころだった。

その後、プロの物書きとしてやりだしてから、Kデスクとはときどき会って仕事をもらっていた。新橋の徳間書店編集部に行くたびに、駅前のニュー新橋ビルの喫茶店でナポリタンをごちそうになったり、西口通りの居酒屋で、酒に弱い私は薄い水割りを舐めながら付き合ったものだった。

国立大を出たKデスクは大柄で博学、身振り手振りがオーバーでそれがまた愛嬌を醸し出していた。

今回、新橋を描くにあたって、私はKデスクとともに歩いた新橋をもう一度振り返ろうと思った。それは私自身いままで生きてきた道をもう一度振り返ることでもあった。

二十三歳だった青年が還暦を迎えて、街はどう変化したのだろうか。

Kデスクは早期退職制度で定年前に会社を辞めたことは噂で聞いていた。携帯電話を持たなかったKデスクの一人暮らしの部屋（独身主義者だった）に電話をかけてみよう。

アイフォンに登録されているKデスクの自宅固定電話に十数年ぶりにかけてみた。

すると意外な返事がかえってきた。

おかけになった電話は現在使われておりません。もう一度お確かめになって——。

徳間書店の関係者に尋ねたら、外国に消えたのか、ある趣味がこうじて失踪したという説もあった。

だれも消息をつかんでいなかった。

私の新橋をめぐる回想劇はいきなり頓挫《とんざ》した。

Kデスクが消えた。

第二章　オヤジの聖地・ニュー新橋ビルを迷い歩く

通称〝オヤジビル〟

ニュー新橋ビルは新橋駅烏森口を出てすぐ目の前、日比谷口のＳＬ広場にも接する新橋のランドマークとでもいうべき大型ビルだ。

一九七一年（昭和四十六年）四月十六日に開館した（私が中学三年になったときだ）このビルは築年数も半世紀近くになり、さすがに古さを感じさせる。

外壁、階段、店の案内板、広告、すべてが昭和四十年代で止まっている。

白い格子状の外壁は、駅のホームからでもすぐわかるきわめて特徴的な形である。七〇年代初頭、この外壁はおしゃれ感満点、闇市時代の名残など霧散したにちがいない。

ところが時代が過ぎると、流行の先端から真っ先に古びていく。いまとなっては七〇年代風の大仰なデザインはホコリが溜まりそうな外壁として管理が大変そうだ。

エントランス横にはよく当たると噂の宝くじ売り場として「新橋駅烏森口宝くじラッキーセンター」の一番窓口に毎年長蛇の列ができる。

鉄骨鉄筋コンクリート造で地上十一階、地下四階。このビルに足を踏み入れる人間は、一階のエントランス柱にあるアナーキーな広告板が目にとまるであろう。

バイアグラと風俗店と麻雀店の看板だ。

バイアグラ処方店、雀荘、囲碁将棋、ゲームセンター、純喫茶、金券ショップ、ネクタイ・ワイシャツ店、占い、漢方薬店、スッポン専門店、中国マッサージ、野菜ジューススタンド、フラメンコ教室、ボクシングジム……。

一見何の脈絡もない商店の寄せ集めといったところだが、このビルにはある大きな法則が支配している。

すべはてオヤジサラリーマンのために――。

ゲームセンターも、とっくの昔に消えたと思われたテーブル型ゲーム機が主流で、勝ち進むとゲーム上の女性が裸になるという脱衣麻雀ゲームが現役だ。

健康に気を配るオヤジサラリーマンのために、漢方薬から野菜ジュース、スッポンドリンク、足裏マッサージといった小さな店が多数棲息する。営業に出かけるサラリーマンが汗をかいてシャツを着替えたいときには、一階のワイシャツ専門店が便利だ。

定年退職したオヤジたち最大の娯楽でもある囲碁、麻雀、将棋がこのビルに行けばいつでも堪能できる。

最近では禁煙の喫茶店ばかりが増えているが、ニュー新橋ビルの喫茶店はまず百パーセント喫煙可である。非喫煙者よりも愛煙家のための喫茶店ばかりだ。そのせいか、店外の通路まで煙草の臭いが漂ってくる。

ニュー新橋ビルエントランスの混沌とした看板

柱には「塵芥置場」という死語に近い案内板が貼られている。

喫茶店でもっとも人気があるメニューはナポリタンだ。

私が中学高校生だった一九七〇年代前半、喫茶店のスパゲティといえばナポリタンとミートソースしかなかった。昭和の薫り漂うナポリタンが、このビルだけではなく新橋ではもっとも人気のメニューなのだ。しかもどこもみなラーメン二郎状態とでもいうべき超大盛りだ。

オヤジサラリーマンはまだまだ自分は枯れていないと思っているので、夜の営みは人生の半分近くを占める関心事だ。それ専門のクリニックはもちろんニュー新橋ビルにあるし、バイアグラも処方してもらえる。

そしてこのビルには寂しい男たちの夜の小道具TENGA《テンガ》やピンクローター、アダルトビデオを扱うオトナのグッズ店のほか、生身の風俗嬢が相手をしてくれるファッションヘルス（四十分七千円から）まであり、サラリーマンの昼休みに下半身の欲求までをも満たしてくれる。

要するに五十代以上のオヤジサラリーマンの野暮用は、ニュー新橋ビルですべて完結するのだ。

どの店も狭いのは、闇市時代からこの地で営業してきた土地権利者が長い年月を超えてニュー新橋ビルの区分所有権者になっているからだ。どの階も闇市的、昭和的だ。

混沌というのはまさにこのビルのことを指し、すべてを取り込むごった煮の、猥雑な、いかにも新橋的なものがニュー新橋ビルに生き残っている。

階段も壁も装飾も、完成当時は時代の最先端をいっていたのだろうが、四十五年以上が経過したいまとなっては逆に野暮ったさが横溢している。

時代が昭和四十年代で止まったニュー新橋ビルは、駅反対側にある一九六六年（昭和四十一年）に誕生した新橋駅前ビル1号館、2号館とともに通称〝オヤジビル〟と呼ばれている。

妖しい中国マッサージ店の群れ

ニュー新橋ビル二階に目的の店はあった。

多くのオヤジたちのあいだで熱くささやかれていたあの店舗群が――。

エスカレーターで二階に上がると、桃源郷のような世界が広がっていた。

白衣を着た娘たちがあちこちから手招きしたり、またある女性は私ににじり寄り腕をからませてくる。みんな笑顔だ。妖しくも危険な空気に満ちている。

ここが噂の中国マッサージエリアなのか。

小さな間口は数人入るだけで一杯になってしまう。各店舗それぞれ客の気を惹こうと、紫、赤、ピンク、黄緑といった妖しげなムード照明を放ち、入口では白衣の中国人女性が椅子に腰かけて客を引いている。

「いらっしゃーい」

「お客さん、ここ、来て」

「おにいさん、リラックスできるよ」

「はい、どうぞー」

軽く振り払うように歩き、角を曲がるとまたもや中国マッサージ店が並んでいる。

「いらっしゃーい」

「はじめてですか？」

「気持ちいいよ」

「ねえ、休んでいってください」

中国人女性たちの訛りのある日本語、店の装飾が紫だったり黄色だったり、なんという妖しさなのだろう。

駅からすぐ目の前のビルに、まさかこんな無国籍風の空間が存在するとは。

あちこちから微笑みながら手招きしてくる中国人マッサージ嬢たちは、まるで『マタンゴ』の水野久美ではないか。

『マタンゴ』、一九六三年（昭和三十八年）夏――。

前年『キングコング対ゴジラ』を放ち大ヒットさせた東宝は、この年の夏、『マタンゴ』という怪奇特撮映画を放った。

私の親は前年に『キングコング対ゴジラ』を子どもに観せて大好評だったので、今年も東宝の特撮映画を観せてあげようと思ったのだろう。丸ノ内の映画館でロードショーとなった『マタンゴ』を家族四人で観に行ったのだった。

入口ではロードショーらしく、子ども向けにマタンゴぬり絵をもらった。

映画がはじまる。

ヨットでバカンスを楽しむ七人の若者たちが、台風にあって遭難、無人島に漂着する。そこには暗がりで蠢く黒い影が……。難破船の乗組員なのだろうか。食糧が少なくなると、若者たちは島に自生しているマタンゴというキノコを口にする。それを食べるとキノコと人間がミックスしたかのような奇怪な生き物になってしまうのだ。

主人公の助教授には東宝のさわやか系二枚目・久保明、グループの女王に水野久美。東宝の怪獣映画にしばしば登場するヴァンプ女優で、いまでも人気を集めている。

その水野久美がついに我慢しきれずマタンゴを食べてしまい、ああ、マタンゴ人間に……。おほほほ、と笑いながらマタンゴを食べてマタンゴ化されていく様は、当時小学一年生の私には恐怖以外の何物でもなかった。最後までキノコを食べるのを拒否してきた久保明は我慢してきた甲斐があって、一人だけ救助されるのだった。

映画は久保明の回想で構成されるのだが、ラストになると、久保明に質問してきた複数の男たちが医師だということに気づく。

窓の向こうにさんざめくネオンサインを見ていた久保明はカメラに向かって振り返る。

すると久保明もまた顔にキノコ状のものが……。

精神病院にいたのだった。

家族みんなで鑑賞できる娯楽巨編が東宝らしさなのだが、『マタンゴ』は東宝最悪のラストシーン、いや、日本映画史のなかでも最悪のバッドテイストなラストだった。

小学一年生の私は悪夢を見せられたような思いで、家族四人ショックのあまり、映画が終わってもしばらく席から立ち上がれなかった記憶がある。

夏休みお子様向け特典として配られたマタンゴぬり絵を我が家にもって帰って塗ろうとしたのだったが、そんなもん、悪夢を再現するようで塗れるわけがなかった。

一九六三年夏。

あきらかに東宝は突然変異的にちょっとおかしかった。変化球を投げすぎた。
そんな悪夢のような映画（だからこそ内容的にはハイレベルであった）に登場したキノコを食べて、
おほほほほと狂ってしまう水野久美の妖艶な様を、ふと私はニュー新橋ビル二階で思い出したのだった。
ああ……私も誘われるがままに毒キノコを食べてしまおうか。

ハルピン出身のマッサージ嬢

「おにいさん、入っていって」

「ねえ、休んでいって」

「気持ちいいよ」

中国版水野久美があちらこちらから手招きする。

ぐるっと二階を一周して、しばらくタイミングをうかがおうか。

昭和の薫り色濃い喫茶店「ポワ」、店内には昭和四十年代を思わせる年季の入った布張りの椅子とテーブルには白砂糖のポット。あちこちから煙草の煙が忍び込んでくる。営業途中の五十代サラリーマンがナポリタンを食べたあとで、セブンスターをくゆらしている。

はたして中国マッサージ店はいけるところまでいけるのか。

珈琲を飲んだあと、「ポワ」を出て、覚悟を決めると私は一階のコインロッカーにカバンをしまい、手ぶらで中国マッサージ店が建ち並ぶ通路をもう一度歩き出した。

またあちこちから水野久美状態の手招き。

そろそろ決めよう。

緊張感と期待感とふたつ、我に有り。

体験取材の醍醐味でもあり、重荷でもある。

私の右腕にからみつき、「ねえ、休んでいってくださいよお」と甘え声で迫ってくる女がいた。

この子にしようか。いや、もうちょっと様子をみよう。まるで歌舞伎町えび通りのファッションヘルス店の前で写真を見てどの子に入るか決めかねている客ではないか。さらに歩いていくと中国マッサージ店が途切れる所に来る。

もう決めよう。

スタイルのいい細身の三十歳前後の中国人女性が近づいてきた。

「はじめてですか？」

「ええ」

「どうぞどうぞ」

私ににじり寄る。

迷っていてもしょうがない。この子に決めた。ものごとは何事もタイミングが大事だ。

案内されるがままに、カーテン越しの小さな空間に入る。

そこは六十代の年配女性と私をキャッチしたスレンダー系中国人女性、テレサ・テンに似た三十歳前後の中国人女性がいるだけだ。私はカーテンで仕切られた固いベッドに案内された。ここでマッサージを受けるのだろうか。

リンという三十代の中国人女性が私についた。

「結婚？　してるよ。ダンナさん、いまハルピンにいますね。わたし？　わたしは茨城。でも最近、茨城、地震多いよ。大震災起きてからもう五年か六年経つけど。コワいよ。わたし、いま友だちのいる埼玉にいるよ。ここまで車で来てるよ」

どうやら人妻らしい。

「いま、ハルピン寒いよ」

リン嬢から水色の浴衣のようなものを渡されると、ひとまずリン嬢が消える。私は服を脱ぎパンツ一枚の上に着用すると、固くて狭い診察台のような台にうつぶせになった。

カーテンで仕切られた隣も似たようなコーナーのようだ。六十代とおぼしき声の日本人男性客が、「いい気持ちだ」とつぶやきながらマッサージを受けている。時折、天気のことや新橋界隈のおいしい焼肉屋の話などをしている。セクシャルな物音はいまのところ聞こえてこない。

私が準備し終わると、先ほどのリン嬢がタイミングよく再登場、私をうつぶせにさせて背中をゆっくり押しはじめる。

「中国マッサージ、日本のマッサージとは全然違うよ。台湾マッサージとも違うよ。ここは台湾人はいないよ」

そう言いながら私の背中を押しつづける。

「痛かったら言ってくださいよ」

マッサージは少々強め。日本式とどう違うのかよくわからない。技術的にはたいした違いもない、と思う。中国マッサージが日本式と違うという意味が、実はあることを意味しているのではないかと確信しだした。

リンが「上を向いて」とささやいた。

私は高まりを押さえつつ、身体を反転させて天井を見た。リンは右腕からマッサージをして、次に左腕。日本の性感マッサージならこのへんで胸をさわさわとまさぐり、男の乳首を刺激するはずなんだが、中国式はどう来るのか。高まりながら、私はされるがままになった。

裏メニューはあるか

リンのマッサージがつづく。
太腿に手が伸びる。
おおっ。
中国マッサージ秘伝の性戯が炸裂するときがやってきた。日中友好万歳！
マッサージがつづく。
さあ、桃源郷に誘われるときが……。
マッサージがつづく。
太腿から太腿へ。
さあ、今度こそ。
マッサージがつづく。
おかしい。
期待していた私はある疑念が噴き出しかけていた。

マッサージがつづく。仕事疲れのせいで、リン嬢のマッサージが睡魔を誘い、私は夢幻の世界に引きずり込まれていく。

頭をすっきりさせようとするが、睡魔はなおも私を引きずり込もうとしていた。

意識が薄くなる。

ベルが鳴った。

「お疲れ様でしたー」

目が覚めた。

心地よい気だるさとともに私は現実に引き戻された。私の期待が間違っていたのか。ごくごく普通のマッサージが四十分つづいて終わった。料金は三千円ぽっきりの新橋価格。

カーテンで仕切られた隣にいたはずの客はとっくに終わっていなくなっていた。一度もそれらしき声や衣擦れが聞こえたわけではなかった。

私は服に着替えて、入口脇にあるソファーに腰をうずめ、差し出されたジャスミン茶で喉を潤した。

いい気持ちだ。

うん？　私はここで放出を期待していたのではなかったか。

リンは手書きの名刺をくれた。

「また来てよ」

握手して再会を期す。

私が受けた中国マッサージは至極まっとうなマッサージだった。

「ニュー新橋ビルの中国マッサージ。あそこは（本番）できないですよ。僕の記憶では十五年前からあそこに何度も足を運んだりしてますが、一度もなかったです。まあ、女の子にもよると思いますけど。ちょっとチップはずむとか。そういうので最後までいけるケースもあるかもしれないけど、基本あそこはないです」

風俗からアイドルまで幅広くこなすベテラン編集者・山崎勤が後日、私に解説した。

彼は中国人マッサージ店の常連で、本来は本番などしない店で最後までしてしまう特技をもち、独身時代に数々の武勇伝を打ち立ててきた。その彼が言うのだから、まちがいない。

『マタンゴ』で水野久美が食したキノコは、一度食したらマタンゴ人間になってしまう恐ろしいキノコだったが、後のインタビューでは、あのキノコは撮影用に和菓子店で特注したもので、甘く味付けした美味しい和菓子だった、と本人が回想していた。

あの二階にある妖しげなマッサージ店も、内実は和菓子のマタンゴだったのではないか。

四柱推命占いを体験する

一九八〇年（昭和五十五年）九月、私はフリーランスになった。当時まだ二十四歳、それからなんとかやってこられたが、スランプもあった。なかでも三十二歳から三十四歳までの三年間がひどかった。

高田馬場の部屋を友人たちと共同で借りて仕事場にした。一年半でそこを出て、今度は一人で仕事場を借りようとした。新しい部屋に引っ越した翌日からどうも調子がよくなかった。

部屋の環境、人間関係が一日でがらりと変わってしまったので、アイデンティティの喪失を感じスランプに陥ってしまったのだ。フリーの道を歩んできてはじめて味わう目的意識の喪失だった。

厳冬の夜、お湯に浸かったもののぬるま湯で身体も温まらない。思い切って湯からあがろうとするが、さらに寒いなか出ていく勇気もない。よし、と立ち上がる覇気も薄まった、そんな日々だった。

私は占いや迷信は信じない。

というのも、占い師自身が自分の未来を占うことができず、しばしば占い師自身が不幸な最期を遂げたりする。そこに占いに対する懐疑がある。

ニュー新橋ビル一階に占いコーナーがある。

四柱推命、星占い、西洋占星術、タロット占い、姓名判断、人相、手相、家相、風水。

占いのデパートのようなコーナーだ。

値段は十分二千円という新橋価格だ。

私は、以前から思っていたあることを試してみようとした。

過去の私の絶不調期をずばり言い当てたら、少しは占いも信じてみてもいいかもしれない。

狭いブースに入り、六十代の女性占い師による四柱推命占いを体験してみよう。

名前、生年月日、生まれた時刻、等を申告。女性占い師がパソコンに打ち込み、しばらくするとプリントアウトされた四柱推命鑑定書というタイトルの紙が出てきた。思ったよりも今風である。

四柱推命は中国で発達した陰陽五行説を元にして生まれた、人間の命運を占うものである。

陰陽五行説とは、陰陽思想と五行思想が結びついて生まれた思想であり、存在するものすべては陰と陽の二つに分けられ、五行という木、火、土、金、水の要素で成り立っているとする。人間の運命もすべてこの支配下にあるという。

四柱推命鑑定書には年と月が右側に、左側には天中殺《てんちゅうさつ》の欄がある。

私がフリーランスになったころ、新宿の喫茶店で占っていた市井の占い師・和泉宗章《いずみそうしょう》が書いた『算命占星学入門』『天中殺入門』（青春出版社）が三百万部を売り上げ、よく的中するというので、日本中で天中殺ブームになった。

天中殺とは、何をやってもうまくいかない、天が味方しない時を指し、空亡《くうぼう》ともいう。

有名なのは、当時巨人軍の長嶋茂雄監督が任期途中「一九八〇年二月までに辞任する」と和泉宗章がショッキングな予言をしたときだった。外れた場合は占い師を辞めるとまで断言したのだ。

世間の注目が集まるなか、長嶋監督は辞任しなかった。有言実行を貫いた和泉宗章は占い師を引退、巨額の印税も受け取りを拒否した。

一九八〇年二月までに辞任するとされた長嶋監督だったが、この年十月、三年連続で優勝を逃した責任をとって突如辞任（実質的には解任）した。八ヶ月の時差はあったが、年内中の辞任になった。

さて、私の占いであるが――。

左側の天中殺の欄に、天・中・殺の三年間があり、その前三年間に二重丸がついた時期がある。

「さあ。ここからさかのぼってみてください」

女占い師の指示で、私は二〇一五年からさかのぼり西暦を記入していく。十二年さかのぼると今度は下に下がっていく。これを五回繰り返した。

天・中・殺――この三年間が自分のどこにあたるのか。

私が絶不調だった一九八八・一九八九・一九九〇年は果たしてどうだったのか。

西暦をさかのぼっていく。

一九九二・一九九一……さあいよいよ天中殺だ。

一九九〇・一九八九・一九八八……

おや？

重なっている。

ぴったり三年間。

運気の真空状態と書かれた天・中・殺、三年間に重なっているではないか。

私が「当たっている」とつぶやくと、女占い師は当然という顔だ。

「四柱推命というのは統計学なんですね。昔、中国の領主が隣国に攻め入るかどうか計画を練るとき、隣国の王の健康状態、精神状態がどうなのか判断することが必要になるときに占ったのが四柱推命とされています。人間には生まれた日時、場所をはじめ、様々な要素が作用しているもので、膨大なデーターをもとに研究されたのですね。天中殺の別名は空亡と言うのですが、機関車のレールが突然無くなった状態とでも言ったらいいかしら。精神的に不安定になって、目的を見失ってしまう。ではどうしたらいいかというと、世のため人のために尽くしたり、先祖供養することです。ボランティアをしたりお墓参りしたり。そうすることで最悪の事態を防ぎます。実は松井秀喜もイチローも運気という点では弱いんですよ。それを懸命な練習で乗り越えたんです」

絶不調の三年間が当たってしまった。長い人生、いろんなことはある。好不調の波はあるものだ。

新橋の占いで体験したことは、ひとつの処世訓としてとらえようではないか。ゼロパーセントだった占いの信用度が二十パーセントくらいにはなった。いや、もう少しか。

闇市時代、酒を飲むのも命がけ

できたばかりのニュー新橋ビルはバラック跡の闇市時代を引き継ぎ、法外な料金を請求するぼったくりバー、キャッチバーが少なくなかった。

一階にはパチンコ屋があり、二階には事務所があった。パチンコ玉を磨き洗浄する作業を二階事務所で秘密裏にやって、天井をくり抜いて階下にパチンコ玉を落とすという荒っぽい作業をやって問題になった。

風俗店は客が入らなければいつでも立ち退けるように、衝立《ついたて》だけの簡単な店構えにしていた。

オフィスビルなら深夜はエレベーター、冷暖房も止めて節電ができるのだが、ニュー新橋ビルの高層階はマンション形式なので、住民のために二十四時間エレベーター可動、冷暖房二十四時間という、経済的には非効率なものになった。すでに完成期のころから二十四時間サウナもあれば、飲み屋街もそろっていた。

私はニュー新橋ビル四階にあがってみた。

だだっ広いベランダのようなスペースが窓の外に広がっている。

これが噂の国鉄（現ＪＲ）新橋駅ホームと直結するはずだった跡なのか。

ニュー新橋ビルは、最初の設計ではビルの四階を新橋駅ホームとつなげようという計画だった。東京都が主導してやるはずだったが、あとは地元の新橋の商店街を中心に国鉄側と交渉するようにと、東京都が降りてしまった。

「ビルの四階が駅の改札口になるはずだったんですよ。でも国鉄と交渉をするといっても、おれたちにそれだけの政治力はないし、そのころは自分たちの生活が精一杯だったから」

そう証言するのは、「蛇《じゃ》の新《しん》」の山田幸一店主である。

ＳＬ広場からほど近い、烏森神社のすぐそばにその店はある。

蛇の新。

一度見聞きしたら忘れない店名だ。

蛇の新は徳間書店社員行きつけの店であり、店主は古くからの新橋の歴史を知る証人でもある。

夕刻、奥に細長く伸びた店内は仕出しの真っ最中だ。

「（昭和）十六年生まれです。僕は生まれは八丁堀ですね。父は愛知県生まれです。僕がここで店のあとを継いでやってます」と山田幸一店主。

店内を見渡すと、初の国民栄誉賞受賞者・世界の王貞治と、甲子園を湧かせたハンカチ王子こと斎藤佑樹投手のツーショットパネルが目にとまった。御主人、早実出身なのだ。

蛇の新店主の父は明治四十四年生まれ、愛知県から上京してきた。太平洋戦争が終わり復員すると、月島にいた親戚を頼って住みだした。

終戦直後、焼け野原の東京で生き延びるのは大変だった。地方に行けば農家から野菜や肉を闇で買うことができるが、東京は慢性的な食糧不足だった。蛇の新店主の父は、廃油を集めて石鹸に加工し、新橋の闇市で売って生活の糧を得た。

新橋は空襲で焼け野原。駅前広場、現在のＳＬ広場に闇市が形成されていく。

築地魚河岸で魚を仕入れて新橋の闇市で並べるとよく売れた。最初は物々交換だった。イカと小麦粉、アジと油。天ぷらにして付加価値をつけて売り出すと飛ぶように売れた。

「昭和二十一年ですかね、闇市を整理してバラックを建てて収容したんですね。食いつなぐため闇市にはいろいろな人がいて、商売してた人も、バラックに入るのは抽選なんですって。うちの親父ははずれて入れなかったんですね。はずれたんですけど、たまたま隣に商売していた方が、車のジャッキ屋だったんでそっちの商売にもどりたいので、『私の権利を譲ります』ってことで譲ってもらって一坪半のお店をつくったんです。店名？　父が修行した寿司屋の名前そのまま使ったんです。〝蛇の新〟っていうのは、うちの親父の奉公先のお師匠さんが店開くとき、のれんをどうしようってことになって、古市で中古ののれんを探して買った。そののれんが蛇の新だった（笑）。謂《いわ》れはないんです。その場しのぎ。かけるのれんないからそれでいいってことになった。それでバラックで昭和二十一年から四十三年までそこでやったんです」

物資に事欠く終戦直後ならではのことである。

闇市は多くの人々が集まる。

「親父に言わせると、朝、魚河岸から魚仕入れて店の前で自転車止めていると無くなっている。しょうがねえなと歩いていくと、橋のたもとでそれを売っていた（笑）。新橋にはヤクザもどきがいたりして刃傷沙汰もあった。油一缶を売っていて天ぷら揚げるんで買ってみると、下半分水だった。上から見たら油ですから。そういう時代でしたね。飲みにくるお客だって半信半疑で飲むんですから。カストリ焼酎は酒粕からとるんでアルコール度数が足りないからエチルアルコール入れて飲ませる店が何軒かあったんです。メチルは目が潰れるって言われてましたから」

エチルアルコールは消毒用、飲料用であるが、メチルアルコールは燃料用アルコールだったために身体に悪影響をおよぼし、目が潰れるという噂がたった。

闇市時代、酒を飲むのも命がけだった。

広場にはステージをこしらえ、その下に馬券売り場ができた。カーニバル、盆踊りが催され、売り場の女子従業員が神輿をかついだ。

現在はSL広場になっている駅前のスペースは交通の便がよく、戦後すぐ闇市が生まれ、昭和二十八年になると現在のSLが置かれているあたりに街頭テレビが四台設置され、テレビ中継を見ようと大群衆で埋まった。なかでも日本テレビが放送する力道山のプロレス中継になると一万人（！）が押し詰め身動きがとれないようになった。現在私たちが見ることのできる街頭テレビの大群衆はこのときの写真だ。

現在の蛇の新店主はそのころ十二歳の少年だった。

「街頭テレビは黒山の人だかりでした。その光景は覚えています。小学六年生のときですね。プロレス、野球があそこで見られるんでたくさん人が集まりました。ラジオしかない時代でしたから。テレビは憧れがありました。欲しいなあって。それでテレビ入れたのが新橋では蛇の新が二軒目だったんですよ。ええ、当時はテレビ買うのは大変なカネでしたよ。プロレス中継があると店に夕方五時から客が来てビール一本飲んでプロレス中継が終わるまでいるんですよ。試合を見終わるとわーっと帰るんです。テレビ番組はプロレスが人気あったですね。我々子どもは真剣勝負だとばかり思ってましたね。大人は演出だったり、ストーリーがあると感じていたみたいですが。だって必ず放送時間内に終わるし（笑）、最後は力道山が勝つし」

昭和三十年代、戦後はもう過ぎ去り高度経済成長時代を迎えようとしていたが、ここ新橋はバラックの飲み屋街が広がる闇市の匂いを残す街だった。

新生マーケットからニュー新橋ビルへ

街が激変するのは一九六四年（昭和三十九年）の東京オリンピックがきっかけだった。東京オリンピックを観戦しようと世界各国から外国人が東京にやってくる。

新橋にほど近い帝国ホテル、第一ホテル、ホテルオークラといった一流ホテルに外国人が宿泊する。そのとき新橋駅前のバラックを見たらなんと思うか。まだ日本は占領中なのか。外国人が見ても恥ずかしくない近代都市にしなければ。

実力者河野一郎建設大臣を筆頭に東京大改造が叫ばれた。

ところが戦後のどさくさにできた闇市は土地の権利関係が複雑で、不法占拠もありなかなか撤去・再開発ができず、新橋駅前ビル1号館と2号館が完成したのはオリンピックが終わって二年後の昭和四十一年だった。

「バラック建てたところも不法占拠なわけですよ。井出さんという港区区長が整理したんです。強制疎開していた元の地主さんが戦後もどってくるので、井出さんが社長だった新橋商事が都と地主とのあいだに入ったんですね。それで地主と新橋商事が揉めたときがありました」

複数の鉄道が交錯する新橋駅は交通の便もよく、駅前の広場という立地条件もあって、終戦数日後にはもう闇市が形成されだして、一年も経たずに都下最大級の規模になった。

仕切っていたのはテキ屋組織だった。

テキ屋とは、縁日や祭礼、繁華街で出店《でみせ》を出す大道商人のことを指し、香具師《やし》とも呼ばれ、一部はヤクザとも重なっている。

新橋のテキ屋組織を率いる松田義一と土建会社経営の渡辺敬吉によって新橋駅西口、現在のSL広場とニュー新橋ビルの位置、二千六百坪の土地に総二階建ての「新生マーケット」が建てられた。

終戦直後、空襲で土地台帳が消失したり、強制疎開でいなくなったあいだに焼け跡になった土地を不法占拠するケースがよくあった。なかには土地所有者が死亡していたこともあって、終戦直後、土地所有は混乱し、勝手に境界線を引いて居住したり商売する者が多かった。数年もすれば実効支配となって、昭和五十年代まで公的なものになったりした。

池袋東口には池袋連鎖市場、西口には戦災復興マーケット。新宿西口には安田組マーケット、東口には尾津組マーケット、和田組マーケット、野原組マーケット。上野にはアメ横。そして新橋には新生マーケット。この手のマーケットは土地所有権も曖昧で、又貸しされていたりして、だれが本当の所有者なのかわからない場合がよくあり、それがまた終戦直後のままの状態でつづき、闇市的な名残を留めていた。

新宿ゴールデン街も、権利関係が複雑なので再開発がしにくいとされるし、わりと最近までは新宿駅南口も階段付近は終戦直後の怪しさが残っていた。

新橋の新生マーケットも、東京都側が復興のために土地の一時利用を黙認していたのだった。

そして蛇の新店主の回想のように、港区区長の井出光治が区長として新生マーケットに建設許可を与えた。不法占拠状態だったこのマーケットの権利関係を整理しようと新橋商事という株式会社を設立し、もともとの土地所有者と土地の賃借契約を正式におこない、このあたりの管理をしていく。

終戦直後、井出光治の新橋商事がマーケットを管理することで利権を得ていたと報道があった。戦後の混乱期によく見られたトラブルだった。

新橋駅前広場の闇市は活気づき、人々が寄り集まると、利権をめぐってトラブルが起きる。日本の警察はGHQによって弱体化されたために頼りにならず、松田組のようなテキ屋組織が力をもつようになる。その一方で台湾人、中国人、朝鮮人といった自称「戦勝国民」が進出するようになると、テキ屋組織関東松田組と激しく対立するようになる。

闇市を舞台に衝突がおこり、松田組が日本軍の残した戦闘機の機銃で対抗しようとするが、故障して発射できずに終わったとされる。もっとも機銃まで持ち出したという話は、一度疑ってかかる必要があるようだ。ぶっ放す寸前で故障して撃てなかった、というのも、都市伝説なのかもしれない。

あのパブ・コダマのママさんも、テキ屋組織と戦勝国民側との抗争を見たことがあるのか、という問いに「そんなのあったの？」とにべもない。イメージでは、闇市は混沌としてしょっちゅう争いごとが起きたように思えるが、現実は日々の糧を得るために忙しかったのだ。

ニュー新橋ビルはこのマーケット跡地に建ったものであり、この地で古くから営業してきた店が移転したのだった。このときも、蛇の新店主が話したように、前から商売をしていた店と新橋商事が揉めたのだった。

結局、バラック飲み屋街の小さな店の多くがニュー新橋ビルに移転することになったために、現在の店もまた小ぶりで、どこか闇市的ごった煮の空気があふれている。

ニュー新橋ビルは新橋商事が賃貸管理していまに至っている。

蛇の新はのれんをくぐると、真上に女体を描いたラフなスケッチ画のようなリトグラフがさりげなく飾られている。写真家の土門拳がピカソから贈られたもので、タイトルは「陵辱」。ピカソのエロティシズムと熱情が伝わってくる。

終戦直後、居酒屋でカストリ酒を飲んだところ目が潰れたという噂が流れ、酒好きは少しでもまともな酒が飲める店を探した。蛇の新の焼酎を飲んでも目が潰れない、と東京新聞文芸部の記者が証言したものだから、客が増えていった。太宰治、岡本太郎、田村茂、勅使河原蒼風《てしがはらそうふう》、十返肇《とがえりはじめ》といった小説家、画家、写真家、文芸評論家といったそうそうたる顔ぶれが飲みに来た。

店は賑わい、蛇の新といえば新橋を代表する居酒屋になった。

店内にはなぎら健壱、弘兼憲史、野末陳平、藤沢周といった著名人の色紙が飾られている。

店主の弟が早大馬術部に在籍して吉永小百合の上級生だったために、馬術部の同窓会がこの店でおこなわれると吉永小百合も顔を出すという。

吉永小百合が出席するというと出席率が急にアップする。

「雨が降っているので、『タクシー乗り場まで送っていきます』と言っても固持される。謙虚な方です」と蛇の新店主夫人の言葉だ。

地下一階の店員はなぜ中国人が多いか

ニュー新橋ビル地下一階の食堂街は、アサヒ芸能のKデスクによく連れていってもらったものだ。

二十数年が経過し、ニュー新橋ビルのオヤジ度数はますます上がっている。

私と杉山茂勲は港区立みなと図書館で新橋の古今の資料を漁った後、新橋に移動しニュー新橋ビル地下一階で夕食をとることにした。

中国エステが席巻する二階同様、地下一階の食堂街もまた中国人女性たちの店舗が増殖中だ。

若い中国人女性店員があっちからこっちから声をかけてくる。

中華料理店はもちろん、居酒屋も洋食系も中国人がやっている。

「はい。うちは日本人の店だから大丈夫よ」

中年の日本人女性経営者が私たちに声をかけてきた。中国人と対抗しようと店前に堂々と日の丸を掲げている。以前この前を通ったときよりも日の丸が増えていた。

ニュー新橋ビル地下一階は、ときならぬ尖閣列島状態になっていた。

私がKデスクに連れられてきた二十数年前とは様変わりしていた。

私たちは居酒屋の前で立ち止まり、西京焼き定食、サバ味噌定食といったメニューに惹かれて入店した。

私と杉山は西京焼き定食を注文し、モツ煮とポテトサラダを追加した。

注文をとりにきた女性店員はあまり日本語がうまくない。二十代だろう。ここもチャイニーズの店員だ。

しばらくして注文の定食が運ばれた。

「おまちどうさま」

今度は六十代の日本人女性店員が運んできた。

厨房にもどった日本人女性店員は他の中国人店員に混じり、ひとり浮いている。

魚もポテトサラダもうまい。

店内に貼られている品書きは墨痕あざやかな手書き文字だ。商売繁盛の熊手が飾られている。先ほどの日本人女性店員に勘定を支払い、店の外に出ようとした。ついでに話しかけてみる。

「店員さん、中国の方が多いですね」

すると日本人との会話に飢えていたのか——。

「そうなんですよ。中国の人たちって、大陸に子ども残して、おじいさんおばあさんに面倒みてもらってこっちに来るのよ。やっぱりお金の価値が違うからこっちで目一杯稼いで帰ればかなりの収入になるでしょ。時給？　日本人と同じよ。中国人だからって時給下げたりしないわよ」

二十四時間営業だった牛丼チェーンすき家では従業員のなり手が確保できず営業時間を短縮したことが報道されたように、どこも人材確保に苦労していることを思えば、中国から来た彼女たちの労働力は貴重である。

「時給は日本人と同じでもね（小声になる）、融通が利くのよ。いいように扱えるからね。そうでなきゃねえ。よく働くしね。一年で二、三週間だけ休みで帰国するだけだから」

人気はミミズの乾燥粉末

私たちは一階をそぞろ歩く。

闇市時代の店がそのまま店子《たなこ》として引き継いだので、二十一世紀の現在でもこのビルはどこか闇市的なごった煮の空気が漂う。

気になる店をのぞいてみる。

漢方薬が溢れんばかりにならんでいる。すべてがオヤジにやさしい、オヤジのあらゆる注文に応えるビルだけのことはある。

私がミミズの乾燥粉末に関心を示していると、七十代らしき女性店主が寄ってきて解説しだした。

「ミミズの乾燥粉末は血栓を溶かすんですよ。栗本慎一郎さんもこれ飲んでる」

経済人類学者栗本慎一郎が一九九九年、脳梗塞で倒れたもののリハビリの成果もあって日常生活に復帰できたのだった。ミミズの乾燥粉末、効果あるのか。

ミミズの粉末を箱詰めにした漢方薬の値段は一万五千円。

「一年間毎日飲んでも、一日四十円程度だからお高くないですよ」

ミミズの粉末の次に人気があるのが、脚の痛みをやわらげるとされる足の裏に貼るユーカリのシートだ。

体調はわるくない。いまも週に三回はジムに通っているし、散歩が好きで二時間くらいは歩きっぱなしになる。私に買う気がないと感じたのか、女性店主から先ほどの熱気が薄れたようだ。

一階には金券ショップも並んでいる。対応するのは女性店員だ。人生の酸いも甘いも噛み分けてきた、という風情がある。

つい先日、友人の紹介で知り合った四十五歳の人妻がいた。やはり酸いも甘いも噛み分けてきた女性であり、仕事ができることから準大手食品会社の社長秘書室長を長年にわたって務めてきた。

「うちの会社の取締役が、十年以上にわたって収入印紙をくすねて、新橋の金券ショップ屋に売ってたの。少しずつ少しずつバレないように。収入印紙を管理する財務部、それを統括する取締役だったから長いあいだ気づかれずにやってたのね。そのうち支出が多すぎるってことにうすうす気づきだした人がいて、法務部にチクったの。法務部には顧問弁護士がいるから。弁護士は『はっきりやって白黒つけましょう』と主張したけど、社長は身内の恥が外に出るとやっかいだからって穏便に済ませて、結局事件化せずに解雇という結末になったの。億近いおカネ盗ったみたい」

ニュー新橋ビルの金券ショップには、新幹線チケットから巨人戦、伊勢丹・三越のお歳暮ギフトといった高額のチケットを安く売ったり、マクドナルドのコーヒー百円チケットが九十円というものまである。十円でも安いものを求める消費者はいまなお減らず、デフレはつづいている。

金券ショップにはガラスのショーケースがあり、そこに客が売りたいグッズを置く棚貸しもやっている。おたく系イベントのチケット、フィギュア、パンフレットが置かれている。

ニュー新橋ビルの閉店どきは早い。一階の店舗は八時前にはシャッターを下ろしはじめ、あちこちでガラガラガラと無愛想な音が響いてくる。

私たちもそろそろ外の空気を吸いたくなった。

性病治療、ファッションヘルスといった店の案内板の真下にいる愛らしいＯＬが人を待っている。新橋的光景だ。

一階にはトイレがあり、不思議なシーンがいつも見られる。トイレの入口に小さなボックスがあって、チップを入れるようになっているのだ。チップだからいくら箱に入れるかは利用者の自己決定である。

だが私たちがトイレを見ているあいだ、利用者のだれ一人としてチップを払う者はいなかった。チップの風習がない日本、しかも庶民の街新橋でチップ制なのだから、そりゃ利用者も面食らうだろう。

ニュー新橋ビルを出ると、ＳＬ広場では恒例の新橋古書展が開かれ、テント貼りのブースが建ち並び会社帰りのサラリーマンが詰めかけていた。もちろん私も覗いてみる。

不思議な外壁デザインが秘める謎

私はニュー新橋ビルのきわめて特徴的な外壁の謎を確かめるべく、複数の文献やネットであたってみた。するとあの白い凹凸の外壁は、フィボナッチ数列という数字的規則によって配列されたプレキャストコンクリート製外壁面、という難解な専門用語が飛び出す代物であった。

プレキャストとは建築手法の一つであり、工場で製造した建築資材を現場まで運んで組み立てるやり方だという。模型を組み立てるような手法だ。

フィボナッチ数列というのは、イタリアの数学者フィボナッチからとられた名称で、「隣り合う二つの数を足すと、次の数に等しくなる」数列のことで、つまり次の数列となる。

1、1、2、3、5、8、13、21、34、55、89……

この数列は自然界に多く見られ、たとえば「花の花弁の枚数は三枚、五枚、八枚、十三枚のものが多い」「ひまわりの種の並びは螺旋状に二十一個、三十四個、五十五個、八十九個……となっている」など、人間にとってもっとも安定し、美しい比率とされる黄金比がこのフィボナッチ数列によるものである。

ニュー新橋ビルの外壁もまた黄金比による美的外観をデザインしたといえる。

外壁のデザインをよく見ると、細かい格子のようなデザインでありながら微妙に大きさが異なり、全体を俯瞰すると何とも言えない美しい幾何学模様になっているのだ。

斬新な外壁はいったいどんな人物が設計デザインしたのだろうか。

ニュー新橋ビルのフィボナッチ数列的外壁

調べたら、ニュー新橋ビルの設計は松田平田設計という事務所が請け負っていた。建築デザインという専門的な事柄ゆえに、いきなり取材に行ってもわけがわからないまま終わってしまうだろう。そこで私はある人物を思い出した。

私が学生時代、所属していた企画演出部の二級下に理工学部の優秀な後輩が二人いた。東北大学大学院工学研究科の持田灯《あかし》教授（都市・建築学専攻）がそのひとりだ。さっそく持田教授が、ニュー新橋ビルとフィボナッチ数列という数字的規則によって配列されたプレキャストコンクリート製外壁面について、日本建築史の准教授にあたってくれた。

すると、当時の設計事務所の設計図の一部を送ってくれたのであった。

難解な専門用語が並ぶが、当時のデザインとしてはかなり斬新なものだったということがうかがわれる。

さらに私を驚かせる連絡が持田教授から入った。

「ニュー新橋ビルを設計した事務所に最近就職した学生がいるので、もう少し情報がないか聞いてもらっています」

教え子がニュー新橋ビルを設計した松田平田設計に入った、というのも偶然とはいえ、まさにフィボナッチ数列的偶然とでも言おうか。

ニュー新橋ビルを設計した事務所は、一九三一年（昭和六年）、赤坂に松田軍平が松田事務所を開設し、後にコーネル大学の後輩である平田重雄を迎え、一九四二年（昭和十七年）に松田平田設計事務所になった古い歴史を誇る組織だった。

ニュー新橋ビル設計の中心人物は坂本俊男。

一九六六年に坂本俊男を迎え、松田平田坂本設計事務所と称すようになったのも、同事務所の有力な人材だったのだろう。坂本俊男はすでに亡くなり、同事務所のなかで当時の設計事情を知る人物がいたら紹介してもらうことになった。

すると持田教授から連絡が入った。

「松田平田（事務所）の総務に聞いてもらったところ、すぐに調べてくれたようですが、『担当者がすでに社内におらず、設計の詳細についてわかる人がいません』ということでした。お役に立てずに申し訳ございません。（ニュー新橋ビル誕生の）一九七一年というのは、思った以上に昔ということでしょうか」

半世紀近い時間は当事者すら不明にさせる。

ニュー新橋ビルの計画・設計は一九六〇年代後半ということになる。

女性はミニスカート、男性は長髪、というように既存の価値観を破壊する潮流が生まれ、デザインでもサイケデリック調がもてはやされた。なにしろ国をあげた一大イベント、一九七〇年大阪万博のシンボルは岡本太郎の太陽の塔という巨大サイケデリック建築だったのだから。

ニュー新橋ビル完成の翌一九七二年（昭和四十七年）、新橋からほど近い銀座八丁目に突如出現したまるで洗濯乾燥機を積み上げたかのような世界初カプセル型集合住宅、中銀カプセルタワービルは黒川紀章が設計した。

この時代、個性的な建物が相次ぎ誕生したのは、建築業界にもサイケデリック調が制覇したからだ、と言えよう。いまではレトロ、時代遅れの象徴ともなったニュー新橋ビルも誕生時は最先端のモダンな建物であった。

幽玄の刻は新橋にも流れ込む。

第三章　新橋はなぜナポリタンの街となりしか

「新橋系ナポリタン」とは何か

三十七年前、週刊大衆の取材で新橋を訪れたとき、ニュー新橋ビルは自分の目にどう映ったのだろう。

物書き稼業として大海にこぎだしたちっぽけな小舟は、風景を味わう心の余裕もなかったのだろう。

私は杉山茂勲と次の取材先に向かうべくSL広場に立った。

本日も寒空のなか、よく晴れた午後だ。

するとニュー新橋ビルから一人の男が悠然と歩いてくるのが視界に入った。

白髪に白髭、愛嬌のある顔で、どこか世捨て人のように世間とは乖離したかのような雰囲気を放散している。飛騨の山奥で炭を焼いているような中年男だ。

こんな人物が平日の午後、ニュー新橋ビルから歩き出てくるのも新橋らしい。

ちょっと待て。どこかで見かけたような……。

おや、向こうも私のほうを見ている。

もしかして。

「おや？　本橋さん」

そういうあなたは……。

下関マグロだった。

パイ投げ倶楽部、フェチ同好会、みずからのプライバシーをさらけ出し電話番号まで載せた書き下ろし本『露出者』の著者、町中華探検隊、B級グルメレポーター。糖尿病で死にかけた男。健康のため散歩をやりだして、いまや散歩ライターの名をほしいままにする男。

数多の伝説をつくりつづける人物がなぜ新橋に？

「新橋までナポリタン食べに来たんですよ。新橋はナポリタンの街なんですね。イタリアンと見せかけて実は日本式のスパゲティ料理を『町パスタ』と呼んでるんですが、ナポリタンに代表される日本独自のスパゲティ料理は店ごとに独自の発達を遂げていますから。ナポリタンを食べたくなったら新橋に来るんです」

新橋のレストラン、喫茶店、洋食屋で必ずナポリタンが一押しメニューに出てくる。

それにしてもなぜ新橋でナポリタンなのだ？

「新橋はナポリタンのおいしい町パスタ屋さんがたくさんありますから。僕は『新橋系ナポリタン』と呼んでいますが、その特徴はソースの粘度が高いことです。サラリーマンの街・新橋では白いワイシャツを着ている人が多いから、うっかりナポリタンのソースを飛ばしてしまうと、とんでもないことになってしまうんですよ。そこで新橋系ナポリタンはソースがワイシャツに飛ばないようにソースの粘度を高め、飛び散らないようにしています」

下関マグロが新橋ナポリタンについてうんちくを傾ける。

世界に冠たる自動車、半導体を製造してきた日本人お得意の精緻な工夫が、新橋のナポリタンにも向けられていたとは。

新橋の昭和の薫り色濃く残る喫茶店、レストラン、軽食スタンドをめぐるたびに感じていたのが、どの店でもショーケースの真ん中にどーんと置かれているサンプルが山盛り赤茶色のスパゲティなのだ。ニュー新橋ビル一階の老舗「むさしや」の一押しも、超大盛りナポリタンだった。

私が小学生だった一九六〇年代、子どもたちにとってスパゲティといえば、ミートソースとナポリタンだった。子どもだけではなく大人たちもミートソースとナポリタンしか食べていなかった。

一九六〇年（昭和三十五年）、東京・飯倉片町《いいぐらかたまち》でオープンした「キャンティ」ではじめてバジリコスパゲティがメニューに出たとき、草みたいな緑のスパゲティだと客が驚いたという逸話もある。明太子、山菜といった和風系とスパゲティを合体させたメニューなどはもっと後のことであり、日本人にとってスパゲティといえば、あくまでもミートソースとナポリタンだった。

もともと中世のイタリア・ナポリの屋台で出されていたトマトソースで味付けされたのがナポリタンの発祥とされる。日本でも戦前までは高級西洋料理として提供され、トマトソースを使って味付けされていたが、終戦後の食糧難で代用としてケチャップを使った味付けがなされて日本独特のケチャップ味スパゲティ、ナポリタンが誕生した。

日本にはうどんという古くから庶民に愛されてきた麺類があり、ざるうどんから焼きうどんまで幅広く食されてきた。ケチャップ、ソースを使った焼きうどんなどは、私が幼いころの好物だった。

麺類とケチャップというのは親和性があり、ケチャップ味のスパゲティとしてナポリタンが日本人の舌に合ったのであろう。

新橋系スパゲティは、スパゲティというよりもケチャップうどんとでもいうべきナポリタンが人気だ。

都下最大のナポリタン激戦区

下関マグロおすすめの新橋系ナポリタンを紹介する前に、本人の風変わりな半生を紹介しよう。

一九五八年（昭和三十三年）山口県下関市生まれ。

小学一年生の七月のある日、自衛官の父の転勤で転校を繰り返し、新しい学校で友だちができず、鬱状態に陥り自殺しようとした。手段は小水を飲み干すこと。近所の神社の境内で人生にサヨナラしようと、両手で小水を受け止め飲み干した。毒が回るまで丸一日くらいはかかるんだなと勝手に解釈、晩ご飯を食べて寝た。寝床で最期の時を迎えようとしたがふと、来週『サイボーグ００９』の映画を観に行くはずだったから、それ観てからでもいいよねと、思った。

翌朝、自殺のことなどすっかり忘れ、元気よく登校した。

鬱めいた気分と超楽天家の両面をもつ男。物書き稼業に付いてまわる天分である。

一九八三年（昭和五十八年）三月、大学卒業後上京し、憧れの出版社に入社した。そこはスワッピング雑誌『スウィンガー』（おおとり出版）だった。編集をやりたかったが営業で入ったので、書店回り、返本回収が仕事だった。いつまで経っても編集の仕事をさせてくれないとわかり退社した。

編集プロダクションでビジネス系の原稿などを書いているうちに、同い年の同僚と仲良くなった。お互い堅い本名なので、やわらかいコラムを書くときにはペンネームを使おうと、同僚は「トロ」を選び、元スワッピング雑誌営業部員は「マグロ」を選んだ。

どうせなら名字を持とうと、横綱になって使わなくなった北尾という名前をくっつけて、同僚は北尾トロになり、マグロ青年は生まれ故郷山口県にちなみ下関マグロと名乗った。

相棒の北尾トロは、ベストセラー『裁判長！ ここは懲役4年でどうすか』、『愛の山田うどん 廻ってくれ、俺の頭上で!!』、最近では『欠歯生活 歯医者嫌いのインプラント放浪記』『恋の法廷式』などを刊行する売れっ子ライターとなる。

一方、下関マグロは連載コラム「オレにも結婚させろ！」において本気で結婚しようと、お見合いパーティーに参加したり、みずからの求婚を同時進行でレポート。アイデンティティは肥大化し、自身の電話番号入りティッシュを街頭で配り、かかってくる電話を受けた（大半が悪戯《いたずら》電話だった）。

女性読者と直接交流しようとレディースコミックに自宅の電話番号を載せてみた。世の中にはセックスしたがっている女がこんなにいるんだと痛感した。女性側から「はいどうぞ」と来られると楽しくないんだということもわかった。

下関マグロ主宰の〝パイ投げ倶楽部〟は、女性たちがパイ投げをするシュールなビデオを発売し、大いに売れた。

男が女性への憧れとして、肉体あるいはその延長線上の付随物を愛することをフェチズムと呼ぶが、下関マグロによると、フェチは理屈ではなく本能だという。

フェチには様々な対象があり、細分化される。たとえば非常に身長の高い女性、大きな女性が大好きな巨女フェチ。ひとことで巨女フェチと言っても、大林素子《もとこ》のように実在するいい女を好む者もいれば、東京タワーくらいの女がいいという者がいたり、霞が関ビルか富士山くらいないと感じない、という者もいて千差万別なのだ。巨女フェチのなかには東京タワーくらい高い女を想像してオナニーする男もいる、と下関マグロは語る。

私が彼から聞いた印象深い話として、ヘイズ・コードというアメリカ映画の倫理規定のエピソードがある。

ヘイズ上院議員が決めたもので、一九五〇年代のアメリカ映画は倫理規定に従って、裸や男女がベッドに一緒にいるシーンは不可となった。とりわけ厳しかったのが、へそを出してはいけないことだった。当時のアメリカ映画を見ると、ベリーダンスのシーンでも、へそだけを隠している。

性器や乳房ではなくて、なぜへそがタブーだったのか。

背景はヘイズ上院議員が死んだ後に判明した。ヘイズ上院議員の家からへその写真集がたくさん出てきたのだ。

ヘイズはへそがエロティックなものだと疑わずに生きて、他人もみんなそうだと思っていた。フェチのあいだでは有名なエピソードである。為政者のフェチズムが庶民の生活にまで影響を及ぼしたのであった。

地方に伝わるどろんこ祭りも、その昔、村の長や神主がどろんこフェチで、若者たちが泥まみれになったり、泥をなすりつけることに性的倒錯を感じていたからと、下関マグロは分析する。

原稿書きで一日中自宅に閉じこもり、日本一出不精ライターになり、ストレスと過食で百十キロ超、糖尿病になった。私が下関マグロと面識をもったのがちょうどこのころで、短く刈り込んだ黒髪に大柄で汗かきのイメージがあった。

糖尿病を治療しようと、散歩をはじめた。四ツ谷から市ヶ谷の一駅間を歩いただけでへたばり、帰りは電車で帰ってきたが、いまでは十キロのロングもなんなくこなす散歩フェチになり、日本一出不精のライターが日本一歩くライターになった。体重も七十キロに減った。

現在、盟友の北尾トロとともに町中華探検隊を結成した。〝町中華〟とは、中華料理屋なんだけどカレーライス、オムライス、カツ丼といった中華以外のメニューもあり、定食なんかも充実していたりする店を指す。かくして散歩とB級グルメを論じる第一人者となった。

その下関マグロがずっと前から惹かれているのが、ナポリタンであり、都下最大の激戦区が新橋なのだ。

「新橋系ナポリタンが密集しているのは新橋駅烏森口からすぐのニュー新橋ビルです。ここの一階には、行列の絶えない『むさしや』さん、新参ながら高い人気を誇る『スパゲティキング』があります。創業が明治だという『むさしや』さんは、僕がはじめて行った八〇年代はまだ焼きそばをやっていて、いい香りが漂っていたんですが、残念ながら焼きそばはやめちゃっていまナポリタンが人気ですね。ここは六百グラムもあるんです（家庭用スパゲティ一人前が百グラム）。ここのナポリタン、最初は食べられるかどうか不安なんだけど、けっこう食べれちゃいます。『スパゲティキング』は、有楽町にある町パスタの『ジャポネ』系の新しいお店です。

ニュー新橋ビルの二階には喫茶店『ポワ』があります。ここもナポリタンが有名で、食事をしているほとんどの人はナポリタンを食べていますね。もっともこの流れはここ十年くらいの感じでしょうか。そして二階にはもう一軒、ニュー新橋ビルが建ったときからある『サンマルコ』さん。あまり有名ではないのですが、ここのナポリタンは絶品ですよ。新橋系の代表と言っていいでしょう。新橋駅前ビル1号館一階にある洋食屋さんの『ポンヌフ』も有名ですね。自分が一番好きなナポリタンは、新橋に隣接する銀座ナイン2号館の、『はと屋』さんです。ナポリタンにご飯と味噌汁が付いてきます。麺はうどんのような太麺です。以上、思いつくままに紹介しましたが」

家庭用スパゲティのざっと六倍はある新橋系スパゲティは、サラリーマンの聖地だからこそ発展したといえる。

働き盛りの二十代、三十代サラリーマンにとって、六百五十円で超大盛りのナポリタンが食べられる、まさに新橋系ナポリタンはスパゲティ界のラーメン二郎なのだ。

ナポリタンの名店を食べ歩く

私と杉山、それに本書カバー写真を撮影する高野宏治カメラマンの三人は、西銀座ＪＲセンターのアーケード街から烏森口を歩いた。

海風が冷たく吹きつける。

高野宏治カメラマンは半年前まで日刊ゲンダイの社員カメラマンとして最前線でシャッターを切ってきたのだが、五十代になって我が道を振り返り、自分のやりたい仕事をやっていきたいとフリーランスの道を選んだのだった。出版不況のご時世、ライターもカメラマンも仕事が激減し転職を余儀なくされるというのに、よくぞ独立した。

私、杉山、高野の三名がニュー新橋ビル一階の「むさしや」にならんだ。

下関マグロおすすめ、明治十八年創業、トマトケチャップ色があふれる店だ。

三人、カウンターに腰かけて、ナポリタンを食す。杉山・高野はこの店がはじめてだ。私たち以外にもカウンターには近くのサラリーマン、ＯＬが客として座り、食べている。食欲旺盛だ。

負けじと私たちも出てきたメニューを完食。

「お腹にズシン！と来ました」と高野カメラマン。

「おいしかったです。ちょっともたれましたけど」とは杉山。

その後、彼はナポリタンの虜になり、ナポリタン中毒とも言えるほど新橋に通い詰めることになる。

翌日、私は汐留口の新橋駅前ビル1号館にあるポンヌフへ行ってみた。ここも下関マグロおすすめの店だ。

私に付き合うのは、以前取材で知り合った女王様風、毅然とした人妻、ここでは谷崎潤一郎の小説『痴人の愛』を連想させるナオミということにしよう。

そのナオミ（三十九歳）とポンヌフに入店する。

店名のポンヌフとは、新橋をフランス語読みしたもの。

まだ昼休み前の時間帯にもかかわらず、すでに店の前は数組が並んでいる。私たちの前は二人組サラリーマンだ。

付き合わせたナオミの機嫌が気になるが、はじめて食する新橋系ナポリタンを期待してかにこやかだ。

店のレジにはおじいさんが、うつらうつら、まぶたが重そうだ。危うくまぶたが閉じかけるとふと目を開け、またうとうと、お客が食事代を支払うときにはしっかり目を開けて勘定する。見事だ。

十分ほどで座席へ案内された。サラリーマン、ＯＬが中心でそんなにゆっくりしないので回転率がいい。

中央にカウンターがあり、中が調理場になっている。壁際に十席ほどのソファー。

座席では全員が赤茶のナポリタンを頬張っている。付け合わせでハンバーグとパン。主食はあくまでもナポリタン。みな、新聞、携帯、雑誌、テレビを見ながら黙々と頬張る。サラリーマン客に混じり、二人組の六十代女性、一人で来た学生らしき若者がいる。

私もナポリタン（六百五十円）。対面して座った人妻ナオミはポンヌフバーグ（八百五十円）。中年女性店員が五名、髭で体格のいい三十代男が調理場で皿にナポリタンを山のように盛りつける。

これに似たシーンをどこかで見た気がしてきた。なんだろう。

ああ、ビートルズが企画製作したテレビ映画『マジカル・ミステリー・ツアー』（一九六七年）で、レストランの店員に扮したジョンが太った女性客へ、バケツに入ったナポリタンならぬカルボナーラ風の白いスパゲティをシャベルで盛りつける幻想的なシーンに似ているではないか。

真ん中のカウンターに入っているショートヘアの中年女性が色っぽい声。「いらっしゃいませー」。

人妻ナオミが食しながら「味が濃いめで、ハンバーグがふわっとしてておいしい」。

ナポリタンも最初はこんなに量食べられるかと思いきや、気づくと平らげていた。

店外に出ると入る前よりも行列が伸びている。

「ナポリタンは中毒性がある気がします。おなか一杯、胃もたれ、もうしばらくいいやと思っても次の日には食べたくなってる。腹持ちもいいようで、夜までおなかが空かないのも変にお金をつかわなくてよく、サラリーマン向けなのかも」

ナポリタン中毒になってしまった杉山の言葉だ。

割り箸で食べるナポリタン

翌週、今度は私単独で新橋系ナポリタンのひとつ、下関マグロが一番好きなナポリタン、と証言していた新橋に隣接する銀座ナイン2号館の『はと屋』に入店。

場所はJR新橋駅の銀座口から歩いて二分。銀座ナイン2号館の地下一階にある。

夕食時には少々早い夕方五時。

洋食屋で、揚げ物やハンバーグとのセットがある。ご飯、味噌汁がいかにも和風テイストだ。

カウンター席には私ともう一人、近所の雀荘のマスターらしき人物がしょうが焼き定食を食べている。

遅れて入ってきた蝶ネクタイの男が、「あれ、ナポリタンじゃないの?」と先に食べていた男に笑顔で言った。先に来た男の仲間で、銀座のクラブ従業員か。

さほど広くない店内には、カゴメケチャップ大型缶の空き缶が十個、ずらりとならんでいる。そこに野菜やら調味料やらが入っている。大型鍋に点火。すると下のカウンターからまたもやカゴメケチャップ大型缶の空き缶を取り出して、中の具材を放り込む。具材やら調味料やら調理道具、すべてがカゴメケチャップ大型缶に入れられているのだ。使い切った空き缶を収納用として再利用しているのだろう。

恐るべきケチャップ消費量!

ナポリタンにサラダ、わかめの味噌汁、下関マグロ一番のおすすめだけはある。

スパゲティの麺というよりもうどんに近い太麺を割り箸で食べる。

「新橋ってなんでナポリタンが多いんですか?」

私がマスターに質問すると、調理中のマスター、苦笑いして「さあ」。

食い終わった私は、新橋がナポリタン激戦区として大繁盛しているのか、つらつらと考察してみた。

昼時、混雑する洋食屋ですぐにかきこめるナポリタンは、サラリーマン向けだった。作り手側も麺をケチャップで味付けする手軽な調理法だったので、猛烈に忙しい昼時の強い味方になったのだろう。

そしてケチャップのもつ酸っぱさである。疲労回復にはなによりも酸味がきいた炭水化物だ。

ここ新橋こそ、サラリーマン密集度からしたら新宿、池袋以上であろう。彼らがすぐに店に入れるような回転率のいい店で、すぐに食べられる、そして満腹になるメニュー。しかも日本人好みらしく味噌汁付き。

新橋系ナポリタンが五十年以上におよび生き残った理由である。

再会してみたいあの人

翌日、私と杉山は新橋駅汐留口のほうから新橋を回遊した。

駅の案内放送が、日本語と韓国語、交互に女性のアナウンスで流れてくる。韓国語のイントネーションが朴《パク》前大統領そっくりの声であるのがせつない。

夕方ラッシュで、サラリーマンの聖地にはスーツの波が押し寄せている。

ニュー新橋ビルとは新橋駅をはさんだ反対側、新橋駅前ビル1号館の地下一階「パーラーキムラヤ」で、私と杉山はこれからの取材について打ち合わせをおこなった。

このビルが起工したのが一九六六年（昭和四十一年）、ビートルズ来日の年であり、このパーラーはビル誕生時から営業する、八十代の女性経営者とその家族でやってきた伝統の店だ。

店の外にある四段のショーケースには、プリンアラモード（七百円）、ナポリタン（五百八十円）といったサンプルが飾られている。

「軽食・珈琲」の文字とあいまって、昭和が色濃い。

すべてのテーブルには灰皿が置かれ、ここもまた愛煙家にやさしい店である。

昭和を代表するプリンアラモードという懐かしい響きのメニューを注文した。

固めのプリンに甘いホイップクリーム、久しぶりのサクランボ、缶詰めミカン、メロン、バナナにバニラアイス、昭和の味が口中に広がる。

パーラーキムラヤでも、一押しメニューはナポリタンだ。

相棒の杉山はさすがに本日はチキンライス（スープ付き六百八十円）を注文。登場したのは赤茶色のライスに乗っかった黄色いタマゴ。オムライスといったほうがいいだろう。新橋らしくケチャップ味がきいている。

「本橋さん、まだKさんの消息、つかめない？」

杉山の問いかけ。

「いいところまではいくんだけど。もうちょっとあたってみるよ」

ニュー新橋ビルでKデスクからナポリタンをおごってもらった記憶がある。

いったいどこの店だったのだろうか。

ポアか、むさしやか、それとも新橋駅前ビル1号館のポンヌフか。

あのころは何の気なしに食べたものだったが、ナポリタンには新橋の歴史が味わいとなっていたのだった。

「そういう杉山君にとって、再会してみたい人はだれよ？」

私の何気ない質問に、当人しばらく考えている。

「そうですねえ。他人から見て面白いかどうかかなり微妙ですが、とりあえず一番会いたい人、ということで、いますよ」

「おお。だれなの？」

「大学時代に応用動物学研究室というところに所属していたんですが、僕の担当教官だった永田先生、という方がいたんですよ。会ってみたいなあ。かなりユニークな先生で、当時三十五歳、教授や准教授でなくまだ〝講師〟という肩書でした。やり手の若手研究者で僕は大好きだったんですけど、その人の風貌がまず特異だったんですよ。アメリカ帰り間もないためか、アメリカかぶれというか、全身がアメリカナイズされていて、髪は肩近くまでの長髪で、服装はいつも必ず黒の革パンツに黒のワイシャツ姿でマイケルジャクソンっぽい（笑）。十本の指全部に指輪をしてるんです。香水の匂いがいつも漂っていて、女子たちには『永田先生は三十メートル先にいても匂いでわかる』と言われてました。飲み物は絶対にペプシコーラだし、大学には真っ黄色のホンダＮＳＸで爆音をとどろかせてやってくるんです。『おれが杉山ぐらいの歳のときは、いつも四人ぐらいの女と同時に付き合ってて大変だったぞ。クリスマスのときなんか時間ずらして全員に会わなくちゃいけないからなあ』みたいなことをよく話してましたね」

クリスマスのときの話は先生自身が大分盛ってるとしても、そうとう変わり者だというのが伝わってくる。

「こんな人が大学の先生やってるんだ、という衝撃がありましたね。僕が通ってたのは茨城の田舎の大学だし、大学って授業つまんないじゃないですか。そんななかで永田先生はかなり浮いていて、だけど、この人みたいに生きてみたいなあという思いがありましたよね。研究者としてもやり手で、周りの教授たちが年間七、八本くらい学会に論文発表するぐらいのペースだったけど、永田先生は年間二十五本ペースですよ。二十五本も発表して、結局その後、小保方《おぼかた》さんで話題になったあの理化学研究所に高待遇で引き抜かれることになるんです。永田先生は『杉山が大学院へ入ったら理研に席をつくってやるから、おれのとこで一緒に研究しようよ』とよく誘ってくれてたんです。でも僕が出版社に就職することになったんで、あのとき永田先生について行ったら自分の将来はどうなっていたかな、と時々思うことがあるんですよ」

人間はカラダひとつしか持ち得ないので、人生もひとつの道しか選択できない。

もしもあのとき右を選んでいたら、左を選んでいたら、未来の自分はまるで違ったものになったかもしれない。人と人の出会いによって未来は大きく異なっていく。

「僕が出版社に入ってエロ本編集部に配属になると、『杉山がつくってる本送ってくれよ』と言うので先生の家によく送ってたんですよ。あるとき先生から電話がかかってきて、『杉山がつくってる本、ひとつだけ疑問があるんだけど。あの本に出てる女はみんなモデルなんだろう？　なのにどうしてあんなブスばかりなんだ？』と真面目に聞いてきたりするんですよ。永田先生らしいなあと（笑）。

その後、理研内部の派閥争いに巻き込まれ、大変そうで元気をなくしていって……。永田先生の自由すぎる感覚は、派閥がどうとかいう日本的な組織の中ではさぞ窮屈だったんじゃないかと思うんですよ。ある時から音信不通になって、だれに聞いても行方がわからなくなってしまったんです。それ以降、先生の名前で論文も発表されてないんで、研究者を辞めてしまったんじゃないかなあ。いまどこで何をされているんだか……」

どんな人間にでも再会してみたい人物はいる。

それは当時の自分と出会う時空の旅でもある。

私が元アサヒ芸能のＫデスクを探している姿を真横で見ている杉山も、私の回想熱とでもいうべきものが伝播していたのだった。

新橋の薄曇りの空を見上げる。

この空の下のどこかに、きっとＫデスクも永田先生もいるはずだ。

ＪＲＡの暗号

Ｋデスクをよく知る徳間書店の編集者からメールが来た。

〈本橋さま
おせわになります。

Ｋ（メールでは実名）さんについては、幾人かアサ芸ＯＢにもあたったのですが、消息を知っているものはいませんでした。

海外に行っていたかどうかは定かでないですが、行っていたとしてもその頃より後に、校正の仕事などがないか打診の電話をとったものがいた話を聞きましたが、その後付き合いはなく消息も知れないということでした。

お役に立てませんで恐縮です。　徳間書店　Ｍ（メールでは実名）拝〉

私はKデスクが会社を早期退職する直前に会ったときのことを思い出した。

Kデスクはスポーツ新聞を片手に、編集部を訪れた私を誘ってニュー新橋ビルの喫茶室に入った。

スポーツ紙を広げると、Kデスクはボールペンを手に、紙面に印を付けた。

「この前までは違うサインにばかり気を取られていたけど、今度こそ確実なサインなんだ。本橋君、ちょっと聞いてくれる?」

私をつかまえて、Kデスクは喫茶店で熱く持論を展開する。

日本中央競馬会（JRA）が主宰する競馬というのは、馬の健康状態、血統、戦歴といったデータばかり重視して勝ち馬を推理するが、Kデスクに言わせると大いなる間違いだという。

「レースの結果はスタート前にとっくに決まってるの。それを体調だとか重馬場だとか、血統がとか、ああでもないこうでもないって推理しても無駄なんだよ。JRAが暗号を出して、何が勝つか教えてるの。このサインを解読できたらずっと勝ちつづけるよ。もうサラリーマンなんかやらなくて競馬だけで食っていける。サインの法則さえつかめば。あともう一歩なんだ」

そう言うとKデスクは広げたスポーツ紙の競馬欄を指し示した。

「JRAが主宰するんだから、要するにJRAの思うように勝ち馬が選ばれるわけだよ。今度のレースで何が入るか、それをJRAは特定の人物に教える。それがサインなんだ」

Kデスクは競馬の出走欄に込められたJRAのメッセージを熱心に解読しだした。

いわくJRA会長の誕生日にちなんだ解読。次に競馬場で歌手を招いたイベントに関して、その歌手のヒット曲にまつわるタイトルと出走馬の名前が類似していることからサインが出ていたこと。

強引な解釈だと思うのだが、熱心にサインを解読しているKデスクを見ていると、全否定することもためらいがある。

　Ｋデスクは編集部で私の姿を見るたびに、サイン解読をしてみせるのだ。それは自分自身に対する研究成果の確認ともいえた。

　そしてＫデスクはサイン研究に一生を捧げると言って、いつしか編集部から姿を消した。

公営ギャンブルにまつわる黒い噂

「八〇年代から九〇年代にかけて、サイン本が売れた時代があったんですよ。こういう事件とこういう事件があったらそれから解読したら明日のレースはこれに決まり、という。メインレースはレース前から勝ち馬や勝利する騎手がとっくに決まってるので、ＪＲＡだけがわかる予想を特定の人間に教えるためにサインを出しているという。競馬評論家の井崎脩五郎《しゅうごろう》が広めて、高本公夫《きみお》がタカモト式として広めたと言われるんです」

　昭和遺産に造詣の深いライター・藤木ＴＤＣがサイン理論について解説する。

　藤木ＴＤＣは競馬に熱中し、取材と原稿執筆以外の時間を利用して全国の競馬場巡りをしている。いまだに独身だからできる優雅な趣味だともいえる。

　その藤木ＴＤＣが深掘りする。

「たとえば去年セリーグでは広島カープが日本シリーズ進出を決めたじゃないですか。Ｊリーグも浦和レッズが勝った。このふたつのチーム、野球とサッカーという異なるスポーツですが、ある共通する特徴があります。わかりますか？」

「赤色がチームのカラー？」

「そう。そうすると次の日のＧ１レース、来たのがレッドなんたらとかいう馬だったんです」

こじつけのようにも聞こえるが、ＪＲＡは勝ち馬をわかる人間だけに内密に教えているということなのか。

「ＪＲＡがレース直前に出している広告のなかにサインが隠されている説もあれば、レース前に起きた事件が（勝ち馬を）予告している説もあって、それに合わせて馬を勝たせる。そういう伝説がいろいろあるんですけど、どれが確度が高いのかいまだに証明されていないんですよ。いろんな研究家が理論立てて本を出すんですけどね、いまだにはっきりとは証明されていない。ただ、井崎脩五郎だけはときどき当てるんです。二月六日は銭湯の日だから、その日のレースは〝フローなんとか〟って東スポに書いていたら、本当に来た。井崎さんは分厚いノートをもっていて何月何日のレースはこれくるからって、決まってる勝ち馬を教える。井崎さんはそういうことができるんです」

サイン研究はやりだすときりが無くなるほど様々な解読法が湧いてきて、収拾がつかなくなる。

Ｋデスクは解読しようと余生を捧げてしまった。

藤木ＴＤＣは競馬にまつわる悪魔的な深淵を話し出した。

「〝出目《でめ》〟というのがあるんですよ。出目というのはオカルトの一種で、今日は１レースから５レースまでやって『１』の馬がけっこうきてる、というと『１の目がくる』といって、１が強い。それが出目。昔はテキ屋が戸板並べて、一万円で出目の本を並べて売っていたんです。今日はどの数字が強いと教えている、それが出目。予想屋が何月何日の万馬券というのをガラスの下に置いている。ほんとに当たっているんだって顔近づけると薄く数字を貼り直してたりするんですけど（笑）。こうした数字を解読した競馬必勝本が『出目本』ですね。出目とかサインというのはですね、八〇年代にブームになったんです。女性ファンを獲得するため流行らせたという説もあるんです。男は馬券買うときでも理論・理屈に走って科学的にいくじゃないですか。タイム、血統とか体調とかにこだわって予想する。でも女性はあまりそういうのに興味がない。それより今日は母の日だからカーネーションに関係するもの、だから赤の枠がくる。そうやってクイズにしたほうが女性ファンが付くんですよ」

公営ギャンブルについてまわる八百長の黒い噂がある。

大多数のギャンブラーがハズレ馬券を空に巻く一方、ごく少数の勝者が万馬券でいい思いをする。

「七〇、八〇年代折々に八百長が問題になるんです。実際に（八百長が）ある。問題になるんですよ。七〇年代にはゲートが開いて馬が走るときケツに電気ショック当ててロケットスタートさせたことが事件になったんです。ビデオでも捉えられた。国会でも問題になったんだけど、うやむやになるんです。国会の直前、直後にものすごい大穴が出るときがある。これは質問議員に勝ち馬をサインで教えて合法的に稼がせると言われてるんです。Ｇ１シリーズになると十万馬券が出たという話もあるし、最近では一億円儲けた人がいて、税務署から申告漏れで摘発されたこともあるんですよ。あれってＧ１直前に報道されるんだけど、競馬で何億儲けたっていうのがニュースに出るから射幸心《しゃこうしん》を煽ることになるんですよ」

なにやら競馬の世界は単なる予想ではなく、オカルトと科学と数式が複合された魑魅魍魎《ちみもうりょう》の世界に思えてくる。

サイン理論の元祖としてタカモト式という勝ち馬予想をした競馬評論家・作家の高本公夫がいて、それまで出目による予想が主流だったところに厩舎や馬主、ＪＲＡの経営戦略等々のデーターをもとにした勝ち馬予想理論を構築し、膨大な信奉者を生み出した。

また競馬研究家・片岡勁太《けいた》によるJRAのオペレーションを読み解く理論がある。JRAのサイトにある競馬番組表を開き、ここからJRAがどんな馬を勝たせようとしているのかサインが出ているとする。

政治家に巨額の裏金を渡すと政治資金規正法にひっかかり逮捕されてしまうが、サインによって目当ての政治家や利益供与したい相手にヒントを流せば、合法的にカネを渡すことができる。

「本命が3コーナーのところで明後日の方向まで走ってしまって、それでも二着になった。レース前にもう決まっていたとしか思えない。ありえないそんなこと。スポーツ新聞はJRAに遠慮しているから、書けない。強すぎるから勝てた、という論調なんですよ。人がやっている以上、八百長になることがあるんです。馬は七〇年代からある伝説があって、全部の馬のデーターがJRAのコンピューターに入っていて、ビッグデーターがあるから予想がつく。馬も生物だからサイクルがあって、パドックでペニスおっ立てる元気な馬もいるし、そういう体力もふくめてJRAはすべてわかっている。けれど全部わかるのではないから荒れるときがあるというんですね」

Kデスクは何かのサイン理論を構築しようとして失踪してしまったのか。

第四章　三大実話系週刊誌と新橋

私の新米記者時代

一九八〇年（昭和五十五年）、二十四歳の秋、私は新米記者になった。

幼いころから漠然と思い描いていた文筆業のとば口《くち》に立ったのだ。

自分がこの先やっていけるかどうか、霧のなか手探りをしながら岸壁を登る新米の登山家のようなものであり、実生活では結婚を意識した相手と別れ、仕事も一人、私生活でも一人、文字通りすべてがフリーになった。

だが、若さはそんな不安を打ち消す勢いというのがあった。

時と場合に応じて週刊大衆、平凡パンチ記者という肩書きの名刺を使って取材にあたった。

八〇年代は経済的にも成長過程にあり、未来は無限大に広がり、女性の社会進出が活発になり、女子大生、ＯＬが週刊誌でヌードになったり、社会通念を覆そうという本もよく売れた。

私は慣れない電話取材で来る日も来る日も著名人に週刊誌へのコメントを求めた。

気のきいたコメント、過激なコメントを発してくれる著名人はそういるものではなく、締め切りになると苦労したものだった。

そんななか私たちのあいだでは、困ったときの小池真理子、といった言い伝えがあった。『知的悪女のすすめ』という一時代を築いたエッセイ集を出したばかりの彼女は、硬軟両面でコメントを出せる貴重な存在でありビジュアルもよかった。小池真理子は編集者の経験もあったために、こちらの質問にもていねいに答えてくれて、感じがよかった。

後年、直木賞作家になり、いまは押しも押されぬ存在になった。偶然だが夫君・藤田宜永《よしなが》の文庫解説を私が書いたのも縁というものだろう。

テレビレポーターをやっていた山谷えり子も『女の子のひみつノート』『失敗しないオトコ選び』といった八〇年代自立する女的なエッセイ集を出したばかりで、コメントを求めたときがあった。彼女のもとには多くの女子から恋の悩み、セックス、といった相談が舞い込み、相談相手になっていたのだ。

現在、山谷えり子は自民党タカ派の一人として、具体的過ぎる性教育はすべきではないと主張しているのを見ると、隔世の感がある。

私は、自分からも企画を出さないとプロにはなれないからと、いろいろ企画を考えた。

ヒントは日常生活のなかにいくらでも埋まっていて、それをどうやって気づき掘り起こすかが腕の見せ所になる。

物書き稼業をはじめた一九八〇年の前年、三百円だった吉野家の牛丼が値上げされて三百五十円になった。牛丼といえば三百円というイメージが強かった分、五十円分の値上げは庶民にとって重かった。

そこで私は吉野家の三百円を懐かしみ、三百円出せば満足できるメニューが山手線全駅でまだ見つかるだろうかという企画を出してみた。

するとあっさり通過。山手線全駅周辺に三百円で満足できるメニューがあるか、私一人で取材することになった。

期間は十日間。

二十四歳の若さだからできた企画だった。

安さが売りの吉野家牛丼ですら三百五十円になっていたのだから、三百円で飲み食いできるメニューがそう簡単に山手線全駅にあるはずもなかった。たいしたリサーチもしないで出した企画だったが、通ってしまったのだからやるしかなかった。

取材は池袋駅からスタート。駅の立ち食いスタンドで大阪うどんというあっさり味の関西風うどんが百七十円で取材対象になった。開店当時はあまり売れなかったが、客も徐々に味に慣れてソバより売れるようになったと店主が証言した。

巣鴨駅周辺では年寄りたちが押しかけて、店の人間に取材しても「忙しくて答えてられないよ」と拒否されながらも、巣鴨風のり団子、地蔵せんべいが三百円以下だったので書き留めた。

こんな感じで各駅それぞれ五品以上探しだして写真撮影、メニューを記録していく。

新橋駅はおそらくこのときはじめて降り立ったのではないか。

日比谷口にはわが国最大規模の吉野家が営業中で、私の取材ノートには「デカイ」と記されている。一階二階とあって百人以上入れる広さだったという記憶がある。当時、新橋名物といえば吉野家の巨大店でかっこむ牛丼だった。

余談ながら、吉野家はこの年、倒産した。五十円の値上げで客が離れ、アメリカ産牛肉の値上げでコストダウンを強いられ、乾燥牛肉を使ったり、粉末の汁を使ったりして味が落ち、客離れが加速して倒産したのだった。このときの反省からあの独特の吉野家の味を復活させようとしたのが、ミュージシャン志望のアルバイトから社長になった、現在吉野家ホールディングスの安部修仁《あべしゅうじ》会長だった。反省から「早い、うまい、安い」の三拍子が、このときから「うまい、早い、安い」に変わり、デフレ化の現在では、順番が「うまい、安い、早い」となっている。優先順位をみると時代背景がわかる。

取材していると新橋はサラリーマンの街らしく、山手線全駅のなかでももっとも安くて特色のあるメニューがたくさんあった。

SL広場近くの栄通りにある「赤城」というふぐ屋は、もち雑炊がぴったり三百円だった。葵寿司という当時珍しかった立ち食い寿司店は七十円均一でこれも取材した。

私が新鮮な驚きをもって取材したのは、新橋ガード下にある「升本《ますもと》スタンド」という自動販売機で酒を売っている立ち飲み屋だった。おつまみは、キムチ五十円、げそ四十円、酢蛸百円、酢イカ五十円、しょうが漬け五十円。清酒（温）二百円、清酒（冷）百円。ウイスキー百円。

夕刻からサラリーマンがぎっしり詰めかけ、コップ酒をぐいぐいやっていた。

山手線全駅でもっとも充実した取材だった。

取材は無事に終わり、四ページの特集として誌面を飾った。

〈サラリーマン耳より情報　まだまだガンバッている「100円玉3枚」うまくてタップリの店
山手線29駅下車　食べ歩き全紹介〉（週刊大衆一九八〇年十一月十三日号）

企画から取材、執筆、すべて任されたはじめての特集記事だった。

記事は好評で、次に私は大阪環状線版を取材執筆した。

なんとかやっていけるかもしれない、そう感じた秋の暮れだった。

三十六年前に取材した店はいま

二〇一六年秋――。

あれから三十六年が経った。

新橋をさまよい取材した二十四歳の若者はいま還暦を迎えた。

三十六年前、私が取材した店はまだ新橋に存在するのだろうか。

今回の書き下ろし本の話があったころ、たまたま段ボールから袋に入った取材ノートが大量に出てきて、その中に山手線三百円の特集記事を書いた際の取材ノートが見つかった。

いまよりも細かい字で記録してある。この取材ノートをカバンに入れ、私は三十六年ぶりの再取材をおこなうことにした。

新橋はいま、どんな光景として私の前に現れるのだろうか。

栄通りはすぐにわかった。ＳＬ広場のすぐ目の前、私が今回の書き下ろし本の取材でよく利用している椿屋珈琲店のすぐ脇だ。

平日の午後、栄通りを歩いていくと、「赤城」を発見。三十六年前にここを訪れた記憶は残念ながらまったくない。だが取材ノートには、「もち雑炊３００円」と記されている。店に入ろうとするが、まだ早いようで戸が閉まっている。開くまで他の店を取材してみようと、ガード下にあった立ち飲み屋

「升本スタンド」を探してみる。たしか駅からそれほど離れていないはずだ。なかなか見つからないので、ガード下の居酒屋に尋ねてみるが、升本スタンドはだれも知らない。

ネオンがまたたくころ、再度「赤城」に行ってみた。

今度は灯りがついている。

女将に尋ねてみた。

「こちらにはいまから三十六年前に取材でお邪魔しているんですが……」

当然、憶えていない。

「赤城」は一九四一年（昭和十六年）二月、新橋で創業した老舗だ。

三十六年ぶりに店にあったメニューを見ると——

天ぷら定食八百円、天丼七百円。

おお、あった。もち雑炊！

四百円になっている。

三十六年間で百円アップしていた。

忘年会シーズンだったので、二階にサラリーマンがぞろぞろと上がっていく。私は升本スタンドの消息を尋ねてみた。

「升本さん？　ああ、酒店ね。最近、ご主人が亡くなった。店はいまゲームセンターになってるんじゃないかしら」

女将さんの証言。

この近くにあったはずの立ち食い「葵寿司」はすでに姿を消していた。

アイフォンで新橋界隈を探索すると、升本という店名を発見した。住所は西新橋。歩いて行ってみる。洒落た建物で地下に割烹がある。もしかして升本スタンドが商売繁盛してこんな立派になったのか。まだ開店前で、薄暗い店内では若い従業員が数人、料理の準備にとりかかっていた。早番上がりなのか、椅子で寝ている大柄の従業員に尋ねてみる。

「三十六年前、升本スタンドという立ち飲み屋を取材したのですが、もしかしてこちらがそのご関係のお店でしょうか？」

あまりにも古いためか、従業員わからず、私は厨房で揚げ物している料理人に尋ねてみた。

すると——

「それはうちと違うねえ。もしかしたら昔のれん分けしたのかもしれない。升本スタンドは烏森口のガード下にあったみたいだけど」

烏森口に升本スタンドはあった！

礼を述べて烏森口のガード下に——。

当時を知るにはこの地で古くからやっている店を尋ねることだ。ガード下酒場「新橋やきとんまこちゃん」の看板を見ると、「昭和43年開店」と書いてある。ここなら昭和五十五年当時を知っているかもしれない。

三十代とおぼしき店長に尋ねてみたら、「それなら本店の店長のほうがよく知ってるんじゃないかなあ」とのこと。本店はここから近距離の桜田公園前にある。

本店のベテラン店長は料理しながら「升本は酒屋じゃないかなあ。いまはもうないね。ああ、もしかしたらまだスタンドがあるかな。日比谷神社の近く、あそこかも」。

新橋には、酒類自動販売機がいくつも並んだコーナーで飲酒と喫煙ができるサラリーマン向けのスタンドと呼ばれる無人の店舗がある。

日比谷神社を目指し歩く。はじめて行く場所とあって迷いながらもなんとか到着。

酒類販売の店の脇には喫煙エリアが設けられ、サラリーマンが一服中だ。店にいた可愛い奥さんらしき女性に尋ねてみた。

「升本スタンドという自動販売機のコーナーがあるお店なんですが、もしかしたらこちらが昔やられていたのでは……」

するとこんな返事が——

「うちではないですねえ。もっと詳しい店長がいるんだけど、いまは出ているんで……」

どうやらここでもなさそうだ。

一九八〇年、新橋には烏森口の吉野家大型店、立ち食い葵寿司、そして升本スタンドがたしかに存在し、そして現在いずれも姿を消していた。


「若い書き手を育ててみたいんだ」


週刊大衆の発行元・双葉社を定年前に退社していた林幸治と最近会ったとき、駆け出し時代の話になった。

「私が物書き稼業をやりたくても入口がわからなくてウロウロしているとき、声をかけてくれた大恩人が林さんなんですよ。見開き二ページの連載を私に任せてくれて、女子大生、ＯＬの実態ルポを毎週やりだしたんですよ。山手線三百円の旅みたいな特集も、やってみろ、と通してくれたんですよ」

当時、週刊大衆副編集長だった林幸治は、私の感謝の言葉を照れなのか、冗談半分で返した。

「おれが誘ったなんてこっちはもっと軽い気持ちだったと思うよ。まあ、本橋君を誘ったけど、一年くらいでいなくなるもんだとばっか思ってたから（笑）」

そうは言っても、林御大はあのときたしかに言っていた。

「おれは若い書き手を育ててみたいんだ」

どんな人間にも影の人生がある。

大金持ちでも貧乏人でも、幸運児でも薄幸の人間でも、唯物論者でも唯心論者でも、かならず影の人生はついてまわる。

人間は身体が一つだけなので、二つ以上の人生を歩むことができない。

功成り名を遂げた大富豪でも、ふと自分がもしも気ままな山荘の支配人だったらどんな人生を歩んだだろうと思う。東大教授がふと、自分が蕎麦打ち職人だったらどんな人生を歩んだだろうと思う。二十代前半で結婚して主婦になった女性が、途中であきらめたピアニストの道を歩んだらどんな人生だっただろうと思う。

人生において成功した人間でも、身体は一つなので別の人生は歩めない。

実現しなかった人生、それが影の人生だ。

自分のなかの歩めなかった人生。

私にとって影の人生はなんだったのだろうか。

物書きを一生の仕事に選んだ自分は、夢を叶えたのだろうか。三十六年のあいだには、ときには波風も立ち、自分でも抗えない不調の時代もあった。だが私はサラリーマンを拒否し（いまではサラリーマンの人生も素晴らしいものだと思っている）、フリーランスの道を歩み、幸運にもいまもこうして糊口をしのいでいる。

ひたすら取材していた二十四歳の秋、いったい新橋はどんな街に映っていたのか。

あれから三十六年が過ぎ、すでに地上から姿を消した友人、知人も増えてきた。

猶予はない。

若いころよりも残り時間が少なくなったいま、新橋を歩き、過去に向き合ってみる。

新橋は〝アサ芸的都市〟

「新宿にいたので、新橋はサラリーマン、おっさんの街という印象でした。はじめは好きになれなかったですねえ。赤提灯も、一杯飲むのにぎっしり狭い中ででしょ。新宿に比べると一人の客が占める面積がすごい狭いんですよ」

スーツにネクタイ、短く刈り込んだ頭髪。ソフトな語り口。

アサヒ芸能元編集長・川田修が、新人時代に目撃した新橋の印象を語った。

発行元の徳間書店は港区新橋四丁目にあった。

現在は新橋の隣、芝大門《しばだいもん》に社屋が移転したが、私にとって新橋といったらやはりなんといっても徳間書店のアサヒ芸能が真っ先に思い浮かぶのだ。

川田修は中央大学法学部を卒業後、当時一世を風靡した風俗情報誌『ナイタイ』編集部で活躍した。

『ナイタイ』が主宰する風俗嬢人気ナンバーワンを決めるミス・シンデレラコンテストを担当したこともあった。

当時はまだネットも無い時代で、男たちは週刊誌の風俗情報ページを頼りに風俗店に足を踏み入れるしかなかった。風俗情報誌『ナイタイ』の登場で詳細な風俗情報を知ることが可能となり、以後、風俗情報誌が何十誌も誕生することになった。

仕事に追われ徹夜つづきで疲労がたまり、川田修は会社を辞めた。

しばらくぶらぶらしていたら、朝日新聞に「アサヒ芸能編集部員募集」の求人広告が載っていた。『ナイタイ』にいたころ、アサヒ芸能記者が風俗情報を求めてやってきたことを思い出した。風俗ならすぐにでも最前線でやれる自信があった。

気軽な感じで採用試験に挑んだところ、合格。一九九二年、徳間書店の正社員となる。

「ナイタイ時代は歌舞伎町にいましたから、新橋は歌舞伎町に比べたらつまんねえ街だなとそのころは思っていたんです。新橋はいまよりも年齢層が高かった。いまは土日も含めて若い女の子が多いけど、昔はおっさんばかりですから。四十、五十（代）のおっさんが多かったな。あのころ自分はまだおっさんとは思ってなかったから。でも通っているうちにアサヒ芸能を発行するにはふさわしい街だと思いましたよ。喧噪と猥雑、賑やかかと矮小さが混ざってる。サラリーマンっぽくて俗っぽい。新橋をアサ芸が体現している。庶民的サラリーマンの心情を代弁するにふさわしい雑誌がある街。それが新橋じゃないでしょうか」

アサヒ芸能、通称〝アサ芸〟は一九四七年（昭和二十二年）創刊された芸能ゴシップ新聞『アサヒ芸能新聞』を継いだものである。読売新聞記者だった徳間康快《やすよし》が東西芸能出版社の社長となって、売れ行き不振だったアサヒ芸能新聞を復刊させ、後に週刊誌『アサヒ芸能』となる。

スポーツ・風俗・犯罪・セックス・ヤクザ。

実話系週刊誌は、大手週刊誌があまり扱わないテーマを堂々と誌面化させる。

最大のテーマは人間の欲である。

すべての政治、経済、ドラマは、人間の欲望をもとに語られる。

徳間書店があった新橋は、まさしくアサ芸的都市であった。

「僕が入った一九九二年ころはいまよりのどかで、ポケベルは普及してたけど編集部には使っている人はほとんどいなかった。黒電話でしたよね。編集会議は毎週月曜日、終わるとメシ食いにいく。夕方五時からいなくなるんです。黒板に自分が行く店の電話番号書いてから出るんです。仕事先の人間が来たらここに連絡してって。そこで飲んでるんです、夕方五時から。編集部にはだれもいない。私はまだ新人だったから電話の取り次ぎで編集部に居残りでした。出社は一応午前十時、でもみんな来るのは昼前後でした」

「週刊大衆は夕方三時、四時でした。みんな出社して来るのは（笑）」と私。

「その意味ではアサ芸はスタートが早かったか（笑）」と元編集長。

アサ芸編集部は、欲望渦巻くサラリーマンの街新橋に編集部があったおかげで、市民感覚を肌に感じることができる一方、街全体が居酒屋のような立地なので酒の誘惑は他の出版社よりも強かった。

「『三十分だけ行こうか』ってデスクに飲みに誘われるんだけど、それで終わらない。二、三軒ハシゴするんですよ。『喜多八』『川端』は、よく行きました。四丁目ビルのすぐそば。アサ芸が根城にしていたんです。『（上司に）怒られに行くか（笑）』ってそこに行けば必ずだれかいておごってもらった。なかには徳間書店と言うと、ぼったくる店もあったりね（笑）。おいしいけど、いくらなんでもこの値段はないだろうって。幹部は毎晩銀座のクラブに行ってるという噂だったし、タクシーチケットも無制限です。そういう時代でした。九三、四年まで。いい会社だなって思いましたよ」

九〇年代前半は週刊誌に勢いのある時代だった。

三大実話誌と山口組

現在、多くの週刊誌が部数を減らし、二十万部、十万部台になっていることを思えば、アサヒ芸能が実売で毎号四十万部台を維持し、七十万部を売り上げた九五年合併号のころは、週刊大衆、週刊実話とともに実話系週刊誌の黄金時代であった。

私も寄稿している週刊実話を発行している日本ジャーナル出版は東新橋二丁目にある。

二十四歳の私が新橋を取材したときの媒体が週刊大衆だったことを考え合わせると、三大実話誌がここ新橋で交錯したことになる。

★これが三大実話系週刊誌の共通点だ。

＊毎号、山口組の記事が載っている。

＊女子アナスキャンダルもよく載っている。

＊女優、アイドルの妄想セックス記事に力を入れている。

＊大物評論家による政局分析の連載をやっている。

＊競輪・競馬・競艇の予想ページが元気だ。
＊カラーグラビアに人妻ヌードが載っている。
＊人妻不倫特集も毎号載っている。
＊歴史読み物の連載が充実している。
＊定食屋、ラーメン店にどれか一誌は置かれている。
＊包茎・短小治療の広告が載っている。
＊ビートたけし、小林旭、テリー伊藤、伊集院静といった大物が連載してきた。

アサヒ芸能といえば、まっ先に浮かぶのは、七〇年代に飯干晃一の「山口組三代目」と、「山口組三代目 田岡一雄自伝」が連載されたことだろう。

山口組と田岡一雄組長の知名度はこの二大連載が元になっているといっても過言ではない。アサ芸編集部にある膨大なモノクロ写真のなかには、山口組関連の写真も豊富で、美空ひばりと田岡一雄組長が広場で仲むつまじく戯れる写真なども混じっている。昔はヤクザと芸能界も、興業という世界において不可分の関係にあったのだ。

アサヒ芸能だけではなく週刊実話も週刊大衆も、ヤクザ記事、なかでも山口組特集は毎号載っている。私がよく知る三大実話系週刊誌の編集者たちも、山口組をはじめとしたヤクザの世界を取材してきた。

ヤクザ社会を取材する編集者たちは強面のイメージがあるが、素顔はむしろ温和、みなインテリである。川田元編集長もまた、焼きたてパン屋のマスターみたいな男だ。

彼らから聞くヤクザの素顔は、私たちが思い描くものと異なり、人間臭い。

ヤクザは名前と顔を売ってなんぼ。縄張り意識の強固なヤクザにとって、名前と顔は重要な看板である。それゆえにメディアはけっして邪魔な存在ではなく、むしろ名前と顔を売る最高の手段になる。

ある編集者から聞いた話では――

「ヤクザ親分は基本的に出たがりです。写真撮られるのも好きだし、なかには『これ使ってくれ』と自分から写真提供する親分もいますから」

組内における肩書きも重要で、少しでも間違えると、翌週には訂正とお詫びを出さないといけない。普通の取材とは異なり、神経をすり減らす。

徳間書店は不思議な会社で、徳間康快によって創業し、アサヒ芸能が牽引し、ヤクザ記事、なかでも山口組関連では他を圧倒した。その一方で『アニメージュ』というアニメファンにとってバイブルとでもいうべき専門誌を創刊させ、その関連であのスタジオジブリを創業した。宮崎駿《はやお》を早くから見い出しバックアップしてきたのが徳間康快であり徳間書店であった。

スタジオジブリと山口組。

まさに清濁併せのむ、混沌とした風土はここ新橋にこそふさわしい。

スタジオジブリの鈴木敏夫代表取締役は、もとはアサヒ芸能編集者であり、後にアニメージュに移り、そこで宮崎駿と知り合い、スタジオジブリに参加していく。

川田元編集長が語る。

「鈴木（敏夫）さん、アサ芸出身だってこといまでも隠さないですから。そうです、アサ芸やってアニメージュ。徳間（書店）はアサ芸出身じゃないと出世できない、いわば保守本流だったんです。いまはそういう流れはだいぶ薄れたけど」

地方取材に行き、地元の図書館で資料を調べるときアサ芸の名刺を差し出すと「児童書やジブリの本を出している徳間書店がアサ芸も出しているんですか？」と学芸員は困惑するのだった。

聖と俗。

徳間書店はまさしく新橋的である。

「ところでKデスク、いまどうしてるんでしょう？」

川田元編集長が答えた。

「十年前、電話がかかってきたんですよ。あいかわらず競馬、馬券術研究してるって。本社がこっち（芝大門）に来てから浜松町駅で偶然会いましたけどねえ。十年以上前か。ばったり会ったときも、うひょひょひょっていつもの感じ（笑）。競馬の帰りだったみたい。生きてる？　と思いますけど」

新橋駅前ビル「タヌキの置物」の由来

「昭和四十六年入社のころは、新橋は夜になるとメイン通り以外は暗闇が残っていましたね。桜田小学校の周りとか。新橋駅からニュー新橋ビルを通って愛宕山《あたごやま》に抜けるところ、そこだけ明るいんです。他は暗かったなあ。街中で喧嘩はよくありましたね。ひったくりも時々あった。だから、夜は明るい街灯のある道を通れと上司から言われたものです。でもね、新入社員って若気の至りで、暗がりのなかの赤提灯が好きじゃないですか（笑）」

徳間書店の元幹部が、四十年以上前の新橋を回想する。

「ここがニュー新橋ビル、（桜田）小学校がここ、飲み屋街がすぐ近く、その隣に会社があった。徳間書店のすぐ近くの一本の路地、当時怖い道でしたね。すかして歩いているといちゃもんつけられるんだから。まあ当時はここだけじゃなくて新宿区役所通りもそうだけど、夜になると殴る音がしていたんだから。酔っぱらい同士、普通の会社員、いまで言う半グレ同士、しょっちゅう喧嘩ですよ。先輩がとっぽい格好して夜サングラスかけてたら、不良に『おい、いいサングラスしてるな』って取られてしまったりしてね」

新橋駅東口に建つ新橋駅前ビルは一九六六年（昭和四十一年）、ビートルズ来日の年に誕生した。新橋駅西口のニュー新橋ビルができる五年前だ。新橋駅前ビル1号館前にはタヌキの置物が飾られている。

その昔、この一帯は狸小路《たぬきこうじ》と呼ばれる飲み屋街があった。江戸時代、新橋は狸や狐、狼が出没する野趣に富んだ地帯であり、人は寄りつかない場所だった。

明治時代に新橋は激変する。

鉄道が敷かれ東京一のモダン都市として街が形成される。開拓していくと狸の巣があり子狸が三匹見つかり、作業員が餌を与え、三つの小屋をつくってあげた。その場所がまさしく新橋駅前ビルだった。

子狸がどこかに消え去った後、残された狸小屋に人々が集まり酒を飲んだことから飲食街が形成され「狸小路」と呼ばれるようになった。小さな居酒屋が寄り集まるエリアは、子狸が寄り添う様になんだか似ている。イメージ戦略的にも狸小路はうまいネーミングだった。

新橋駅前ビルが完成してからは狸小路は姿を消し、現在に至る。

新橋の新時代を告げるシンボルになった新橋駅前ビル1号館、2号館も、現在は昭和の景色がそのまま残るレトロなビルになっている。

すでに狸小路は消失し駅ビルの地下に再生していたが、闇市の匂いは街の至る所にあった。元幹部が

新橋駅前ビル２号館地下の飲み屋街

証言する。

「居酒屋の換気扇がフル稼働して、焼き鳥の煙が満ちあふれた路地裏に香ばしい匂いが流れていた。当時初任給が四万二千円、家賃が九千円、残りで飯食うんですけど、炊事の能力がなくてあっという間に無くなった。でも必ずそこにいけば先輩がおごってくれる店がいくつかあった。あのころはOLが飲みに来る街ではなかったなあ」

新橋駅西口に広場はあったが、まだSLが据え付けられる前だった。新橋名物になったほろ酔いサラリーマンの街頭インタビューは、まだ影も形もなかった。

戦後最大級の傑物・徳間康快《やすよし》

新橋には怪物が棲息していた。

この街で徳間書店を創業した出版界の怪物、徳間康快は出版業だけではなく音楽、映画、広告、といった事業を立ち上げ、田中角栄との交流を筆頭に政界、財界へも絶大な影響力を誇った。

徳間康快が手がけた事業の数々は膨大である。

徳間書店をはじめ、関連の広告会社・徳間コミュニケーションズ、新光印刷、遠藤実のミノルフォン音楽工業を受け継ぎ、レコード業界にも乗り出し、徳間音楽工業と社名変更、のち徳間ジャパンを創業。大藪春彦、西村寿行、森村誠一といったベストセラー作家を育て、アサヒ芸能の連載から生まれた山口組三代目組長田岡一雄との親交、多くのフィクサーとの交際等、並大抵の常識では計り知れないスケールがこの男にはついてまわった。

徳間康快の偉業のひとつは、採算がとれるかどうかわからない存在だったアニメ制作会社・スタジオジブリを創業させ、どんなときでも支えて育て上げたことだろう。

山口組からスタジオジブリまで！

徳間康快の左右を問わぬ人脈と懐の深い大物ぶりは、清濁併せ飲む、などという言葉では言い表せない、まさに〝濁濁併せ呑んだ男〟（佐高信）とでも言うべき戦後最大級の傑物だった。

昔、徳間書店本社を訪れたとき、ちらりと徳間康快社長を見かけた記憶がある。

晩年には作務衣を着ていたというが、私が目撃したときはたしか徳間康快のユニフォームとでも言うべきダブルのスーツだった。

人々は親しみと畏怖を込めて下の名前・康快を「こうかい」と呼んだ。

一九二一年（大正十年）十月二十五日、神奈川県横須賀市生まれ。

旧制逗子開成中学を経て、早稲田大学商学部卒業。一九四三年（昭和十八年）、読売新聞社に入社。

青年時代は当時、インテリに吹き荒れていたマルクス主義の熱を帯びて日本共産党に入党。

終戦後、経営陣の戦争犯罪について問いただす読売争議を牽引する。

読売新聞会長渡邉恒雄《わたなべつねお》、日本テレビ会長氏家齊一郎《うじいえせいいちろう》、セゾングループ会長堤清二、初代フジテレビ社長水野成夫《しげお》――。後に日本を代表する大企業のトップを務めた彼らに共通するのは、東大卒であり学生時代、日本共産党員だったことだ。不正を憎む青年期特有の正義感が当時、弾圧されていた日本共産党へのシンパシーとなり、多くの学生が入党した。徳間康快もまたその一人だった。

読売争議では青年行動隊長として労組側の先頭に立ち、正力松太郎をはじめとする経営陣が戦時中に戦意高揚で国民を煽った戦争責任を追求、総退陣を要求した。

だがトップの正力松太郎も引かない。労組側と経営側の激しい衝突の後に紛争は落ち着くが、労使紛争の決着として労組側の何人かが犠牲になった。

徳間康快は紛争の責任を取らされ退社した。

徳間青年は真善美社《しんぜんびしゃ》という出版社の専務に迎えられ、埴谷雄高《はにやゆたか》『死霊』を刊行するが倒産。その後、ジャーナリスト、政治家として活躍した緒方竹虎《たけとら》と親しくなり、一九五〇年（昭和二十五年）、新光印刷を創業、社長となる。

読売新聞時代の同僚・竹井博友《ひろとも》が社長をしていたアサヒ芸能新聞の経営を受け継いだ。

アサヒ芸能新聞とは終戦後に誕生した芸能ゴシップ新聞であり、徳間康快は一九五四年（昭和二十九年）、東京都港区新橋三丁目に東西芸能出版社を創立し、アサヒ芸能新聞を再刊。

一九五八年（昭和三十三年）、アサヒ芸能出版と改称、一九六〇年本社を港区新橋四丁目に移す。

一九六一年、アサヒ芸能出版書籍部門を徳間書店として分離、一九六七年（昭和四十二年）、アサヒ芸能出版と徳間書店を合併、株式会社徳間書店とする。

本業の出版業の他に、音楽業界にも進出した。

『からたち日記』（島倉千代子）、『高校三年生』（舟木一夫）、『北国の春』（千昌夫）といった名曲を次々に生み出した戦後歌謡界を代表する作曲家・遠藤実を社長に据えたミノルフォンを昭和四十七年に買収し、徳間音楽工業と改称、後に徳間ジャパンに改称した。

専属歌手には千昌夫、布施明、吉幾三、BUCK-TICK、筋肉少女帯と幅広く、かつては五木ひろしも所属していた。

教育にも深い関心を示し、母校の逗子開成学園の理事長、東京都写真美術館の館長などを歴任した。

徳間康快は出版・映画・新聞・音楽というあらゆるメディアに手を伸ばし、徳間帝国とでもいうべきメディア大国の統括者になる野望を抱いていた。

映画界では東映中興の祖、映画界の首領と呼ばれ、東映任侠路線を打ち立てた東映社長岡田茂と親しく、徳間自身も映画界進出を企てていた。

徳間書店発行のアサヒ芸能には「山口組三代目」（飯干晃一）をはじめ脈々とヤクザ記事が連載され、その極めつけが日本最大のヤクザ組織である山口組三代目組長田岡一雄による「田岡一雄自伝」だった。岡田茂は徳間康快と組み、映画『山口組三代目』を制作する。徳間康快が田岡一雄組長と親しく交流していた関係を抜きにしては、映画化は不可能だっただろう。

『山口組三代目』を岡田茂と組んで大ヒットさせた徳間康快は、本格的に映画界にも進出し、一九七四年（昭和四十九年）、大映を買収した。

翌年には九頭竜川《くずりゅうがわ》ダム汚職事件をモデルに、保守政党の汚職事件を描いた石川達三『金環食《きんかんしょく》』の映画化を果たし、徳間書店発行『問題小説』誌上に連載されていた西村寿行『君よ憤怒《ふんぬ》の河を渉《わた》れ』を原作に高倉健主演で映画を製作した。角川春樹による角川書店発行作品の映画化というメディアミックス路線を、いち早く実行していたのが徳間康快だった。

青年時代は不正を憎む共産党員として読売争議の先頭に立ち、解雇されてからは幾多の会社を引き継ぎ軌道に乗せ、遂には出版界に隠然とした影響力を及ぼし、幅広い人脈から戦後期を代表するフィクサーとなった。

徳間康快が長年、君臨した本丸が、一九六〇年（昭和三十五年）新橋三丁目から新橋四丁目に移転した徳間書店本社ビルだった。気取らぬ街、交通の要、居酒屋が並ぶ街、そしてほどよい規模の空きビル、諸条件がそろって、怪物は新橋に居着くようになった。酒をこよなく愛し（さほど強くなかった）、ダブルのスーツを粋に着こなし、異業種のカリスマたちと交流していく。

田岡一雄が亡くなった一九八一年（昭和五十六年）、徳間康快が徳間音工の常務に香典として一億円の小切手を持って行かせた。徳間康快の名代になった常務は最上席となり、隣は三代目ともっとも親交の深かった芸能人・美空ひばり、鶴田浩二だった。

一九七二年（昭和四十七年）には現代史資料センター出版会を設立、翌年に現代史出版会と改称し、社長となった。徳間康快は後押しする候補者の選挙区で現金を渡す、黒い暗躍ぶりを公言しながら、社会悪を撃つ作品を相次ぎ打ち出す出版社もつくっていたのだ。

現代史出版会からは、鎌田慧《さとし》『自動車絶望工場』、本多勝一『戦争を起こされる側の論理』、緒方克行『権力の陰謀』など問題作をいくつも刊行した。まさに右から左まで、懐の深さ広さまで怪人だった。

徳間康快とスタジオジブリ

いまなお燦然と輝く徳間康快の偉大な功績といえば、なんと言ってもスタジオジブリの創業であろう。

一九七八年（昭和五十三年）、徳間書店から発行されたアニメ専門誌『アニメージュ』は、『宇宙戦艦ヤマト』『銀河鉄道９９９』『機動戦士ガンダム』のブームによって部数も急増して徳間書店を大いに潤した。

アサヒ芸能からアニメージュに移った編集者・鈴木敏夫が、なかなかインタビューに応じなかった宮崎駿を誌面に載せ、『風の谷のナウシカ』を連載したことで両者の仲が強まり、映画化へとつながる。

もっとも最初からすんなりと映画になったわけではなかった。

『風の谷のナウシカ』は宮崎駿監督の長編アニメ第二作目であり、ジブリはまだ存在せず、制作がなかなか決まらなかった。

鈴木敏夫は徳間書店を制作陣に巻き込もうと、徳間書店宣伝部長を説得にかかった。

どうやって口説いたかというと、社内で流行っていたチンチロリンだった。

丼にサイコロ三個を転がし、数字の組み合わせで相手と競い合う、簡単にできる博打である。ギャンブル、ヤクザ、セックスを得意とするアサヒ芸能を擁する出版社らしい。一晩中チンチロリンをやっているとお互い親しみがわくものだ。

徳間書店が映画制作に加わり、さらに博報堂が参加した。交渉したのは徳間康快だった。

一九八五年（昭和六十年）、徳間康快の肝入《きもい》りでスタジオジブリが誕生する。

強面のフィクサー然とした徳間康快であるが、詩情を深く愛する一面があった。

〈**宮崎駿**　実際、ジブリを作るときも、スタジオを建てるときもそうでした。バブルで一番土地が高いときだったから「この高いときに建てるのは……」って、僕がためらったんです。そうしたら、「そんなこと言っていたら死んじまうぞ」って言われました。
あと「重い荷物を背負って坂道を登るんだ」と言ったことをよく覚えてます。それに「金は銀行にいくらでもある」って。これは後で自分で「ぐふふ」と笑ってました。〉（『週刊金曜日』二〇一一年十一月四日号「スタジオジブリの恩人・徳間康快氏を語る」より）

ぐふふ、と笑うのは傑物の癖だった。

徳間社長はスタジオに顔を出すことはめったになく、現場に任せていた。現場に来るときは、現場が困難に直面しているときだった。

現在、ジブリ作品は何度地上波で再放送しても高視聴率間違いなしから「ジブリ砲」と言うほどだ。『となりのトトロ』（宮崎駿監督作品）、『火垂るの墓』（高畑勲監督作品）は親子で鑑賞できる良質な映画でありジブリの代表作になっているが、一九八八年（昭和六十三年）、この二本立てが完成したとき、そう簡単にことは運ばなかった。作品が地味だと感じた配給会社は尻込みをしたのだ。

徳間康快は配給会社に乗り込み、熱心に作品を売り込み、配給にこぎつけたのだった。

スタジオジブリ公式ホームページでも、「これらの徳間社長の働きのひとつでも欠けていたら、現在のジブリはなかったでしょう」と最大級の賛辞で徳間康快を称えている。

徳間康快の豪快伝説がある。

スタジオジブリが映画制作をする際、徳間康快は毎回、カネのことは心配するな、と豪語した。

日本映画最大のヒット作となった『もののけ姫』では、鈴木敏夫プロデューサーが制作費としておそるおそる、「今度はちょっとお金かけてもいいですか」と尋ねてみると、徳間社長は「いくらだ？」と聞いてきた。

「十六億くらいかかりそうなんですが」

徳間社長から返ってきた言葉がすごかった。

「二十にしろ」

常識の世界では、上の人間はカネを節約することに腐心するが、徳間社長は違った。

「おれが色んな人に喋る時になー、十六じゃー半端だ。二十のほうがイイ」（〈徳間康快追悼対談　ナウシカ誕生秘話〉より）

現場からみてこれほど頼りになる人間はいない。

宮崎駿は徳間社長をこう評する。

「いまでも社長というと、僕のなかでは徳間社長なんです」

『コクリコ坂から』に登場するダブルのスーツの徳丸理事長のモデルは徳間康快である。

アサヒ芸能元編集長・川田修は本社で接した晩年の徳間康快をこう回想する。

「作務衣を着て雪駄履いて、社員とエレベーターで会って挨拶《あいさつ》すると、愛想よく『どうぞどうぞ』って、自分でドア抑えて先に入れてくれました。幹部にはガンガン言うけど若手にはやさしかったですよ」

エレベーターの中で一緒になると、部下の股間を突然わしづかみして「やってるか？」と得意の「ぐふふふふ」と笑みを漏らすのだった。

アサヒ芸能の元編集者たちはいまでも、徳間社長の豪快な人柄を示すあの名ゼリフを口にして懐かしむのだ。

「カネなら銀行にいくらでもある」

徳間社長を感動させた元短大生

一九七五年（昭和五十年）、私は大学に入学すると、その年にできたばかりの企画演出部というサークルに入部した。

ダンパやスキーツアー、学園祭企画、テレビ・ラジオ企画、コンサート主催をやりながら、三年次になると二つ下の短大生が入部してきた。愛嬌のある笑顔で、短大生は卒業すると大手エネルギー系企業に就職した。当時は結婚年齢が二十代半ばだったから、大企業に就職するには若いうちに就職できる短大がブームだった。

短大生の希望企業はレコード会社だった。

青山学院の学生だったサザンオールスターズ、加藤和彦率いるサディスティック・ミカ・バンドの後継バンド・サディスティックス、パンクバンドとして売り出し中のザ・スターリン。短大生は先物買いで早くから聴いてきた自負はあった。

だが七〇年代後半、石油ショックの後遺症も癒えず企業は採用をしぼり、レコード会社もごく少数しか採用しなかった。元短大生は学生時代からの夢をあきらめきれず、中途採用募集しているレコード会社を探した。すると徳間ジャパンが中途採用試験をするというではないか。

「そのころはもう徳間音工ではなくて徳間ジャパンという社名だったんですよ。若干名を中途採用するっていうから受けてみたの。二次試験まであって最初は筆記と面接でなんとか受かって、いよいよ最終試験。人事部の人たちの前で一人座って受け答えするんだけど、緊張したあ。夢にまでみたレコード会社の制作スタッフになれるかどうか、あともう一歩だから。人事部の人たち四人が、『いままでの仕事は？』とか、『尊敬する人物は？』とか聞いてきて、一人だけ年配の男性がじっとわたしの面接を聞いているの。ダブルのスーツが似合う、大柄で顔が大きい。そう、徳間康快社長だったの！　でもそのときは徳間康快だってわからないから。だれなんだろう、この人、でも偉い人にはちがいないわ。面接が終わりかけのころ、徳間社長がわたしに質問してきたわけ。『きみ、うちのアーティスト知ってる？』

って」

元短大生、ここはなんと切り抜けるか。

徳間康快に見出された五木ひろしは数年前に独立しているから、正確には徳間ジャパン所属アーティストとは言えないわ。ここは無難に千昌夫か研ナオコにしようか。

しかし、元短大生はこう返答した。

「森若里子さんです！」

森若里子は十七歳で『ＮＨＫのど自慢』に合格。数多のコンテスト、カラオケ大会に入賞し、徳間音工協賛の「第一回広島オリジナル演歌新人歌手募集カラオケ大会」で優勝、『そんなあんたに惚れました』でデビュー。昭和六十年に上京し、『浮草情話』で全国デビューを果たす。実力派で通好みの演歌歌手である。

とんがったロックばかりでなく、演歌まで聴いていた元短大生の膨大な知識量だった。

とっさの機転で、よく森若里子が出てきたものだ。火事場の馬鹿力というか、いざとなったときに自分で思いもつかないものが吹き上がるときがある。

「わたしの答えに徳間社長が感動しているのがわかるの！　身を乗り出して、ぐふふふーって（笑）。よーし、こうなったらだめ押しで、『ＮＨＫのど自慢』グランドチャンピオン大会でグランドチャンピオンになった裕子と弥生さん、それからフュージョンバンド、カシオペアのベース担当していた鳴瀬喜博さんって、シブ好みのアーティストをバンバンバン！って言ったわけ。徳間社長また、ぐふふふー（笑）。これは受かるわと直感したわ。面接って受かるときは自分でも手応えみたいなもの感じるの」

合格者は四名、女性は元短大生だけだった。

配属先は宣伝部になった。

元短大生は結婚して退社したいまでも徳間社長には感謝している。

ぐふふふ、という独特の笑顔はいまでも目に浮かぶのだ。

スタジオジブリ代表・鈴木敏夫に会う

私が徳間康快とスタジオジブリについて書いていたとき、メールが届いた。

差出人は、日本テレビプロデューサー・吉川圭三だった。

『世界まる見え!テレビ特捜部』『恋のから騒ぎ』『1億人の大質問!? 笑ってコラえて!』『特命リサーチ200X』といったヒット番組を世に送り出してきた日テレの名物プロデューサーである。

ビートたけし、明石家さんま、所ジョージから絶大な信頼を受けた吉川圭三プロデューサーは、間近で彼らの壮絶な仕事現場、プロ根性を目撃してきたことを綴った『たけし、さんま、所の「すごい」仕事現場』(小学館新書)を書き下ろした。その吉川プロデューサーとは昨年、フェイスブックで知り合ったものの、何度かメールでやりとりするだけで直接会ったことはなかった。


〈実は私の友人のスタジオジブリの小冊子『熱風』編集長の額田久徳氏が本橋様にご面識を得たがっております。額田氏は本・映画・アニメに造詣の深いとても面白い人物です。もし、よろしかったらお食事でもセッティングさせてください。トトロの森の話でも。吉川拝〉

こういうのをシンクロニシティというのだろう。

天からチャンスが降ってきた。

『熱風』とはスタジオジブリが主要書店に毎月配布する無料の小冊子であり、宮崎駿監督が「ノー！原発」のデモをおこなったときの写真を表紙にしたり、東京新聞を特集したり、高畑勲監督が「60年の平和の大きさ」といったメッセージを載せるなど、存在感あふれる誌面づくりをしている。

盛夏のニュー新橋ビル、午後六時。

吉川圭三プロデューサー、『熱風』額田久徳編集長と初対面の挨拶をかわす。

日本テレビは千代田区麹町から汐留に移転したこともあって、吉川プロデューサーはニュー新橋ビルもよく来るとのこと。額田編集長も新橋が交通の便としていいらしく、ニュー新橋ビルが落ち合う場になったのだった。

吉川圭三は日本テレビからニコニコ動画を運営しているドワンゴに出向し、会長室・エグゼクティブプロデューサーという肩書きになっている。日本テレビとスタジオジブリは氏家齊一郎会長時代から業務上も深いつながりがある。ドワンゴ会長の川上量生《のぶお》はスタジオジブリにプロデューサー見習いという肩書きで参加している。そういったつながりで吉川圭三はジブリとつながりがあり、『熱風』編集長との橋渡しをしたのだろう。

ニュー新橋ビル地下一階、中国人女性店員が目立つ飲食店街、そのなかの中華料理店に入る。

中国語が飛び交う店内はほぼ満席状態、私たちも混沌のニュー新橋ビルを象徴する点景になった。

吉川圭三は大学生のころ映画監督志望だったが、八〇年代初頭、映画業界は新人採用を手控えていたのでテレビ局を受験したところ、日本テレビに合格。入社後は当然ドラマ班に行くものだと思っていたら、公開・演芸班で来る日も来る日も民謡を追い求める日々だった。売れっ子タレントとトラブルを起こし、左遷までさせられた。いきなり日本テレビを代表する花形プロデューサーになったわけではなかった。

テレビプロデューサーというとセーターを肩に巻きつけ指を鳴らすイメージがあるが、吉川圭三プロデューサーはゼミの後、教え子たちと中華料理屋で夕食をつつく国文学研究室の教授、といった風情である。『熱風』額田久徳編集長は創業期のコミケ主宰者といった風貌だ。

話が弾むうちに、私が新橋と徳間書店、スタジオジブリについて原稿を書いているところだったと告げると、『熱風』額田久徳編集長がさらりと言った。

「鈴木（敏夫）さん、紹介しますよ」

一週間後、私は吉川圭三プロデューサーと『熱風』額田久徳編集長に導かれ、都内にある鈴木敏夫代表のマンションの一室にいた。

スタッフから「レンガ屋」と呼ばれるように部屋の壁は煉瓦で彩られ、『となりのトトロ』の猫バスぬいぐるみが置かれ、トトロのポスターが貼られている。

ソファーの上であぐらをかいた部屋の主は、書籍・新聞・テレビで何度も見かけた鈴木敏夫その人であった。

徳間書店入社試験の思い出

「はい、なんでも訊いていただければ」

中日ドラゴンズのマスコット・ドアラのTシャツを着たジブリ代表はそう切り出した。

思いは時折、こんな形で向こうから突然降ってくるときがある。

「大学を卒業したら何しようか困ってたんですよ。僕ら、いわゆる学生運動世代でみんな（学生運動）やってたんですよね。だからまあ気がついたら、僕は慶應なんですけど委員長なんかやっちゃってるんですよね。そうするとね、（就職シーズンになって）敗北感みたいなのがあって、真面目にどっかで働くということに対して抵抗があったんです。そんなことやってるうちに就職試験がどんどん終わっていく。それで僕ね、どうしようかなと思って、そのときの気分に合ってたやつでいうと、業界紙でも潜り込もうかななんて思ってたんです。（学生時代に）高山英男という人が所長をやってた子ども調査研究所でアルバイトしてたんですよ。子どもたち集めて座談会やって原稿にまとめる仕事です。高山英男さんに『鈴木くん就職どうすんの？』って言われたから『いやあ、何しようか悩んでんですよ』と言ったら、『きみさぁ、座談会の原稿まとめるの上手だから、そういう仕事やったら？』って言われたんですよ。僕は新聞、テレビ、出版とかなんの興味もなかったんですけれど、高山さんに、『紹介しようか』って言われて、実を言うと産経新聞を紹介されたんですよ」

筆記試験、二度の面接試験があった。

いよいよ最終面接。試験会場になった会議室には十名の学生が残った。そのなかの一人に鈴木青年がいた。

最終面接は儀式的なものであって、よほどのことがない限りこの十名全員が合格するという話だった。鈴木青年も面接官たちと話が合い、はじめての就職試験にしては上出来だと手応えを感じていた。

「きみは新聞の社会的責任についてどう思う？」

〝新聞は社会の木鐸《ぼくたく》〟という言葉があるように、新聞はメディアにおいていまよりもっと影響力があった。鐸は法令を発布するときに振って鳴らした鈴のようなもので、社会の木鐸とは、世の中に警告を発して教え導くことを意味し、新聞にとってもっとも大切な任務だとされてきた。

学生運動を離れ企業に就職する際、多くの若者たちは反逆の過去を封印し、折り合いをつけて試験に臨んだものだったが、鈴木青年の心には精算できないものが巣喰っていた。

社会的責任、そんなものを追って仕事するのか？

自然と口から答えが出てきた。

「いや、そういうのはないんじゃないですか」

面接会場の空気が固まった。

「十人残ったみんなが絶対受かるって言ってたのにね、僕だけ落っこちるんですよね」

仕方なく次の就職先を探そうと朝日新聞の求人欄を見たら、徳間書店の新卒募集が目にとまり、試験に挑んだ。

試験会場はふたつに分かれていた。社長の徳間康快が早稲田卒だからだろうか、昔から校風としてマスコミ受験が多いからだろうか、二千人の応募者のうち半分の一千人は早大生で、残り半分が他大学生だった。

「僕、告白するとですね、それまで週刊誌って読んだことないんですよ。『アサヒ芸能』も。だって僕、面接でね、『おまえ週刊誌読んでんのか？』って言われて正直に言いましたよね、『読んでません』って。そしたら『読んでなくてなんでここへ来た？』って言われてね（笑）、『入ってから勉強します』って言ったのをよく憶えてるんです」

筆記試験のときのことだ。一般教養問題で、右と左に分かれたそれぞれ関連する語句を線で結び付ける問題があった。左側に人名がずらりと記されている。

田川誠一。

右側には、左と関連する語句とまぎらわしい語句がたくさん並んでいる。鈴木青年は迷いながらも自民党議員で後に新自由クラブを起ち上げた田川誠一と、右側にある山口組三代目を線で結んだ。

「これがねえ、面接でね、すごい話題になっちゃったんですよ。いきなり、『おまえ、この田川さんのことをなんだと。山口組三代目の組長か?』。あ、違いましたっけって(笑)。『違うよバカ野郎。山口組三代目は田岡一雄っていうんだ』って言われてね。あ、そうか同じ〝田〟でも違うんだなって。そこでなんかいい感じになって、て、あ、ここいい会社かもしれないと思ってね」

五名が徳間書店に合格、そのうちの一人が鈴木青年だった。

「受かった五人のなかの僕以外の四人はみんな早稲田なの。何が自慢かっていったら、おれは早稲田じゃない千人のなかから一人選ばれたんだなって。それはまあ半分冗談で(笑)」

鈴木青年の中に週刊誌ジャーナリズムに向いている核になる何かを、面接官たちは感じ取ったのだろう。

鈴木敏夫がもしも産経新聞に受かっていたら徳間書店を受けることもなく、『アニメージュ』の編集長になることもなかったのだから、日本アニメの歴史はまるで違ったものになってしまっただろう。

個人の不運はときとして、大きなうねりを良き方向に導く木鐸になる。

伝説のスター記者に学ぶ

一九七二年（昭和四十七年）四月――。

鈴木敏夫は新橋に降り立った。

以後、この地を舞台に二十代から四十代を過ごすことになる。

「とにかく会社に入ってびっくりしたのは、上司から言われたのが『これからふたつ覚えなきゃいけないことがある』と。ひとつが博打ですよね。あれをやらないとこの商売できねえぞみたいな感じで、毎晩やらされたんです。それと酒場ですよね。そのふたつ。僕は飲めないから、そのふたつが大変でしたよね。特に博打は大変でしたね。だって毎晩でしょ。しかも何時に終わるかわかんないわけで」

入社二日目、早くも取材命令がくだった。

「いきなり、入ったばっかりで二日目に取材に行けって言われてね。何も知らないのに、やんなきゃいけなくて」

この年の四月七日、〝御三家〟の一人・舟木一夫が仕事上のスランプから千駄ヶ谷の旅館で自殺未遂をおこした。事故現場は多くの報道陣が詰めかけ、その中に入社二日目の鈴木敏夫も混ざっていた。

「とにかく取材させられたんですよね、指示通り。それでいきなり、〝書け〟って言われてね。どうやって書いたらいいかわからないから最初にしたことが、接続詞、助詞、形容詞の一覧表をつくった。〝どはいえ〟とか、〝なかんづく〟とか書いた一覧表を貼っておいて、記事を書きながら困るとそれ見るんですよ。あ、こういうときは〝どはいえ〟だ、とかね（笑）」

七〇年代、週刊誌は数十万部から百万部を売り上げる黄金時代であり、週刊誌ジャーナリズムが花開いた。アサヒ芸能編集部も日夜活気づいていた。

新人編集者たちは取材も原稿執筆も仕事をやりながら鍛えられていく。編集部には花形記者が何人もいた。

その一人が栗原裕《ひろし》だった。

婦女暴行事件を取材して書くときの要諦を栗原裕が新人に講釈する。

「暴行された女の子がいるとする。最初の質問はなんだ?」

新米記者たちから「怖かったですか?」「辛かったですか?」といった答えが返ってきた。

「バカ野郎!」

栗原裕が見本を示す。

「『そのとき履いてたパンツの色は何色だったんですか?』だろう。いいか、記者は最初の第一声っていうのが大事なんだ」

役所が出したような味気ない文章が、白だか黒だかパンツの色を描写するだけで体温をもって伝わってくる。新聞、テレビでは真似のできない、週刊誌だからこそできる人間臭い切り口だった。

栗原裕は伝説の記者だった。

事件現場に栗原裕あり。

山口組九州侵攻作戦のきっかけになった鉄砲玉・夜桜銀次の単独インタビューに成功した唯一の記者でもあった。

編集部でいつものように酒を飲みながら仕事をしていたとき、酔った勢いでだれかが栗原に質問した。

スタジオジブリ鈴木敏夫代表の「レンガ屋」にて

「栗さん、夜桜銀次、どうやって取材できたんですか」

すると伝説のスター記者はこう答えた。

「決まってんだろ。盃《さかずき》交わした」

目的のためにはあらゆる方策を講じる、ストリートジャーナルの真骨頂だった。

「業界で有名な人だったですからね。それで栗さんの原稿も読まされるんですよ。そうするとやっぱり面白かったですよね」

九州で十三歳の少女が妊娠し子どもを産んだという事件が起きて騒動になった。

アサヒ芸能も取材に動く。記者が現地取材して少女に同情的な原稿を書いた。

「そしたら、栗さんが『トシ坊！』って僕を呼ぶんですよ。しょうがないから行くでしょ。それで、『おまえ、この最初の十枚読んでみろ』って、ちょっと読んでみると『つまんねえだろ』って言う。書いた人のことも知ってるからあんまり大きい声で言えないんだけれど、『まあ……』と言ったら、いきなり新しい原稿用紙に出だしの一行だけ書いたんですよ。『これを書いた記者に持ってけ』って。栗さんが書いたその出だしの一行はね、未だに忘れられないんだけど……」

〝十三歳といっても女。ヤレばできる。〟

人間の奥底に潜むものをいぶり出す生々しい一文だった。

「僕はこの栗さんという人からとにかくいろんな意味で影響を受けたんです。『アニメージュ』に移っても栗さんとは付き合ったんです。たとえばこういうこともあった。アサ芸編集部にもどって二十四ページの特集をやるってときに、これ僕ほんとによく憶えてるんですけど、『この特集、二週間でやるから』って栗さんに言われて、課題図書を与えられたんですよ。風俗モノにもかかわらず、彼が出してくれた課題図書は勉強になったですねえ」

栗さんこと栗原裕が課題図書として指し示したのは、隠れた名著と呼ばれる評論家・神崎清著『売春』（現代史出版会・一九七四年刊）だった。

「『こういう本読んでからこういう記事書くんだ』って言われてね。東北大飢饉で女の子たちが売られたという話は一般には言われてることだけれど、実は東京へ出てきた娘たちが国の両親に当てた手紙がこの本のなかに出てるんです。自分が売られたことをすごい誇りに思ってる。『隣のみよちゃんはね、顔が悪いから売られない、かわいそう』だとかね。印象深く憶えてますね。底辺で生きる人たちのそういう心情を、栗さんはちゃんと考えていた。そういうことを僕らに教えてくれた。

のちに栗さんは徳間（書店）にいられなくなって辞めてエッセイスト（ペンネームは中丸明）になるんですよね。それでスペイン紀行を書いて賞もらったりしてましたね。やっぱりほんとにうまかったから、文章が。フラメンコギターやらせてもすごい人だったですよ。僕はもうあの人には勝てない、未だにね、どうにもならないけど。ほんといろんなこと学びましたよね。なかでもいちばん学んだのはリアリズムですね。なんか彼の話ばっかりになっちゃったですけど（笑）。話し出すともうキリがないくらい、もっといっぱいあるんです。だからアサ芸やってみていちばんの強烈はそれですよね」

鈴木敏夫青年は栗原裕に「トシ坊」と呼ばれていた。

「栗さんっていうのはね、なんかすごく僕のこと可愛がってくれて。可愛がってくれた理由のひとつに、みんなによく言われてたんですけど、『おまえ、栗さんと顔が似てる』って。栗さんの弟だって言われたりしてね。夜になると栗さんがすぐ僕のところに来て、『行こうか』って言って、よく飲みに引っ張りまわされてたんですよ」

人間は自分に似ている人物に対して、自分の嫌な部分を見てしまう感覚と、逆に親近感を感じる相反する感覚がある。

栗原裕と鈴木敏夫は幸運にも後者であったのだろう。

泥臭いアサ芸時代の体験

アサヒ芸能記者として事件を追う日々がつづく。

パチンコ屋の専務が五億円横領した事件があり、鈴木敏夫はデスクから「この専務に五人の愛人がいるらしいんだが、五人と会ってこい」と命令された。

途方に暮れながらも管轄の警察署に朝一番に赴き、広報担当の副所長に、「週刊誌ですけど、この五人の女性について教えてくれないですか」と交渉する。「ダメだよ、そんなの」とまったく取り合ってくれないのだが、おとなしく帰ってしまっては週刊誌記者は務まらない。

昼まで粘り、副署長が電話で席を立った隙にこっそり捜査資料を覗き見る。そこに書かれた住所を即座に記憶して、すぐさま女たちの自宅を訪ねた。

「だって命がけだもん。最初に行った家でやっぱりショックだったですよね。ドア越しに『週刊誌の記者なんですが、ちょっと取材を』と言ったら、『冗談じゃない』って。そんなことやってるうちに少しだけ開けてくれたんですよね。そうすると、(上司から)教えられたようにドアに足を突っ込んで(笑)。帰れ、帰れないの応酬。そうやってたら、『警察呼ぶわよ』ってほんとに警察が来ちゃった(笑)」

取材の中でもっとも気の進まない任務が、殺害された被害者の葬式に行って、遺族からコメントをもらうことだった。

「これほんとにイヤでしたね。当時葬式って自宅じゃないですか。そうすると中に入ることがなかなかできないんですよね。しょうがなくて家のまわり三回くらいまわったりしてね。それで意を決して中に入るんですよね。それでご焼香させていただいて、このあとが大事なんです。親戚一同が来てるでしょ。その中にさりげなく座るんですよ。それでなんとなく、なんとなく……必死だったんですね。『大変でしたねえ』って言うとね、『そうですね、大変でしたねえ』って言うでしょ。そこから勝手にしゃべるんですよね、みんな」

スタジオジブリ代表が事件記者時代だったころの新橋とは、どんな街だったのだろう。

「ニュー新橋ビルふくめてハイカラなお店がすごく多かったですね。高度経済成長が終わったとはいえ、まだその残滓《ざんし》があって、新橋もその新しい街のひとつでしたよね。そういう中で、アサ芸やんなきゃいけないでしょう。街と自分のやってる仕事の間にギャップがあるわけですよ。当時のアサ芸って何が売りかというと事件記事でしょ。『事件の影には必ず男女のドラマがある。それを探せ』ですから。アサ芸やってて何がよかったというと、これから日本は右肩上がりで良くなっていくという感じがあった、でも（事件取材をしていると）そうじゃないこともあるんだということがわかってきた。そして相変わらず事件周辺のことをやってるということが僕としては居心地がよかったんですね」

店の記憶はいまも残っていた。

「烏森神社近くの飲み屋さんにはよく行きました。徳間書店の真横にあった『77（ナナナナ）』、ここはもう徳間書店のみんなが行ってたとこだから毎晩のように行きましたね。（徳間書店の近くに）桜田小学校というのがあったでしょう。風営法でその周辺にそれまで風俗店をつくれなかったわけですよね。

ところが閉校になって公園になった。その瞬間ですよね、（風俗店ができて）街が変わったのは。すごく憶えてますよ。それがある、ないで街がこんなに変わるのかって。昼飯なんかあの三島（由紀夫）が最期の晩餐をした『末げん』、よく行きましたよ。昼飯はそんなに高い店じゃなかったし。あと、『とと家』という店がニュー新橋ビルの一階にいまもあるんですけれど、ここは当時別の場所にあったんですよ。昼飯で魚を食わしてくれるんですけれど、徳間の人はみんな行ってましたよね」

スタジオジブリが軌道に乗るまで、鈴木敏夫は徳間康快と連日仕事をしていた。

「特に晩年の三年間、とことん付き合ったんです。もう毎日会ってた。僕は新橋って街のなかで育ったわけで、なんだかんだ言いながら結局徳間（書店）に十九年いましたから」

鈴木敏夫が記者として追い求めた究極のテーマは人間だった。

この愚かで好奇心の塊で矛盾だらけの不思議な生き物である人間とはいかなる存在なのか。

泥臭いアサ芸時代の体験は、人間の奥底をのぞき込む貴重な体験でもあった。

慈しみと生命力を感じさせる『となりのトトロ』や『千と千尋の神隠し』にも怪異が潜み、大人から子どもまで魅了するスタジオジブリの深遠な作風になっている。

不穏な黒雲があればこそ小春日和が限りなく愛おしく感じるではないか。

私が消息を追っているKデスクは、鈴木敏夫の後輩にあたる。

「よく覚えてますよ、K（会話の中では実名）は。僕よりだいぶ若かった。Kっていま何やってんですか？」

「消息がわからなくて探しているところなんです。Kさんにはお世話になりましたから、Kさんにとっての新橋を聞こうと思ったら、行方不明なんです」

「彼ってもうそんな歳なんですねえ。そっかあ。彼は僕よりずいぶん下だから。彼は面白い原稿書いてたから。センテンスが短いんですよね。（週刊誌文体のなかでも）特別短かったんですよ。それでね、印象に残ってるんですよ。インテリでしたよね」

第五章　最後のフィクサー

中国人娘の昏睡強盗

ほろ酔いサラリーマンの街、というイメージからか、新橋はオヤジ狩りがしばしば発生してきた。

私の知り合いもまた最近、新橋で被害に遭った。

昏睡強盗だ。

「えらい目に遭いました。七月九日の夕方から二十四時間にわたっての出来事です」

五十五年間の人生においてもっともダメージをくらった体験談を打ち明けるのは、脚本家・映画評論家・ライター・香港研究家・B級グルメ評論家の沢木毅彦である。

昔、深夜番組『トゥナイト』で軽快なコメントを発していた人物であり、ファンも多い。

その沢木毅彦が手ひどい被害を受けたのが、ここ新橋烏森口周辺二百メートルの範囲だった。

「新橋を飲み歩くのははじめてだったんですよ。火曜日です。ある週刊誌の編集長と打ち合わせがあって、出版社のある新橋に向かったんです。駅前のSL広場前で会って、夕方六時から深夜まで四軒、バーやスナックで接待されたんですわ。お酒は好きなんだけど、僕はハシゴ酒はせいぜい二軒が限度で、三軒目の途中から記憶が飛び飛びになって、終電車がなくなったんで編集長がクルマ代にと一万円札をくれた……そこまでは憶えてるんです。次の記憶ってのは、どこかのビルの床ですわ。仰向けになって中国人娘にフェラチオされてた（笑）。そう、もう完全に記憶失ってるわけ。あとになって編集長から聞いた話では、あの夜、僕はタクシー乗り場で編集長を先に乗せて『次のタクシーで帰る』って告げたらしい。それが、薄暗い部屋でフェラされてる。どうも、若い中国人娘に声かけられてついて行ったようなんですよね。理由？　可愛らしかったからだろうけど、よく憶えてない。原稿仕事をもらえた、タクシー代までもらえた、ラッキーと浮かれていたんでしょう」

出版不況、エロ本系出版の相次ぐ廃刊によって、アダルト系に主戦場を置くライター、カメラマンは苦境に立たされている。世紀を跨ぎ生き残ってきた沢木毅彦であっても、新規で原稿依頼されるのは嬉しかったにちがいない。

「童顔でポニーテールの可愛い中国人娘だったのは憶えてる。それでですよ、途中で『もう時間よ』と寸止めですよ。『えー？　もうちょっとしてよ』と言ったとは思うんですけどよく憶えてない。近くのコンビニ行ってＶＩＳＡのクレジットカードで一万おろして女の子に渡したようなんだけど、記憶がない。フェラ中断から意識は暗転してるんです」

男たるもの、一度火がつくともう後戻りできない悲しい習性がある。沢木毅彦を簡単に非難できない。

「次のシーンはですね、中国系のパブ。四軒も飲んでへべれけの僕がなんでそんな店に居るねん？　しかも先の中国人風俗嬢だけでなく三、四人の中国人娘に囲まれて、自分はもう一滴も飲めるはずないんですよ。でもこっちのテンション上がってるからそのうちの一人の中国人娘と広東語をしゃべった記憶がある。僕、香港マニアだから、広東語はそこそこいけるんです。『いくらなの？』とホストっぽいレジ係の若者に聞いたら『五万』。あー、やられたと思いつつ仕方なくＶＩＳＡカードで清算しましたよ。そのときカードを渡してしまったんです。男がもどってくるまでの時間がちょっと長い気がしたもんだから、さすがに不安になって『カードはまだ？』と尋ねてみたんです」

後日、財布の中にあった支払い明細書を見てみると、午前三時ころだった。

意識朦朧とした沢木毅彦が次の記憶として憶えているのは——。

「明け方の公園です。植え込みの縁に僕は座っていて、あの童顔ポニーテールがアサヒスーパードライ缶を僕に無理矢理飲ませているんですよ。童顔のポニーテール娘が右側。もう一人、ショートヘアで背がすらっとしてて、でも般若顔した娘が左側。パブを出て、このコンビとふらふら新橋をうろついてたんです。財布にあったレシートから、二ヶ所のコンビニであの二人にスナック菓子や化粧品をおごってあげたことがわかったんです。でもアサヒスーパードライ缶は印字されてないんですよ。おそらくですよ、僕の推理だと、あの般若が持ってきたんでしょうね」

沢木毅彦は一枚のレシートから明晰な推理をした。

だが燃えさかる欲望に火がついたあの夜は、ポニーテール娘と本番するまで諦めない、と心に決めた。

「ここでしょう」

ポニーテール娘が指さした。

雑居ビルの一室。

泥酔状態であったが、さすがに恐怖心がわいてくる。

「だめだめ。こんなとこは」

拒否すると、逃げられないように、般若が背後にすっくと立ちふさがるではないか。

沢木毅彦はポニーテールに言った。

「きみの部屋に行こう。どこなの家は？」

「船橋」

朝六時、これが最後の記憶だった。

銀行口座から消えた八十万円

次の記憶は昼の十二時ごろ。山手線の車内だった。

「半日も山手線ぐるぐるぐるぐるぐる回って眠っていたのか、気がついたら原宿駅で、猛烈な吐き気をもよおして駅のトイレで吐いたんですよ。大学のコンパ以来です、吐いたのは。黄金色のビールばかり喉の奥から大量に出てきて、なんて量なんだって涙目になって見てましたよ。再び記憶は薄れて、次は夜七時です。起きたら中野区の自分のベッドでした。おおー、ちゃんと生還できたんだ。財布もアイフォンもあった！　でもインターネットで銀行口座の取引明細を見て背筋が凍りつきました。朝の六時台にコンビニ二軒で、あの娘たちにあれこれ買ってあげただけでなく、銀行のキャッシュカードで二十万円を四回に分けておろしていたんです。合計八十万円。すぐに編集長に電話したところ『ロレツが回ってない』と指摘されましたよ。アルコールだけではこんな状態にはなりません。ビールに睡眠薬混ぜて僕に飲ませたんです。薬とアルコールの効果で記憶が飛び飛びになる健忘《けんぼう》というやつです。いくら僕でも、女の子たちに酔っただけで八十万円もあげるなど考えられない。スーパードライに睡眠薬混ぜて飲まされたんです。自白剤なるクスリを飲ませるときもあるらしい。僕はその日、背中に『25』の番号がプリントされたTシャツを着てたんですよ」

ナンバー入りTシャツは人混みの新橋でも目立っただろう。

ポニーテールと般若は、「25番」と沢木毅彦を呼んでマークしていたのかもしれないし、尾行もしやすかっただろう。

「僕は彼女たちにとって最高のカモだったんでしょう。日本のシロートのように『簡単にカモれそうなカモ発見。千鳥足の背番号25なう』なんてツイート残すやつではないでしょう」

経済的被害は最小限に抑えようと、真っ先にＶＩＳＡに電話をかけた。

「五万円ぼったくられました。払いたくないんですが」と率直に訴えた。スキミングされたかもしれないので、カードをつくりなおす手続きもした。

次に新橋を管轄する愛宕警察署に電話をかけた。この手の昏睡強盗はよくある事件らしく、電話に出た係官は慣れた口ぶりで応対した。

「コンビニの防犯カメラにはあなたしか映っていないと思います。カードの暗証番号を知ってるのはあなただけでしょ？　あなたが女の子にお金をあげたことになる。現状、被害届けの受理は無理です」

後日電話で連絡があった。

フェラ未遂直後に一万円をコンビニでおろした件ついて——。

「コンビニの防犯カメラの映像を見ました。あなたしか映っていないですね」

さらに警察によれば——。

ぼったくりパブの支払いはすでに完了しているので商契約は成立、睡眠薬を飲まされた件に関しても、すぐに尿検査をやって睡眠薬が検出された場合でないと支払い拒否は無理、とのことだった。

警察というのは、ぼったくりに対していまだに後手、大甘だ。

被害に遭った我らが沢木毅彦は悔いるばかりだ。

「酔っぱらいを狙って、おっさんの弱いとこを突く中国人娘たちの手練《てれん》手管《てくだ》にハマってしまいました。ネットで調べたら、彼女らの集団は『歌舞伎町を追われて現在は新橋で悪さをしている』とあるんです。新橋はほんとに怖い。五十過ぎのオヤジがひと晩で九十万円近い授業料を払ってようやく理解できたんです。あの子たちのことをいまでは自戒を込めて心の中で〝先生〟と呼んでますよ」

そしてこうも付け加えた。

「〝先生〟と路地で何度も交わしたミント系の甘いディープキスの感触だけは忘れません」


「あと一万円出したら本番するよ」


中国人女性による昏睡強盗の被害が多発している。

沢木毅彦のように数人のチーム編成によって被害に巻き込まれるケースが大半であり、犯人たちは短期間で稼げるだけ稼いで日本から出国する。

前著『上野アンダーグラウンド』では、上野駅周辺のマンションでひっそり経営する中国本番エステを潜入取材した。最後までできて九千円、という風俗業界の価格破壊を成し遂げたのも、彼女たちの旺盛な勤労意欲からきている。

その一方で、昏睡強盗というありがたくない闇の活動も新橋でよく起きている。

新橋の赤提灯街。

毎夜、サラリーマンで埋め尽くされる小さな居酒屋の二十五歳女性店員の証言。

「近ごろ韓国・中国の女の人が新橋にも増えたんですよ。そのなかに、集団で財布をスル人たちがいるんです。酔っ払ったおにいさん見つけると、店から出るのを待って三人くらいで（中国人風の訛りで）『おにいさんおにいさん、時間ある？』『こっちマッサージあるよ、気持ちいいよ』。あっという間に〝財布スルよー〟ですから。お客をさらにべろべろに酔っ払わせて、カードの暗証番号を聞き出して全額引き出して、バイバイバイ。胸の谷間ちらちらさせたり色仕掛けですからね。うちの常連さんが三千円でなんでもできるというお店に行ってみたんですよ。（中国人風訛りで）『三千円だよ』って信じて。でも五万払ってなんもなかった（笑）。いやらしい言葉耳元で言われて興奮して、『ここまで出したら本番するよ』って言われてその気になって。『あのね、ここまで出したらわたし本番いくよ。どうする？お客さん、あと一万円出したらできるよ。どうする？』ってどんどん引っ張られて、五万出したら普通のマッサージで終わった（笑）。『わたし、あなたのためにおろしてあげるからねえ』って言って、酔わせて暗証番号聞きだして、コンビニのキャッシングで全部おろしてバイバイバイ」

一人二役のように昏睡強盗を演じてみせる女子店員。

「うまい」

私が賛辞をおくると、「やめてくださいよ、（昏睡強盗）やってみたくなるじゃないですか」と物騒なこと言った。

どうして中国人昏睡強盗に、いとも簡単に引っかかってしまうのか。

これはもう日本人風俗嬢、キャバクラ嬢の愛想の無さが大きな遠因だと断言しよう。

若い日本人女性はスタイルもいいし、肌艶もいい。ところが若いころからちやほやされているうえに、毎夜酔客、嫌な客相手に接客しなければならず、疲れがたまって客への態度がつっけんどんなのだ。

そこいくと、本国を離れ日本で稼ごうとする韓国・フィリピン・タイ・中国といったアジア系女性たちは勤労精神にあふれているうえに、たどたどしい日本語がかえって素朴で父性本能をもろに刺激する。

そこで冷たい日本の女よりもアジア系女性についふらふら……。

新橋のブラックホールが今宵も増殖中だ。

政界と裏社会をつなぐフィクサー

秋晴れのもと、新橋のはずれを歩く。

私と杉山茂勲は、朝堂院大覚《ちょうどういんだいかく》の事務所があるビルを目指し歩いていた。

日本最後のフィクサーと呼ばれる男・朝堂院大覚。

一九六三年（昭和三十八年）から冷凍機の会社経営に携わり、年商一億五千万円から百五十億円へと業績を伸ばして得た財力と人脈を使い、政界、ヤクザ組織、右翼、芸能界などあらゆる世界に精通していく。

いつしか朝堂院は、政界と裏社会をつなぐフィクサーと呼ばれ、影の実力者となっていく。

数々の経済事件、抗争に姿を現す日本の闇社会を知り尽くした男・朝堂院大覚とは一体何者なのか。

新橋駅から徒歩十分ほど、目的の建物に到着すると、すでに私たちを案内する男は到着していた。

上野のパチンコ業界専門誌で働いていたI元編集長である。

前著『上野アンダーグラウンド』を読まれた読者にはおなじみだと思うが、パチンコ業界の闇を告白し、上野パチンコ村の水先案内人をつとめ、キムチ横丁の安くてうまい焼肉屋を紹介してくれたI元編集長であった。

現在は故《ゆえ》あって徳間書店に移籍したI元編集長の伝手で、黒幕までたどり着けそうなのだ。

私たちを待っていたのは高田欽一というフリージャーナリストだった。『紙の爆弾』『週刊金曜日』などで健筆をふるう書き手で、朝堂院大覚を取材するにはもっとも確実なパイプだという。

膨大な人脈を誇る朝堂院大覚という人物のもとには、政界から裏社会まで様々な人物から引っ切りなしに面会予定が入っていて、初対面の私たちに新橋を語ってもらうインタビューを割り込ませることができたのも幸運だった。

いよいよ当の人物がいる室内へ――。

大広間のような薄暗がりの空間が私たちを待ち構える。

空気が重い。

中央に主が座る大きなソファー、左右両サイドにも大型のソファーが五つずつ並び、ここで密談が繰り広げられているのかと妄想してしまう。

異様なのは背後に鎮座する甲冑《かっちゅう》の群れだ。戦国期から江戸時代にかけての甲冑が、ずらりと二十基、私たちを無言で見つめている。口の大きく空いた武者の兜《かぶと》が暗がりで不気味に浮かんでいる。

大きすぎるソファーに腰を沈めて待っていると、作務衣姿の朝堂院大覚が登場した。

自己紹介の野太い声が室内に響く。

差し出された名刺には、〈法曹政治連盟　総裁　朝堂院大覚〉と黒く刻印されている。

本題の前に、朝堂院大覚のプロフィールを紹介しておこう。

本名・松浦良右《りょうすけ》。剛柔《ごうじゅう》流空手九段、居合道警視流宗家家元。良右は一九四〇年（昭和十五年）十二月九日、大阪府枚方《ひらかた》に生まれた。

父はビル管理会社の重役であり、良右には兄と弟がいた。

中学時代から剛柔流空手を習い、同志社大学法学部を卒業する。フィクサー、黒幕といわれる人物のうちでは珍しく大卒である。

一九六三年（昭和三十八年）、浪速冷凍機工業（後のナミレイ）に入社、このとき会社は年商一億五千万円、借金二億三千万円という状態にあり、良右の父が保証人になっていた。

良右は二十五歳のとき放埒な日々を反省し、会社も少数精鋭にして社員に気合いを入れなければと思い立ち、朝礼で日本刀をおのれの左腕に突き刺し、命がけで再建する決意を示した。流れ落ちる血を止めもせずその血で血判状を作り、社員たちに署名させた。血判の儀式である。

こんな凄惨な儀式を毎年おこない、いつしか松浦良右の恐ろしげな血判儀式は有名になった。毎年日本刀を突き刺したもんだから左腕は骨まで砕ける傷を負った。

何事もやることが過剰だ。

もっとも恐怖を与えるだけではなく、成績優秀者にはボーナスを年四回支給した。

社員を震え上がらせた血判儀式もあってか、良右が入社して七年後には年商が百倍、百五十億円に達した。

良右の幅広い交友関係は、社会に出て二十代のころから開花していく。

交友の一人に、警察庁長官を経て自民党議員になった後藤田正晴がいた。

郷里の徳島から立候補した後藤田であったが、激しい選挙戦で運動員が選挙違反を犯し相次ぎ捕まり、弁護費用が必要になった。後藤田側は資金援助を良右に求め、それ以来交友を深めた。

空調機器メーカー最大手・高砂熱学の株買い占めに暗躍、一躍名前が知れ渡る。

東京地検特捜部がロッキード事件の黒幕として五億円の賄賂を受け取った容疑で田中角栄元総理を逮捕、ロッキード裁判が開かれ、田中側と検察側が激しく対立した。自民党を離党しながらも田中派の領《しゅう》袖《りょう》として政界に絶大な影響力をもっていた田中角栄と、検察側は火花を散らす。田中角栄の側近中の側近となった後藤田正晴を追い落とすために、検察側は資金源の松浦良右を強要罪で逮捕した。

良右の高砂熱学株取引がらみの逮捕ではなく、あくまでも狙いは後藤田正晴の贈収賄での検挙のために協力を要請してきたのだったが、良右は拒否した。これがきっかけで良右はますます後藤田正晴と深く交流することになる。

幅広いコネクションは海外でも広まり、フィリピンのマルコス大統領もその一人だった。

ベニグノ・アキノが政敵マルコスから狙われ、反逆罪等で死刑判決がくだされたときには、アキノと親交のある石原慎太郎議員が良右に交渉役を依頼し、アキノの死刑阻止を企てた。良右がマルコスと交渉したことによって、心臓病の持病があるアキノはアメリカで治療するということで国外追放になり、死刑はぎりぎりのところで免れた（しかし、アメリカから帰国したアキノは謀略によって射殺されてしまう。空港の物陰でフィリピン軍兵士に射殺され、身代わりにされた男も殺害されて暗殺の犯人にしたてあげられるという権力犯罪であった）。

良右の膨大な人脈の一人に中東のアラファト議長がいた。アラビア語で講演を終えて帰ろうとするアラファト議長に、良右は「ベリーグッド、スピーチ」と声をかけ、顔見知りになってしまう。

良右の壮大すぎる構想はすでに地球規模におよび、一九八〇年には核保有国に対し核を持たない国々が団結して核兵器使用禁止条約を締結させようという運動を提唱。その運動の流れをくむＩＣＡＮ《アイキャン》（核兵器廃絶国際キャンペーン）は、二〇一七年にノーベル平和賞を授与されている。

一九八二年にはニカラグア運河開発計画を発表、ニカラグアのオルテガ大統領とタッグを組み、国際運河開発公団の総裁に就任する。

国境のない世界連邦構想をぶち上げて、みずから法曹政治連盟を起ち上げ総裁に就任。国境なき世界のさらに上をいく、宇宙空間の世界的共同利用をめざした宇宙法を唱え、国際宇宙法学会を創設。百四十ヶ国の学者による研究学会を発足させた。

政界の牛若丸こと山口敏夫議員が不正融資事件で逮捕されようとしたとき、山口敏夫に自決用の拳銃を渡したこともあった。

オウム真理教の黒幕ではないか、とあらぬ疑いをかけられたことがきっかけになって、松浦良右は朝堂院大覚という名前に改名した。

四代目山口組組長竹中正久の実弟で、渡辺芳則《よしのり》五代目時代には最高幹部の一人におさまった竹中武若頭補佐が、一和会ヒットマンに射殺された兄・正久の敵討ちが終わっていないと、山口組一和会抗争の幕引きに反対し、山口組から離脱せざるを得なくなり、岡山で独立組織になった。度重なる山口組からの攻撃に耐えて、竹中武は六十四歳で鬼籍に入る。生前から交友のあった朝堂院大覚は、葬儀会場に紋《もん》付袴《つきはかま》で現れ、故人の死を悼んだ。

山口組最高幹部だった後藤忠政、六代目山口組組長司《つかさ》忍《しのぶ》などさまざまな極道たちとの関係、政界の隠然とした力。ときには路上で大立ち回りをやる血の気の多さ。

暴力団から政治家までいまだに朝堂院大覚を頼りによってくる。

朝堂院大覚の名を一躍世間に知らしめたのは、一九九八年八月、マイケル・ジャクソンが来日した際、士道館空手の添野義二《よしじ》館長とともに、マイケルに空手道名誉五段の黒帯を授与したときであろう。世間はいったいマイケルの隣にいる謎の人物、朝堂院大覚とは何者なのか、と思ったにちがいない。

私もそうだった。

暴力団が群がる〝いわくつきビル〟

挨拶を交わし、本題へ入る。

「朝堂院総裁がこちらに事務所を構えたのは何年ぐらい前ですか？」

「この十五年ぐらいじゃないかな。うん。それまでは神田におったんだよね」

腹にずしりと来る重低音の肉声である。闇社会で鍛えられた迫力の声だ。

「なぜ新橋を選んだのでしょうか？」

「別に私がここへ来たくて来たんじゃなくて。神田で事務所を構えていたときに、ＴＳＫビルをまとめてくれという依頼があったんだ。ＴＳＫビルというと、東声会《とうせいかい》の町井会長のじゃよ。あのビルが大混乱になってると。山口組からなにから債権者が入り乱れてわけのわからん占拠をしたりしてるからそれを整理してくれと言われて、ワシが入っていった」

都心には諸権利をめぐって紛争が勃発している超一等地のビルがいくつかあるが、六本木のＴＳＫビルはもっとも危険な物件として有名だった。ビル所有者であった暴力団東声会の町井久之《ひさゆき》会長が亡くなると、所有権を主張するアンダーグラウンドの勢力が群がり暗闘が起きた。そこに乗り込んだのが朝堂院大覚であった。

「それで七年、六本木におったかな。もともと神田にあった事務所がその前に閉鎖して、その神田の部隊がここ（現在の新橋事務所）に入ったわけですよ。ワシのこういう持ち物（甲冑、日本刀を指さす）をここに持ってきて、息子たちがワシの部屋をつくってくれた。で、ＴＳＫビルの件が終わりましたので、こっち（新橋）へ移ったわけです」

「〝終わりました〟とおっしゃいますが、ＴＳＫビルの件はかなりしんどかったんじゃないですか？」

「いやまあね、暴力団の抗争ばっかりあったわけだからね。五十五回ぐらい戦いましたよあそこで」

朝堂院大覚の口から具体的な広域暴力団の組名が次々と出てくる。

「もともとはヤクザのビルだから。その町井がヤクザ仲間から手形を出してたわけ。だから全国のヤクザ系金融機関は、ＴＳＫビルの手形をいっぱい持ってたわけですよ。で、町井が亡くなってわけのわからん債権者がいっぱい手形を持ってたわけ。それが次から次へとやって来て、『ビルはおれのものだ』『この部屋はおれが使う』と入り乱れてる中にワシが行ったわけですから（電話で中断。三分後再開）」

「朝堂院総裁は闇勢力との付き合いはいつごろからあったのでしょうか？」

「付き合いいちゅうか闘いちゅうか、もう二十代から任侠関係とは戦ってきたんだね。最初戦ったのは（山口組系）菅谷《すがたに》組と戦った。当時は山口組最大組織だったから。山健（組）より菅谷（組）のほうが大きかったんだよ。その菅谷とやって、柳川次郎（柳川組）でしょ、その前に地道《じみち》（組）があったわ。地道（組）の会社をワシがやって」

「〝やった〟というのは？」

「戦いですよ。喧嘩。生きるか死ぬかの喧嘩するわけですよ」

新橋某所、朝堂院大覚総裁の事務所にて

「喧嘩のもとはなんですか？」

「喧嘩のもとはちょっとしたトラブル、衝突。まあ経済活動にからむ問題が多かったですわ」

「いま名前上がったヤクザ、みんな超武闘派で有名な組ばかりですね」

「いまもうあんな大物おらん。昔は竹中武とか中野太郎とか、みんな立派なヤクザだった。いまもうこんな人おりませんよ」

　この後、過激な発言がつづくが割愛。

「朝堂院総裁が菅谷組とか地道組と喧嘩したときは、総裁自身は組に入られてたんですか？」

「いや、わたしはヤクザじゃないから。一匹オオカミのヤクザですよ」

「よく戦えましたよね」

「それは、好きだから（笑）」

「好きでも命いくつあっても足りない」

「危険を冒して戦うのが趣味でね。だからだれでも来いっちゅう気持ちがいつでもある。ＴＳＫビルでも望んで行くわけですよ」

　そしてもう一件、現在進行中なので具体的な記述は控えるが、とある大型物件もヤクザがらみの銃撃事件が起きて諸権利が闇の中にあるとされる。

「怖い物件で何人も死んでますよね」

「あれは四人（死んでる）」

「よく（総裁は）生きてますね」

「もう片付きますよ、今月。二転三転でほんとにね、魔物のようなビルというかね（電話中断後、五分後再開）」

「この事務所に飾られている甲冑は武士の出陣のイメージですか？」

「いや、もともとワシは美術関係のコレクターだからね」

「いつごろのものなんでしょうか？」

「江戸時代です。古伊万里《こいまり》とかね、いろんな古九谷《こくたに》、古薩摩、絵画を集めてて。甲冑類は別に集めたわけじゃないけども、いろんな美術商が持ってきたものをただ残しといたら六十体（基）ぐらいになっちゃって。そのうち、群馬の堀越学園へ三十七体を移したら、それを盗みよったんだよ、堀越学園の理事長が。いま懲役六年行かしたんだけど」

四方を甲冑に囲まれた薄暗い大部屋は、ここの主の迫力とともになんともいえぬ威圧感を感じさせるのである。

マイケル・ジャクソンと朝堂院大覚

しばしば朝堂院大覚のガラケーにかかってくる電話の多さ。博報堂の営業部員でもこれほど頻繁にかかってはこないだろう。

話題は空手に移る。

「ワシは剛柔流《ごうじゅう》なんです。空手界には松涛館《しょうとうかん》流、糸東《しとう》流、和道《わどう》流、そしてフルコンタクトという極真たちのグループがあって、大きく五つあるわけですね。人口的には世界の全空手人口の四十パーセントが松涛館流、その次が剛柔流、和道流、糸東流となってる。フルコンタクトとか極真は一番少数ですわな。そのフルコンタクトだけでも一千あるんだから。士道館《しどうかん》もあれば大道塾《だいどうじゅく》もある。フルコンタクトでも手拳で顔面殴ったらいけないよというルールは、もとは大山倍達《ますたつ》がつくったわけ」

「マイケル・ジャクソンが来日したとき、士道館の添野館長と朝堂院総裁がマイケルに名誉五段の黒帯を授与して大きく報道されました。あのときはじめて総裁を見たんですが、いったい何故にマイケル・ジャクソンと親交があったわけですか？」

「渡辺美智雄という政治家がおったでしょ。あれが黒人がバカだとかなんだとか黒人を侮辱する発言があって世界中から抗議がきた。それで私は渡辺を怒鳴りつけたわけですよ。渡辺んとこ行ってね、なにをゆうか！と怒った。おまえ、なにを失礼なこと言ってんだと。我々も黒人じゃないか、カラー（有色人種）じゃないかと言ったんだ。カラー対ホワイトというのはね、きちっと意識しなくちゃいけない」

渡辺美智雄はかつての自民党の派閥の領袖で、ミッチーの愛称で親しまれてきたが、ミッチー節といって明け透けに発言するうちに度重なる暴言で何度も問題になった。元みんなの党代表で参議院議員の渡辺喜美《よしみ》は長男である。

朝堂院大覚の言う、渡辺美智雄が黒人を侮辱した発言、というのは、一九八八年夏に開催された自民党軽井沢セミナーの講演で、「日本人は破産とか夜逃げだとか重大と考えるが、クレジットカードが盛んなむこうの連中は黒人だとかいっぱいいて、『うちはもう破産だ。明日から何も払わなくていい』それだけなんだ。ケロケロケロ、アッケラカーのカーだよ」と言ったときのもので、アメリカの黒人議員協会や全米黒人実業家協会が激しく抗議し、外交問題に発展した。

「私は黒人主義者なんですよ。地球が滅びるときに乗る最期の船はおれは白人と一緒には乗らない、黒人と一緒に乗る！という生き方してきたから。だから渡辺に怒ったんだ。で、ワールドブラックコングレス（世界黒人会議）という組織をワシがつくったんです。世界中の黒人の運動家を呼んでホテルニューオータニで総会開いたんですよ。一九八四年か八五年じゃないかな。当時は日本の経済は世界最高だったわけ。八〇年代のバブル絶頂期に入る直前。だが黒人たちはものすごく貧しかったわけですよ。日本に来ても銀座のクラブに行ったことがない、六本木も遊んだことない、温泉も行ったことない、東京で小さくなってインターナショナルスクールの月謝も払えなくて困ってる。病気して病院行っても健康保険がないから何十万と取られる、病気しても家でじっと薬飲んでる。じつにみじめな話を聞いたから。それじゃあワシが医療費を出すと。医療保険つくってね。それから遊ぶ場所もつくってやった。赤坂のビルの地下に七十坪のデポロマティッククラブというクラブをつくって黒人だけは飲み食いタダにしたわけ。毎晩もう満員だったわけですよ、タダだから。アフリカ系大使館の人もたくさん来たよ。そういう流れがあってマイケル・ジャクソンにつながるわけですよ。マイケル・ジャクソンが感心してくれたということですな。だってワシとマイケル・ジャクソンなんてぜんぜん縁がないじゃないですか（笑）」

「マイケル・ジャクソンが総裁のそういう活動を知って関心を示したんですね」

「そう。マイケルの秘書がそのクラブに来とったわけですよ。それで、こういう黒人を優遇し、黒人と同じ立場で運動する人間が日本におると。黒人の大使館の人たちをサポートしてるんだと。そういう男が日本にいるんだと知って、ワシに興味を持ったということです。彼は平和運動家ですから。子どもを大事にしようとか、戦争をなくそうとか、人種差別をなくそうとか、そういう信念の人だから。それを歌でアピールしてるわけですわな。日本人はメロディでマイケルのファンになってるけど、英語圏の多くの人はその歌詞で、その思想信条で、マイケルのファンになった。だからあれだけファンが集まったんだと思いますよ」

マイケル・ジャクソンは黒人の人権問題について高い関心を示し、黒人の地位向上のために闘ってきた。そのマイケルが、はるか東洋の島国で黒人を優遇するクラブをつくった日本人がいる、ということに強い関心を示したのだった。

そしてマイケル・ジャクソンが来日した際、朝堂院大覚からマイケルに空手道名誉五段を贈られ、無数のフラッシュを浴びたのだった。

「総裁、いまの肩書というか、メインの収入は？」

「家がない、事務所がない、帳簿がない、銀行がない、何にもないわけワシは。体ひとつしかないわけ。何ひとつ持たない、名刺だけはあるわけ。しかしこの名刺に書いてある電話番号にかけても出ないですから」

「ホットラインがいまのガラケーですか？」

「そう、これだけ（笑）。まあ手入れ（ガサ）入ってもなにひとつ出ないと。それがワシの前提なんだ。だから秘書も置かない。側近ゼロ。だからワシに関してはだれに何聞いてもわからないわけ。だれといつどこで会ったとか何にもわからない。こないだも、道である組の若い衆を『こらぁバカ野郎！』と怒鳴ったわけ。そしたらワシの声聞いてCDショップの中にいた客がびっくりしたというのよ。これは威力業務妨害だといって、わけのわからん刑事が功名心でワシを逮捕したわけ。それで調書取ろうとする。刑事が『名前お願いします』って言うから、『馬鹿者！』って怒った。ワシは迷惑を受けてるんであって、なぜおまえたちの調書にワシが協力せないかんのだと。ふざけるんじゃない！　自分の松浦という苗字すら認めない。一切ハンコ、指紋を押さない。だから調べができないわけですよ。日本の刑法は証拠主義だから、結局立件が成立しないわけ。物的証拠か自白調書がなかったら成立しない」

「それで二十日間で出られたわけですか？」

「出れる出れる。どんな事件でも出てこれる」

じつはこの逮捕には伏線があり、過去に朝堂院大覚がおこなってきた複雑化したビルの権利関係に立ち入ったことが関係しているようだった。ビルをめぐる争いで、朝堂院大覚も争いに割って入った。警察も逮捕歴が複数回ある彼をマークしていた。

「別件逮捕というよりも嫌がらせ逮捕って言うんじゃないかな。そういうことでワシは一切署名はしない、調書は書かない、何もしない。まあ、ワシを逮捕することは、予防です予防、事件予防です」

引っ切りなしに電話がかかり、途中で何度も話が中断する。

日本中のアンダーグラウンドな情報がこの人物のもとに集まり、光合成を起こすかのように、新たな動きがむくむくと起き上がるのだ。

七十六歳にして毎日セックス

「ところで、朝堂院総裁のお子さんたちですが、一説には五十七人いるとか？」

「いや、六十二（人）」

「六十二人ですか⁉」

「（この後はじまるインターネット放送の準備をしているスタイルのいい青年を指さして）これもワシの子どもや。この部屋もＴＳＫビルが片付いてから子どもたちが用意してくれて、ここが本拠地になっちゃったんです」

「親孝行の息子さんたちですね。六十二人のお子さんたち、全部総裁のＤＮＡでつくった子どもですよね？」

「そうそう」

「ギネスですよ、これじゃもう」

「ギネスってそんなもの、サウジアラビアとかアフリカの国だったら百人超えますよみんな。毎日産んでるんだから、ああいう人らは。こっちは忙しいもん。しかしちょっとすみません（電話がかかってくる。五分間中断の後に再開）。そういうことでね、いまはワシは七十六（歳）になっちゃったからね。二十年先はもう九十六。そうなったら自分で育てられないから、いまのうちに募集かけてるわけですよ、産みたい女性募集」

「産みたい人？」

「人妻でもなんでもいいですよ。レズビアンでも、子どもを産みたい人にワシは種を出す！　ワシのＤＮＡはできる限り数多くの人に与えたい。そして子孫を増やしたい。つづく限りはこれからどんどん種を提供していこうと思っとる。昨日もテレビで募集したわけ。『産みたい人おりますか、いつでも来てください』とな。しかし自分ではね、もう育てられないのはわかってるから。限界を超えてますから」

「一番新しいお子さんは何歳ですか？」

「いやいや、去年生まれてますから」

「去年⁉　七十五歳のときのお子さんですか⁉」

「そうそうそう。七十四（歳のときの子ども）もおる。七十四（歳）は船橋でね、船橋二人でしょ。それから草津で一人、もう四歳だな。そういうのが次から次へと（生まれる）。長野県で今年生まれるのもおるからね」

「それはいわゆる精子バンクみたいな、精子を提供するるんでしょうか？」

「いやいや、もうナマでやって提供するわけよ。セックスをするわけよ」

「セックス！　……いや、総裁、それではバイアグラかなんか使ってですよね⁉」

「ウワーハハハハ！　そんなのいらんよ、ワシの場合は」

「ナチュラルでやるんですか？」

「そりゃそうですよ」

「絶倫じゃないですか！」

「毎日やるよ。毎日できる、昨日もやってる。毎日できるわけとにかく」

「七十六歳にして毎日セックス！　回春法っていうんですか、元気の秘訣は？」

「バイアグラとか一回も飲んだことないからね。あなた何年生まれ？」

「わたし、ちょうど還暦になりました」

「まだ若い！　まだいけるわそら（笑）。大丈夫大丈夫。クセですよあれはね。つづけたらクセになるわけ。三度の飯だって忘れんでしょうが」

「使用しない器官は退化するという法則がありますからね」

「そうそう。持続性。ワシの肉体は十代、二十代、三十代と変わらない。いまでもやっぱり、組手やっても負けないからね。二十代のばりばりの奴とやってもね、（突然組手のしぐさ）ばーっといくとね、瞬発的にはワシのパワーのほうが強いんですよ。強そうな相手でも腕相撲したら勝つからね」

「トレーニングは毎日やってらっしゃるんですか？」

「毎日やってる」

「いま持っているこれは木刀ですか？」

「木刀だけど鉄より硬いから」

朝堂院大覚が私に手渡した木刀は見た目よりもはるかに重く、手にずっしりくる。

「これはイスノキなんですよ。鹿児島の山奥にイスノキの大木があるわけ。この木刀は二百年前に倒れたイスノキ。ノコギリの歯も立たないくらい硬い。それを掘り起こしてきて、こういうものつくるわけですよ。だから刃物が通らないわけです」

毎朝の鍛錬とともに一日最低三時間は歩くという。黒幕、意外と健康的。

さすがに若いころは暴飲暴食を繰り返したために、二十五年前に胆石の手術をした。それ以後食事には気を配り、塩分控え目にしている。

「健康の秘訣は体温を上げるということ。体温を上げとくと病気にならない。風邪ひいたことないですよ」

「朝堂院総裁にとって、新橋ってどんな街ですか？」

「新橋は中小企業の経営者とかサラリーマンが大量に集まる面白い街。いろんな飲食店、そして料金が割り方安い店が多い。それを目当てにまたいろんなとこから夜集まって、人も増える。いい街じゃよ」

「よく行かれる店はあるんですか？」

「昼は蕎麦屋の『美々卯《みみう》』でそば食べるのが多いですね。ワシの若い部下がやってる店も新橋に二軒ほどあるから」

あらゆる事象を飲み込む新橋は、最後の黒幕まで棲みつかせたのだった。

濁濁併せ呑む朝堂院大覚のもとには、本日もあらゆるところから人が寄ってくる。

私を案内してくれた高田欽一というジャーナリストも『週刊金曜日』『創』といった左派系メディアで活躍する人物であり、朝堂院大覚と知り合ったのは批判記事を書いたのがきっかけだったという。朝堂院大覚という人物、人垂らしというか、敵側さえも味方にしてしまうのだ。

朝堂院大覚が支持する媒体も『週刊金曜日』『日刊ゲンダイ』『サイゾー』といったリベラル、左派系が多い。

私たちがインタビューを終えると、次の選挙に立候補予定という社民党の女性政治家まで姿を見せていた。

右翼から社民党、山口組からマイケル・ジャクソン。人垂らしというよりも人食いというのだろうか。

新橋に棲みつくフィクサーは、なおも打ち寄せる電話と来客を相手に重低音で差配するのだった。

第六章　新橋名物レンタルルームで漏れる嗚咽

増殖する〝レンタルルーム〟の怪

新橋を歩くと大きな謎に突き当たる。

汐留、虎ノ門、霞が関、といった大ビジネス街が近くにあり、居酒屋がもっとも蝟集する都心最大の殷賑《いんしん》地帯というのに、ここ新橋にはラブホテルが存在しないのだ。

発情した男と女はたぎる欲望をいったいどこで発散させているのか。

焼き鳥の香ばしい匂いとともに居酒屋の通りを歩き雑居ビルを仰ぎ見ると、ネオンが控え目に光っている。

レンタルルーム。

これが新橋名物レンタルルームというやつか。

ラブホテルの自己主張の目立つ派手なネオンサインに比べると、レンタルルームは控え目、うっかりすると見落としてしまう。

このレンタルルームとは、一言で言えば「簡易版ラブホテル」だ。ラブホテルと同じく風営法の管轄下にあるが、大きな資金や何かと規制の多いラブホテルをつくるより、性風俗業者にとっては比較的簡単に開店できるレンタルルームは魅力的な業種である。

現在、レンタルルーム数は東京都内、特に新橋界隈で非常に増え、古くなった雑居ビルにレンタルルームが新装開店するケースが目立っている。

新橋最大の謎、ラブホテルの消滅とレンタルルーム増殖の怪。

雨に煙る新橋駅烏森口――。

私にとっての初レンタルルーム体験である。

新橋における現在人気の風俗、レンタルルームを使った手コキ風俗にチャレンジしてみよう。

デフレ化にあるいま、もっとも人気を誇る新風俗が手コキだ。団塊世代以上にとっては、手コキというよりも「おスペ」と呼んだほうがぴんとくるかもしれない。

おスペ――死語と化した風俗業界用語である。一九七〇年代半ばころまでトルコ風呂（現在ソープランド）でおこなわれていた〝スペシャル〟サービスを意味する。

ソープランドといえば本番（性交）サービスが売りであるが、ソープランドの歴史をひも解くと、当初から本番行為がおこなわれたわけではなく、トルコ風呂という名前の通り、中東のサウナをイメージしたれっきとした美容と健康の場であった。

一九六二年（昭和三十七年）、『少年マガジン』の人気連載プロレス漫画『チャンピオン太《ふとし》』（原作・梶原一騎／漫画・吉田竜夫）がテレビ化され、主人公・大東太《だいとうふとし》を指導する力道山役に本人が登場し、役者顔負けの演技力を発揮した。

国民的レスラーになった力道山は莫大な富を築き上げ、渋谷道玄坂に「リキパレス」という一大娯楽ビルを建てた。このリキパレスにもトルコ風呂が設置され、衛星放送で『チャンピオン太』が再放送されたとき、トルコ風呂のネオンがまたたいていた。

スチームバスに体を閉じ込められた客が額から汗を流し、そばにミストルコ嬢という客へのサービス係が水着姿で汗を拭いてくれた。集客アップのためミストルコ嬢のサービスはだんだん過激になり、客の体を拭くついでに手で股間を刺激するまでに至った。これがいわゆる〝スペシャル〟サービスであり、丁寧語《ていねい》〝お〟をつけて〝おスペ〟という隠語になって世の男たちに広まった。

性戯は過激になる、という法則があるように、おスペはさらに過激になる。

股間を刺激されながら客が女性器を指で触ることを〝ダブル〟と呼び、シックスナインを〝逆さダブル〟と呼んだ。そして現在の本番サービスに至るのである。

いま新橋を中心にレンタルルームで盛んになっている手コキ風俗は、まさしく現代版おスペである。

何故に先祖返りして手コキが流行っているのだろうか。

手コキは昔から熱烈なファンがついている。オナニーを異性が手伝ってくれる、日常生活の中のありそうでありえない刺激だ。手コキシリーズを大ヒットさせたソフト・オン・デマンド（ＳＯＤ）の菅原ちえ監督が以前証言していた。オフィス、学校、トイレ、スタジオといったいろいろな場所で男性を手コキした結果、最も勢いよく飛んだのは居酒屋合コンの席上だったという。大勢がいる店内で合コン相手に手コキされるという、ありそうでありえない設定に男は興奮するのである。

最近の手コキ風俗最大のセールスポイントは、若くて可愛い子、まさかこんな子がというような純情そうな子が多いという点であろう。手コキは風俗のうちに入らないと感じている若い女子たちが抵抗感無く飛び込んでくる。しかも、新橋なら友人たちに知られずにアルバイトできる。

それになんといっても長引く不況だ。小遣い月一万がやっとのお父さんたちにとって、五千円未満で抜いてくれる手コキは救いの神であろう。

ここ十年近くの傾向として、男たちが受け身になっていることも背景にある。七〇年代、八〇年代までは男が力任せにやったり、知恵を絞って異性を攻略するような作品が官能小説、ＡＶで好まれたが、現在は男側が受け身になって楽してセックスできる作品でないと売れない。昼寝しててなんだか気持ちいいので目覚めたら隣のおねえさんが僕の上で腰振ってた、というような棚ボタがウケる。

長引く不況で男たちはみんな疲れている。癒やされたいのだ。手コキは男が何もしないで気持ちよくなれる最適のプレイだ。

白石麻衣似の手コキ嬢

新橋の手コキ風俗店をネットで調べてみる。

ゴールドハンズ、世界のあんぷり亭、ハートクリニック、マダムハンズ、お散歩テコキナーゼ……。在籍している女子たちの顔にボカシをかけた写真がずらりと並び、この中から一人を指名するのだが、ほとんど直感で指名する。

二十二歳の専門学校生。

話をしてくれそうな明るい子がいい。

「新橋駅烏森口を出られましたら、お電話おかけください」

軽い調子の男性店員が応対する。

小雨のなか、新橋駅烏森口を出てすぐに電話。

するとレンタルルームに誘導される。

駅からすぐ近くの雑居ビルにある。

狭い階段をのぼって受付でチェックイン。

レンタルルーム利用料金が、三十分一千円！　都心にあってこの超低価格。

受付の無愛想な三十歳前後の店員に一千円を支払い、部屋を指示される。

受付からすぐ目の前に窮屈そうな個室が並んでいる。

私が入ることになったレンタルルームは、受付に一番近い一畳半ほどの狭い部屋だ。固いソファーがあるだけ。シャワーもなければ風呂場もない。もしも使う場合は共同のシャワールームに行くしかない。

それはまあいいとして、気になるのは受付のすぐ目の前の部屋になってしまったことだ。さっきの無愛想な受付の男の存在を気にしながらプレイしなければならない。

こう見えて私けっこう神経質。

しばらく一畳半の狭い個室で、手コキ嬢が来るのを待つ。

はたしてどんな子が来るのだろう。

二昔前のように、写真とはまったく別人が来たりしないだろうか。いまよりネット環境が整っていなかった時代には、そんな詐欺まがいの行為がめずらしくなかった。気に入らなければチェンジができるというフォローがあったのだが、一度ドアを開けて面通しした相手を断り、チェンジするには勇気が必要だ。

いろいろ妄想逞《たくま》しくしているうちに、五分が経過。

スケベチャイム。

早い。

心を整える準備もできないまま、女子が到着した。手コキ店はここから近いのだろう。

ドアを開けご対面。

女子大生風情だ。微笑をたたえた小柄で愛らしい子が立っている。乃木坂46の白石麻衣にどことなく似ている。大当たり。

Nという二十二歳の専門学校生で「大学出て、いまは専門学校で保育士になる勉強してるの。これ、メニューだよ」とのこと。ローラばりのタメ口が可愛い。

個室でのプレイ内容が事細かに書かれているメニュー表を渡される。

「このお店、友だちがアルバイトしてたので入ったの。学校行きながらバイトできるしね」

N嬢が見せるメニュー表——通常の子は指名五百円、N嬢は人気があるプレミアガールなので一千円。手コキ基本コースは二十分二千円から十分刻みであり、私は二十分二千円を所望。

レンタルルーム代一千円、指名料一千円、二十分コース二千円。ここまで合計四千円。オプションで顔以外の写真撮影三枚（一千円）を追加。合計五千円。

ズボンとパンツを脱ぎ、半勃ちの分身をさらすと、N嬢はやさしく左手で手コキ開始。

白いスカートを履いたまま、高校の保健室で私服の学生に手コキを手伝わせる教師といった気分になる。硬度が増す。

ついでに談笑。

「Nちゃん、男が発射する瞬間見てどう思う？」

「えー。なんか興奮する」

「この仕事、何が面白い？」

「あのね……。いろんなおちんちんが見れる（笑）。勉強になるよね」

たちまち登り詰めてN嬢の手に暴発。ティッシュで手をぬぐうN嬢としばし歓談。

私の小声にN嬢、「なんで小声で話すの？（笑）」と屈託なく笑うのだが、部屋のすぐ前が受付になっていて声が漏れる気がしてくるのだ。

「いろんなお客さんいるよ。二十八（歳）の営業マンさんは六十分でいつも三回発射するよ。オナニーで小出しにするの慣れてるんだって。八十九（歳）のおじいさんも元気だよ。出ないけど、射精の快感はあるんだって」

新橋店は二十代後半のおねえさん系が多く在籍し、新宿店はギャルが多いとのこと。

昔、薄暗いピンサロで年増のピンサロ嬢にふて腐れながら手コキされて、みずからの分身を汚された思いがしたものだ。あれに比べればいまは夢のようだ。渋谷１０９前にいそうな可愛い学生と五千円で手コキ＆撮影までもっていけるとは……。

日本経済はこと風俗においては間違いなくデフレの真っ只中にあった。

烏森口の風俗案内所

「いま、新橋はこんなのが流行ってますよ」

風俗店情報を発信する案内所がここ新橋烏森口にある。

人ひとりが入ると一杯になる極狭の案内所だ。中年案内員が壁に貼られている風俗店のポスターを指さす。

〈いちゃキャバ！　おねえさん系が癒やしてあげる〉

〈おっぱいパブ！　ギャルから清楚系まで〉

いちゃキャバというのは、いちゃいちゃできるキャバクラの意であり、服の脇から手を入れて乳房をタッチできる。これに対しておっぱいパブ、略しておっパブは、上半身裸の乳房を揉みしだくことができる。

いちゃキャバが四十分四千〜五千円、おっパブが六千〜八千円。

どちらも発射はない。

一方、新橋の射精系風俗の特徴はほとんどがレンタルルームを利用する点にある。プレイ料金の中にレンタルルーム代が含まれるコースが主流で、レンタルルームを利用した痴漢プレイ風俗もある。

〈いやがるＯＬの服に股間をこすりつけたり胸、尻を揉みながらオナニーを楽しむことができます。最終的には女性に手コキをさせることも可能です。そしてこのコース最大の目玉ですが、フィニッシュは服にぶっかけてもＯＫというところです。シチュエーションの設定は電車の中、バスの中、またはいたずら目的で女性を部屋に連れ込んだ、などなどご自由に指定してください！〉

三十分六千円から。

電車内で痴漢行為におよび人生棒に振るよりも、仮想現実空間で痴漢プレイしたほうがよっぽどいい。

西口通りを流すと、ここでも雑居ビルの上の階にレンタルルームがひっそり営業中である。

新橋にラブホテルが無い理由

「連れ込める宿はありました。隣の声が筒抜けで、眠れなかったと同僚が言ってたなあ（笑）。会社の裏あたり、もう無いですけどね」

四十年近く前の新橋を回想するのは、第四章に登場した徳間書店元幹部である。往年の新橋を回想してもらったのだが、そのなかに新橋にラブホテルが無い理由のヒントがあった。

「上野で流行りだしたおさわりキャバレーがあるんだけど、新橋では管轄の愛宕《あたご》警察署が絶対出店を許さなかったんです。愛宕警察署の署長は出世コースでいずれもっと上の役職が約束されているので、自分の縄張りで変なことおこされるのは困るという。だから風営法がらみで許可しないんですね。ピンキャバ（ピンクキャバレー）、おさわりできる店だけど、警察が照度計で何ルクスと決めてるんですよ。（煌々と照る会議室のライトを指して）これくらいの明るさですよ。これではイチャつけないでしょ。なにこれ？（笑）ですよ」

役人にはノンキャリアとキャリアの二つのコースがある。採用時に受ける国家公務員試験Ⅰ種、Ⅱ種に分かれ、いわゆるキャリア組になるにはⅠ種試験に受からなければならない。合格者数は各省十五名前後、難関中の難関と言われ、合格者の多くが東大。それも圧倒的に法学部が多い。

キャリア組の出世スピードがいかに速いかは、ノンキャリ組が自転車としたらキャリア組は新幹線と言われるほどだ。

かつての大蔵省（現在の財務省）キャリア組は、二十代後半で地方の税務署長に赴任し、父親と同じ年齢の部下をもつ。キャリア組は数年で転出し次々とステップアップ、最終的にはキャリア官僚の最高位、事務次官の椅子を争う。この間、出世競争に敗れると肩たたきにあい、省庁の関係する団体、企業に天下りして高給を得る。

もっとも最近では、バカ殿教育と揶揄される二十代の税務署長コースも是正され、若干就任時期が遅れているが、それでも出世速度の速さは変わらない。天下りも批判が強くなり以前のように天下りはできにくくなったとはいえ、余録は多い。

エリート中のエリートゆえにスペックも高く、分厚い専門書も一ページ二、三秒で読みこなしていく。

警察組織の場合、巡査、巡査長、巡査部長、警部補、警部、警視、警視正（警察署長）、警視長、警視監、警視総監という階段を上がっていく。

巡査部長止まりで定年を迎えるノンキャリアが多いのに比べ、キャリアはスタート時がいきなり警部補からはじまる。二十代後半で警察署長になってその後、県警本部長に出世する。

キャリアが警察署長になるお決まりの署というのがあり、たとえば東大に近い本富士《もとふじ》署長は東大卒キャリアの指定席だった（最近ではキャリア批判もあってそうでもなくなったようだが）。

愛宕署もキャリアの指定席であり、管轄内でハレンチな風俗店などまかりならん、という空気があったのだろう。新橋にラブホテルが見当たらないのも、愛宕署によるキャリア的聖域が一番の原因なのではないか。

新橋の交際クラブに潜入

新橋には交際クラブが複数ある。

男性会員は運転免許証、名刺等で身元を明かし入会金を支払い、女性会員をクラブ側から紹介してもらう。その際、紹介手数料をクラブ側に支払う。

男性会員は指定された時間と場所で女性会員と待ち合わせ、食事やお茶をして、互いが了解すれば大人の関係に。その際にも交通費という名目で互いが合意した金額を手渡す。女性会員は入会金無料。

男女の身元がわかる上に入会の際に審査があるので、安心感がある。

経済的に余裕のある男、風俗は苦手という男にとっては好都合だ。

難点はいろいろカネがかかるという点と、女性がその気にならなければ、お茶だけして終わりということになる。

さっそく潜入。

暮れの月曜日、午後三時。

ニュー新橋ビル宝くじ売り場にできた長蛇の列を見遣りながら、目的の交際クラブを探す。

居酒屋街にある雑居ビルの一室が目指す店だ。階段をあがり、目的の扉をおそるおそる開いた。

店内はクリスマス間近とあって、大音響のクリスマスソングがエンドレスで流れている。ぬいぐるみのミッキーマウスやくまのプーさんがテーブルに置かれた、子どもの託児所みたいな店内だ。

「はじめてでしょうか？」

マスクをした中年のクラブの担当者が私を導き、入会の仕組みを説明しだした。

入会金五千円の他に、女性を一人紹介する度に手数料六千円がかかる。

一般的な交際クラブは入会金三万から十万、なかには力士やプロ野球選手、会社経営者が登録している超高級交際クラブは入会金三十万といったところもある。よその交際クラブに比べて半値以下、いや四分の一以下だ。さすが新橋価格。

入会の際に運転免許証を提示したり身分証明を求められるのかと思ったら、「仮名でかまいませんから」とのこと。

社長、医師、弁護士といった社会的信用度が高い男ほど、身分証明を嫌がる。それがまた交際クラブの難点にもなって、身分証明を嫌い、一部上場企業の最高幹部なのに、出会い系サイトを利用したりする。身元を明かさずに入会できるのは、ステータスの高い男にとっても、そうでなくてもありがたいことだ。

「アルバムをご覧になってお気に入りの女性を見つけたらお知らせください。これ付箋です」

責任者はそう言うと、私にポストイットを手渡して、受付へとさがっていった。

テーブルには使いこなされた感のある分厚いアルバムが十冊近く積まれていた。

めくってみると、見開きに一人ずつ女性会員の写真、プロフィール、十五問の質問がある。

愛人に興味があるか？

付き合う男性の年齢は関係ない？

会う場所はどこが希望か？

既婚か独身か？

貴女のエッチ度は？

……といった質問に1から6、マックスというランクがあり、ほとんどの女性会員は4にマルを付けている。無難なところにマルを付けているのだろう。

出身地は意外だが地方が多い。東京の一人暮らしはカネがかかるのだ。

店内には私以外に二人、サラリーマン風の中年男がアルバムに見入っている。

私もアルバムから気に入った女性を数名選び、ポストイットを貼った。

クラブの担当者は私が示した女性三名を一人ずつ解説しだした。

「このかたはヘルニアを手術したばかりで、あまり激しい運動はできないですね」

「このかたはお食事だけというケースが多いようです。あまりおすすめできないですね」

「このかたは評判がいいですね。おすすめします」

アルバムをもう一度見ていると、店の片隅に三十歳前後の女性が座ってコーヒーを飲んでいる。

先ほどの担当者に聞くと、この場で声をかけて誘ってもいいのだという。その場で話ができる出会い喫茶と交際クラブを合体させたシステムだ。

後から入ってきたサラリーマンが声をかけて話がまとまったのか、二人は外に出て行った。

私のほうは、アルバムから横浜在住三十五歳の人妻を紹介してもらうことになった。

あとはクラブ側が三十五歳人妻に連絡をとって、場所と時間をセッティングして、会うだけだ。

その場で連絡をとってもらうと、OKとのこと。

三十五歳人妻と大人の関係になろうとしたとき、いったいいくら渡せばいいのか。

するとクラブの担当者――。

「交通費ということで、そうですねえ、具体的にはわかりませんが、だいたい……」

担当者はボールペンでテーブル上のカレンダーの二日を指した。

これは他の交際クラブでもやるものだ。

指名が済み、扉を開けて階段を下りると、下から恰幅のいい七十代後半とおぼしき紳士があがってきた。仕立てのいいスーツを着た銀髪の、おそらくは会社経営者であろう。

身分証明をしなくてもいいこの交際クラブは、こういった紳士にとって好都合なのだ。

パートタイマーの主婦としけこむ

翌日——。

ニュー新橋ビル前で待ち合わせ。

午後十二時を知らせるＳＬの警笛が広場を震わせる。

アイフォン片手に何かを探すクリーム色のコートを着た女性が歩いてきた。

三十代前半、写真で見かけた人物だ。

声をかけると微笑む。

「ニュー新橋ビルがわからなくて駅前ビルに行ってしまいました」

どことなく天然系の匂いを感じる。性格のよさそうな奥さんだ。

コートの上からでも肉感的なラインが露呈する。

広場近くの椿屋珈琲店に入り、四方山話をすることに。

初対面の大人の男女にとって、最初の談笑がもっとも大切だ。さらに交際クラブはお互いの自由意思でその後を決めるとあって、第一印象が決定打になる。

かすみと名乗る人妻は東京郊外在住。数歳年上の夫と小学生、幼稚園の子どもがいる。

「主人はスーパーの社員です。出店がつづいてもう一年以上お休みらしいお休みがないんです。残業が月に二百十時間ですよ。体重も二十キロ近く減っちゃって」

マンションローンの支払いで、夫婦は共稼ぎだ。かすみは近所の袋詰め作業場でパートタイマーをしている。

「時給一千百円でアイドルのカレンダーや小物類を袋に入れる作業してるんです。袋詰めしながら『こんなのよく買うわよねえ』なんて無駄口たたきながら（笑）。でもファンはお金を注ぎ込むんですよ」

かすみはパートタイマーからゆくゆくは正社員の道を望んでいる。そのためにこんな処世術も身につけた。

「志村けんの深夜ドラマで〝さしすせそ〟をやっていたんですよ。会社の上司やお客さんとの話を盛り上げてさらりと聞き流すテクニック。さすがですねえ、知らなかった、すごいですねえ、せっかくなので、そうなんですか、これが〝さしすせそ〟。わたしの職場はアルバイト・パート・社員の格付けがあるんですけど、アルバイトからいきなり正社員になる主婦がいるんです。所長の愛人なのかって噂されてるんだけど（笑）。でもその奥さんうまいの。〝さしすせそ〟のさらに上をいくんです。『あら、うまいわねえ』って褒め上手なの。『いいじゃない』とか『うそー』『えらいわねえ』『男らしいわねえ』。さしすせそを上回る〝あいうえお〟！　こういうのは子育てしてないと言えないですからね。主婦は強い。職場は人間関係が大変です。五十代のお局さん、若い男の子が入るとちやほやするんだけど、女子が入るといじめがすごいんですよ。ここは中学かってくらいいじめがある。女の世界は怖い。すぐ陰口言うし」

かすみは小学校のＰＴＡ役員をしている。そんなかすみが何故に交際クラブで男に抱かれるのだろうか？

「実は前から出会い喫茶に通ってたんです。人妻・熟女系に。知ってます？　巣鴨にあった『ラヴァーズ』っていうお店」

「名前だけは」

「このお店、十九歳から五十歳まで幅広く女性がいたんです」

出会い喫茶とは、女性が無料で飲食できるスペースがある。男性は入会金、紹介料を店に支払い、店内で気に入った女性を紹介してもらう。気が合えば外に出てあとは二人の自由意思に任せる。出会い喫茶バブルと言われた二〇一〇年頃までは、利用女性の中に女子高生が混じっていたために問題となり、摘発が相次いだ。

かすみがいたころは未成年者は排除され、かすみのような人妻が人気を集めるようになった。

「わたしがいたころ、出会い喫茶すごかった。『ラヴァーズ』はめちゃくちゃでしたよ。巣鴨店は満室で入れないときがよくあったほどですからね。昔のスナックを改装して、部屋で区切ってあるんです。三十室、そこで主婦が好き勝手やってたんです（笑）。四十代、五十代、子ども産んでエッチがなくなった夫婦。まだ枯れるには早いし、どうしたらいいかわからない中年女性がたくさんいたんです。ホストにハマるのも怖いし、そこに巣鴨の『ラヴァーズ』がちょうどあったの。お金よりもエッチがしたくて通っていた奥さんもたくさんいましたよ。シャワーはないけど。自分から触らせたりするんだから。

新橋の交際クラブで知り合った人妻・かすみ

彼氏探しに来てる人もいたし。でも『ラヴァーズ』が場所を提供して援交の場を与えていることで摘発されちゃったんです」

かすみは、ママ友から新橋の交際クラブを紹介してもらって入会した。

「あの店、出会い喫茶と交際クラブをミックスしてるでしょ。わたしもときどきお店のソファーに座ってお茶してる。実はお店から交通費もらってあそこにいるんです。お店で知り合って交際がはじまる場合もあるけど、前もって連絡して会ったほうがうまくいきますね」

私とかすみは息が合い、しけこむことに。

〝交通費〟はこの前のカレンダーの〝2〟日を提示して合意に達する。

私は手コキ風俗の件を思い出していた。受付に近い部屋であってはあのときの声が筒抜けではないか。こう見えて気にしいの私は、他人様の目と耳が気になるのだ。できることならレンタルルームは遠慮したい。

「ビジネスホテルならありますよ」とかすみ。

「そこ行こう」

私はいけない人妻の導きによって、まだ灯のともらない午後の居酒屋街を通りぬけ、あるビジネスホテルの前に出た。

路地裏にあるこのホテル、事情通でないとわからない。こじんまりとして古ぼけたホテルにしては派手なネオンだ。

私とかすみがチェックイン。

フロントには化粧の濃い中年女性スタッフが一人、手際よく私たちをツインに割り振った。

料金は休憩三時間二千九百円。

激安である。都心のホテルでこの値段。これも新橋価格だ。

キイを預かり、部屋へ。

薄暗い室内に入るとひんやりと冷気が流れてくる。

バスタブにお湯を入れるが、なかなか部屋が暖まらない。小さな籠に入っているアメニティグッズを見ると、コンドームが混ざっている。

壁にしつらえてあるエアコンの丸いスイッチを回すが、冷風しか吹いてこない。たまらずかすみがフロントに電話をかけた。

「暖かくならないんですけど」

するとフロントから無慈悲な返事が――。

「暖房設備がないんですよー」

どうりで安いわけだ。

「どうしましょう。ここじゃなくてレンタルルームにしましょうか？」

「そうしよう」

ビジネスホテルを出て居酒屋街に隣接する桜田公園まで歩く。レンタルルームの看板は控え目で、たいていがビルの三階以上にあるので、視線を配っていないと見過ごしてしまう。

SM仕様のレンタルルーム

「あ、ここです」

かすみが指さしたのは西口通りの雑居ビルの二階だった。

すでに交際クラブで知り合った男と何度か利用したことがあるらしく、かすみが率先して階段を上がっていく。

途中で二十歳前後の大学生らしき男女がほんのりと顔に満足感を漂わせて下りてきた。若いから収入も少なく、新橋のレンタルルームを利用するのだろう。

私が大学生だった七〇年代後半、新宿歌舞伎町にあった同伴喫茶を思いだした。ラブホテルよりも安く、誘いやすい。一見喫茶店風、中は薄暗く、アベックシートになっていて、そこで軽く愛撫し合う。新橋のレンタルルームも現代版の同伴喫茶であろう。

カウンターには眼鏡の真面目そうな店員がいた。

料金表を見る。

安い。三十分一千円から。平日の昼間ということもあって激安である。

私たちは六十分二千二百円コースを選択。二階カウンターを通り越して三階に上がる。突き当たりが私たちの部屋だ。他に部屋が五つあるが、どこも空室だ。

以前、手コキ風俗を呼んだときのレンタルルームは壁も薄く、部屋が受付のすぐ目の前だったこともあって、外の声が聞こえてきて気もそぞろだったが、今回は壁も厚く防音性も高そうだ。

部屋に入った。

赤と黒で統一されたＳＭ風の個室だ。

目に付くのは、シャワールームの広さだ。ソファーが置かれているコーナーよりも広く、ソファーからはシャワールームが丸見え。有料の貸出グッズはアイマスク、バラ鞭、拘束具。この部屋はSMプレイを主たる目的とするカップルに利用されるものらしい。SMグッズの貸出料金は五十円という安さだ。宿泊も可能で、替えの男性下着まで百五十円で売っている。「小腹が減ったら」のコピーでカップヌードルが二百円。アダルトグッズの定番ピンクローターが二百円で貸出可能。百円でアロマオイルまである。すべて安い。すけべ椅子まで百円で貸出している。アメニティセットの中にはコンドームもある。

「去年、ダンナとやったのは暮れに一度だけ。最近わかったんです。やりたくなるとダンナって機嫌が悪くなる。それにわたしが外でエッチしてきたときに限って、わたしを抱こうとするんだから」

情交した直後の女は独特の雰囲気を醸し出す。双眸《そうぼう》が濡れ、精神的に満足したせいで表情も穏やかになる。亭主はオスの本能で女房を他のオスから守ろうと、自宅で交接しようとするのだろう。

「(交際)クラブで知り合った男性五人と連絡取ってます。みんな恋人気分に浸りたいみたい。先週会った五十九歳の男性は、セックスよりも一日中チュッチュッしたがるんです。男の人って、みんなキスが大好きですよね。女ははっきり言って好きでもない人とするのは嫌だから」

かすみの豊満な肉体を包んでいたのは水色の下着だ。

「(下着は)独身のころと変わらない、むしろ派手になってる。ダンナも最近、疑っているんですよ」

ホテルとは異なる空間がかえって欲望を感じさせる。

すまん、ご主人。

第七章　SL広場で交錯する人生

三島由紀夫が最期の晩餐に選んだ店

新橋駅前広場は終戦直後には闇市が広がり、昭和二十年代後半からは街頭テレビが設置され、力道山の試合になると一万人が押し寄せた。

現在、蒸気機関車が置かれた広場は「SL広場」の愛称のもと広く知られるようになり、ほろ酔いサラリーマンたちの街頭インタビューの場所として連日テレビに映るまでになった。

小中学校には必ず校庭があるように、ここ新橋もまた校庭の役目としてSL広場が存在する。入場制限もなく、街のシンボルとして、待ち合わせスポットとしてSL広場は愛されてきた。

今日もだれかが何かを胸に秘めつつ広場を訪れ、あるいは何の目的もなくさまよったりする。

孤独を感じるもよし。優しさを感じるもよし。

一九七〇年（昭和四十五年）十一月二十三日夜。ある人物がSL広場を横切り、ある店に入った。

最期の晩餐を求めて——。

人生最期の食事をとるとしたら、人間は何を選ぶだろうか。三つ星の懐石料理か、フランス料理のフルコースか、素朴な味を求めておにぎりと味噌汁か。それとも——。

実際にアメリカの死刑囚がとった最期の食事リストがある。

アメリカ人らしく、大量のチーズを乗せたピザだとか、レアステーキ、チェリー味のコーラ、ビッグサイズのストロベリーシェイク、といったものを食した後で電気椅子に座っている。

私なら最期の食事に何を選ぶだろうか。

一九七〇年十一月二十四日。

三島由紀夫が陸上自衛隊市ヶ谷駐屯地で割腹自殺する前日、三島はここ新橋にいた。

最期の晩餐として、新橋の老舗鳥割烹「末げん」を選んだのだ。

創業明治四十二年（一九〇九年）、この地で店を構えてきた割烹料理屋で、SL広場に面した瀟洒な佇まいだ。三島が訪れた一九七〇年ごろは黒塀に囲まれていた。

「わ」と呼ばれる鍋料理は、鶏ガラスープをベースにして鶏と合鴨、特性ひき肉、ねぎ、糸こんにゃく、豆腐、しいたけなどを大根おろしで食べるこの店の代表的メニューである。

世界的文豪、ノーベル文学賞受賞が確実視された三島由紀夫が最期に食した鶏鍋を、これはもう食してみなければなるまい。こんな体験取材ができるのも、この仕事をしてきたおかげであろう。

新橋の夜がネオンと電車の警笛で彩られる夜七時半。

私と杉山は高級割烹ののれんをくぐった。

もちろん予約済みだ。

「わ」コースは、最初に和服の女性店員が皿に盛られた鶏肉を披露するところからはじまった。千葉県産の赤鶏、埼玉県幸手《さって》市産の合鴨を鍋で煮込み、食する。うまし。ネギと野菜、鶏肉を交互に口に運ぶ。

あっさりしながらも脂が効いている。

これが伝説の三島由紀夫最期の晩餐か。

壁には「敬天愛人」の額が飾られている。「為丸君《ためまるくん》　一郎」の文字が脇にある。

若い女性店員に尋ねると、鳩山一郎元総理（鳩山由紀夫・邦夫兄弟の祖父）が「末げん」初代主人・丸源一郎に贈ったもので、内閣総理大臣になった歴史的な日にしたためたという記念碑的額だった。

「末げん」は現在三代目が継ぎ、創業以来、文民宰相《ぶんみんさいしょう》（総理大臣）の原敬、歌舞伎役者の六代目尾上菊五郎、三島由紀夫といった著名人たちが食してきた。

民間防衛を目的とした「楯の会」を主宰した三島由紀夫は、私財を投げ打ち会を運営した。細身のデザインの「楯の会」制服の製作には、東大時代からの友人である西武百貨店の堤清二がたずさわった。

「末げん」で最期の晩餐を済ませた翌日、陸上自衛隊市ヶ谷駐屯地のバルコニーで最期の演説をする三島の死に装束になった。

明日の死を目前にした三島由紀夫の舌はいったいどんな味を感じたのだろうか。

三島が割腹自決を遂げたあの日、私は中学二年生の二学期、ビートルズが出した新曲『レット・イット・ビー』を繰り返し聴きながら、ポール・マッカートニーの脱退声明がビートルズの実質的な解散につながるのか、いや、まだ解散の回避はあるだろうと（当時は五分五分の見方が多かった）思いながら、学生生活を送っていた。

学校から帰ると、テレビ画面がいつもの夕方のドラマの再放送ではなく、何か異常事態が起きているというのが伝わってきた。

「三島由紀夫が腹を切った」

父がそう言った。

テレビは通常の放送を中断し、臨時番組を延々と報道していた。

早熟だった私は、三島由紀夫の小説はすでに読み、ファンになっていた。

純文学を書きながら、侍に扮し被写体になったり、映画『からっ風野郎』で三下《さんした》ヤクザを演じたり、全存在で三島由紀夫を体現している、そんな姿が中学二年生にはまぶしく映ったのだ。

七〇年前後、時代はハプニングという突発的な出来事、イベントを好み、ジョン・レノンを射止めたオノ・ヨーコもニューヨークで布袋に入って反戦を訴えたり、みずから着ている服を観客に切らせたりしたハプニング芸術のアーティストだった。

政治も経済も予測不可能の時代であり、学生運動が先進国で広がり、芸術も全裸になってカラフルなペンキを塗りたくり白い壁に体当たりするハプニングアートが流行った。

三島由紀夫の割腹自殺も政治的な意思だけではなく、みずからのマゾ的嗜好とこの時代のうねりのようなハプニングアートの究極体として、三島が最期に見せたかったのではなかったか。

総監を人質にして総監室に立て籠もり、バルコニーでクーデター演説を終えた三島は、もどってくると通路や外で三島の暴挙をなじる自衛隊員や報道ヘリコプター、マスコミ、警察といった多くの人々の声、雑音が入り乱れるなか、制服をはだけ、日本刀で真一文字に腹を切った。同時に楯の会会員が背後から介錯の一太刀をあびせ、三島由紀夫の首が胴体から離れた。

「末げん」の最期の晩餐から二十四時間も経たない死だった。

椎名誠のサラリーマン時代

新橋でサラリーマン生活を送ってきた一人に、作家・椎名誠がいた。長編『新橋烏森口青春篇』は自伝的青春小説であり、新橋が舞台になっている。

椎名誠は演劇関係の仕事をしながらアルバイト先を探していたところ、朝日新聞求人広告の「編集員募集」に目がとまり、新橋駅烏森口で降りて赤電話を探し、ダイヤルをまわした。

会社の道順を聞いて、西口通りを歩き、新橋五丁目の中沢ビルにたどり着いた。

そこは流通関係の業界紙を発行している小さな会社、デパートニューズ社（小説では「百貨店ニュース社」）だった。

面接から三日後、採用通知が来た。

椎名青年は記者として働き出すのだったが、三ヶ月で退社しようと決めていた。それくらい軽いアルバイト感覚だった。

だが一九六六年から一九八〇年までの十五年間、デパートニューズ社（後のストアア社）でサラリーマン生活を送る。

居酒屋の密集度日本一の新橋らしく、椎名誠も一日の仕事が終わると、会社の近くにある「このみ」というおでん屋で夏でも冬でも冷やのコップ酒をぐいとやるのが日課になった。

街ではホームレスがたき火をして暖をとったり、サラリーマンが昼間から冷や酒をあおるどこか放埒な空気があった。新橋駅の近くにある「キンシ正宗」という居酒屋に通い出す。正式店名は「本郷兄弟商店」というのだが、のれんにキンシ正宗という清酒名が染め抜かれているので、だれもが「キンシ正宗」と呼んでいた。

ＳＬ広場から新橋ガード下をくぐって、お隣の銀座八丁目まで繰り出してキャバレー「ハリウッド」に繰り出すときもあった。

ベストセラー作家になるのはまだ先のことである。

椎名誠が就職した会社は、朝九時半に上司が出社、状況報告と雑談をして三十分もすると部下をうながして外に出る。そのまま新橋駅まで歩き、朝から浮浪者がたき火している大ガードを越えて銀座通りを歩き、銀座八丁目の喫茶「ルノアール」に入って、上司はいつも昆布茶（ルノアールの名物！）、椎名誠はモーニングサービスのジャンボトースト付きコーヒーを頼む。〝ジャンボ〟という呼称はジャンボジェット機導入のころ流行ったデカいサイズを指すもので、いまで言うならデカ盛り、メガ盛りの感覚だろう。

上司は昆布茶を飲みながらスポーツ紙をひろげゆっくり読んだあと、必ずトイレに入った。

椎名誠は上司が用を足す時間に合わせなければならないサラリーマンの窮屈な時間に辟易しだした。だが三ヶ月で辞めるはずだった会社勤めも、勤務しているうちに会社勤めもいいものだと思うようになってくる。人間は何かしらに帰属する動物なのだ。

昼休み、サラリーマンとＯＬが日比谷公園でバレーボールに興じるシーンが出てくる。

サラリーマンの喫煙率が九十パーセントだった六〇年代、サラリーマンがワイシャツの腕をまくってバレーボールに熱中するのは日常の光景だった。

ＳＬ広場もいまよりはるかに煙草を吸うサラリーマンが多かったことだろう。

一九七九年（昭和五十四年）、椎名誠は会社を辞めて文筆活動に入った。ベストセラー作家になるのは目前だった。

カリスマ編集長の新橋

「デイリースポーツ新聞社が新橋にあったんだよね。七階建てのビルで、隣にいまはもうない東京タイムスがあって、新聞の印刷もやってたのね。そこでデイリー（スポーツ）も印刷してて」

懐かしそうに新橋体験を回想するのは、出版業界にあってカリスマ編集長の名をほしいままにしてきたミリオン出版元社長・比嘉健二である。

特攻服の女暴走族《レディース》を取り上げた『ティーンズロード』。まずいジュースを探せ、といったばかばかしいネタを毎号山盛りにした『GON！』。刑務所の閲覧数第一位、アウトロー御用達の『実話ナックルズ』――数々の伝説的雑誌の生みの親、私と同い年昭和三十一年生まれ。足立区出身、小中学生時代はガキ大将だった。

「他校に喧嘩しに行くんですよ。周りがみんなそうだったから。外で暴れて家に帰るでしょ、そうすると九州の福岡にいる親戚からいつも『少年マガジン』が送られてくるんですよ。家に帰るとそれを読むのが楽しみで」

私もサンデー、マガジンは巻頭の忍者や戦記物の特集に熱中したものだ。

「そうそう。巻頭の図解が大好きで。外で喧嘩、家に帰るとマガジン。揺らぐんですよ（笑）。このままワルになっていくのかな。やだなあって」

三歳上の姉がいつも小さなプレイヤーでビートルズをかけていたこともあって、健二少年もビートルズに夢中になった。一九六九年、中学一年生のとき、ゲルマニウムラジオからビートルズの新曲『カム・トゥギャザー』が流れてきた。ジョンの声、ポールのベースが響く。

「ガキながら、いいなあと思った。ビートルズ聴くのは不良じゃないよなあ。こっちにいかないと、おれやばいなって心入れかえて勉強しだしたんです」

都立紅葉川高校に進学、将来は大好きな少年マガジンの編集者になりたいと思うようになった。漫画雑誌をつくってる奴はいい学校に行ってないと勝手に思いこんでいた。ところが出版業界は高学歴の集まりである。少年マガジン発行元の講談社なんて東大卒などそこらじゅうにいる。

必死になって勉強して日大法学部二部新聞学科に入った。第一希望も変わって、編集者よりも大好きなボクシングを取材できるスポーツ紙記者になりたかった。

デイリースポーツは当時ボクシングに力を入れ、ボクシング試合は全部デイリースポーツがフォローしていた。

比嘉青年、デイリースポーツに淡い片思い。

水道橋の喫茶店でアルバイトしていたとき、店のカウンターに置いてあった朝日新聞の求人欄に「デイリースポーツ編集補助　アルバイト募集」という記事を発見。喫茶店マスターに、この店を辞めてデイリースポーツ編集補助をやりたいと訴えた。

マスターは前から比嘉青年にこの店を任せてもいいと言っていたが、「ボクシング記者になるのは昔からの夢だったもんな」と、こころよく送り出してくれた（いい話だ）。

履歴書を書きデイリースポーツ新聞社に行くと、総務の担当者が出てきてその場で採用となった。

もしかしたら大好きなボクシングの取材に同行できるかも。喜び勇み「どんな仕事やるんですか？」と質問してみた。

すると——

「書いたりとかそういうことはやんなくていいからさ」

新聞社で「坊や」と呼ばれるアルバイトで、デイリースポーツでは「学生さん」と呼ばれていた。競馬担当の記者が書いた原稿を「シューター」というカプセルに詰めて、上階から下階に流すという単純作業の担当だった。

入ってみてわかったのは、当時、デイリースポーツは競馬、競輪、競艇、オートレースといったギャンブル記事がもっとも記者が多く、ボクシング担当はたった一人だった。

「ボクシング担当の芦澤《あしざわ》さんっていう記者、いまはもう亡くなっちゃったんだけど、すごい有名な記者で、ボクシング記者では大ベテランで、この人に会いたいなっていうのがあったのね。会ってみたらすごい優しい人で、チケットくれたりして。おれがすごいボクシング詳しいって知ると、けっこう聞きにきたりとかするのね。新聞記者って実はそんなに詳しくないんだよね。芦澤さん、もちろんボクシング界に顔もきいてて、試合場に必ず来てる人なんだけど、専門はボクシングのほかに相撲とかいろいろ掛け持ちしてるんだよね。いまのおれたちもそうだけどさ、ほんとに詳しい奴って素人のほうが多いじゃない。『海外のなんとかって選手が今度日本に来るけど、比嘉君、この選手どうなの？』って芦澤さんに聞かれると、おれなんかもうボクシング大好きだったから『この選手めちゃ強いですよ』って言ってさ」

記者から頼まれて、新橋の場外馬券売り場で馬券を買わされたときもあった。

「印象的だったのが『新聞に書くギャンブル予想は、本当のこと書かないよ』って言うの。要するにギャンブル専門の記者たちっていうのは、あのころのおれからすると、とてもまともな人いねえなって思った。荒くれ者。みんな六大学出てるなんて信じられなかった。あったま悪そうだったもん、どう見ても。飲んだときよく言ってたよ。『ほんとはデイリーなんて来たくなかった』って、みんな。やっぱ朝日とか読売とかそういうとこ行きたかったわけじゃない。そういう雰囲気すごく感じた。そんときはおれも自分がまさかミリオン出版に行くなんて思ってもないけどさ。みんなどよーんとしてて落ちこぼれっていうか、しょせんデイリーなんだよね、みたいなニュアンスは感じてたよ。有名な話あるんですよ。王さんが、ハンク・アーロンのホームラン世界記録抜いて七五六号打ったときあるじゃない。おれよく覚えてるんだけど、後楽園球場で王さんが七五六号打ったとき、新聞社の中でデイリーだけ現場にだれも行ってなかったの。野球に紙面割かないでギャンブルばっかりやってる。そういう歪みというか、コンプレックスの塊みたいなイメージがすごいある。だから社内がどよーんとしてんのよ」

当時はスポーツ紙に勢いがある時代で、朝の通勤電車の中でサラリーマンが昨夜のプロ野球の余韻に浸ろうとスポーツ紙を読み、夕方には明日の競馬や競輪の情報を求めて夕刊紙を買い求めた。

比嘉青年がもらうアルバイト代も、焼肉屋や喫茶店のアルバイト代よりはるかに高く、二十代サラリーマン給料の平均を上回った。夏と冬にはアルバイトにもボーナスが支給されるほどだった。

「一年半やってみてわかったのは、スポーツ新聞の記者ってなんか変なのしかいないんだよね。エロ本屋と変わんないような奴しかいなくて、こんな奴よりおれのがよっぽど優秀だと思ったけどさ（笑）。そのころまさしく新橋に毎日通ってて、昼飯を食いに行くときは必ずニュー新橋ビル、あそこで飯食ってた。あそこにたぶんいまもあるけど昭和の大きい喫茶店があってさ、そこでお茶飲みながらナポリタン食ったりとか。いまはもうないけど、当時新橋にものすごく有名な牛丼屋さんがあったの。牛丼の元祖って店がね。小汚いけどすごくおいしい牛丼屋さん。思い出した！　牛丼のことを〝かめちゃぼ〟って言ってたんだ。大正とか昭和初期は牛丼がめずらしくて、ほんとかどうかは知らないよ、吉野家より先にできた店だって。それが〝かめちゃぼ〟って店だった」

後に「牛めしげんき」という店名になって営業をつづけていたが、二〇一〇年六月に閉店した。

「いま新橋、若いOLや女子大生に人気があってすごいじゃない。でも当時はエロ映画館とかひっそり上映されていて、薄暗い場末感がビシバシ漂っててさあ」

比嘉青年の新橋体験は、場末の匂いとともにあった。

いまではデイリースポーツといえば、阪神タイガースを熱く報道するユニークな紙面に熱烈な愛読者も多く、人気のスポーツ紙である。

カリスマ編集長が虜になったプレイ

比嘉青年は大学を中退した。

正式にデイリースポーツに社員記者として就職しようとしたが断念。求人募集を見て経済誌編集部に就職したものの、総会屋系雑誌で商法改正のあおりを受けてリストラされた。

朝日新聞の求人欄で、「ミリオン出版編集者募集」の小さな求人広告を見つけた。合格し、最初に配属されたのは『別冊SMスナイパー』だった。

比嘉健二の名を知らしめたのは、日本初の女暴走族《レディース》雑誌『ティーンズロード』を創刊させたときだった。

新たな創刊誌『GON!』では、「まずいジュースを探せ！」という企画で市販の缶コーヒーや炭酸飲料を全国各地から集めて片っ端から飲んで、日本一まずいジュースを選抜したり、「日本一つまらない漫画はこれだ！」という読者目線の本気さとばかばかしさに満ちた企画を連発し、毎号二十五万部を売り上げる大ヒット雑誌に育て上げた。

さらに、『GON!』を危ない実話誌にしたら売れるのではと、『実話ナックルズ』を創刊。街の不良、ヤクザ、アウトローを毎号載せた同誌は刑務所の愛読誌ナンバーワンとなった。

ミリオン出版社長となり、退社後はフリーランスとなって劇画原作者になろうとしたところ、比嘉編集長を慕う若い編集者たちが集まる。もう一度神輿に乗ってみようと、編集プロダクション「V1パブリッシング」を創業、出版不況の荒波に船をこぎ出した。

ひらめきで動く比嘉健二は、現在の出版業界が過去のデーターばかり気にしてるので、雑誌から個性が失われ、ますます出版不況に陥っていると憂う。

青春時代を過ごした新橋へは、いまも毎週通い詰めている。

出版界のカリスマ、偉大な編集者比嘉健二がいまもっとも熱中しているものとは何か？

比嘉健二のサングラスの奥の双眸が光った。

「最近ハマったのは〝ガンキ〟」

「ガンキ？」

「そう、ガンキ」

「何、ガンキって？」

「顔面騎乗（笑）」

「比嘉さんが女の上にまたがって虐める？」

「ちがうのよ。おれの顔に女がまたがって、おれが虐められるの」

「業界一の強面編集長が顔面騎乗されて悶える⁉」

「そうそう（笑）、おれ、こう見えてもドMだからさ。おれ、前からエステ大好きだから、エステが多い街って高円寺、神田、新橋。たまには人妻もいいなと思ってさ。それで調べて新橋になった。新橋の『マダムハンズ』って人妻出張エステですよ。女の子呼ぶとき、電話口で『顔騎のオプションどうされますか？』って聞かれるわけ。『ぜひぜひお願いしますよぉ』みたいなさ（笑）。おれ、女性に蹂躙されるの、全然厭わないっていうか、好きだから。言葉責めも好きなの。『どうしちゃったの？』なんてあそこ握られて耳元で囁かれたりさ。でも日本人ばっかの店だとちょっと高いから、アジアンエステの出張が一番安いよね。一万円で向こうも全部オールヌードになって、いろいろやってくれるから。レンタルルーム代って二千円ぐらいじゃない。だから総額一万二千円ぐらいで遊べるんだ」

「レンタルルームの中にシャワーは？」

「あるあるある。なんにも問題ない。おれ最初は嫌だったのね、なんかこの歳でレンタルルームってのも寂しいなあと思ったんだけど、新橋のレンタルルームってきれいだし、ベッドもちゃんとしてるから。結局、『マダムハンズ』にハマって、それとチャイニーズ系のエステはいまでも月一は行くよね。最後までやってくれた子いますよ。『小遣いは？』って言ったら『うーん二千円でもいくらでもいいよ』って。プラス三千円かそこらあげたよね」

「プラス三千円で本番！」

「みんな可愛いですよ。おれ、外れたことないもん。チャイニーズエステいくつかあるけど、みんな大元は同じ店じゃないかな、みんな似たシステムだから、たぶん同じ系列店だよね」

比嘉健二の新橋愛は止まらない。

「新橋はフィリピンパブのメッカ、マニアたちからは〝ピンパブ〟って呼ばれてる。熟女パブも新橋に多いんだよね。レンタルルーム使った日本人の派遣型風俗もめっちゃくちゃ可愛いよ。店舗型のヘルスなんか行きたくなくなっちゃうぐらいレベル高い。日本の若い子たちに言わせると、レンタルルームでちょこちょこっとやる手コキなんかはもう風俗だと思ってないんだよね。だからめちゃくちゃ可愛い子が多いんだ。いまは完全に気持ちよくなるために行くのが新橋」

還暦を迎えたいまも毎日ジムに通い、ボクシングまではじめた。

サングラスに革ジャン姿の比嘉健二が喫茶室で話していると、その筋の人間かと思われそうだが、サングラスの下は愛嬌がある。

「新橋にラブホテルが無い理由？　出店許可が下りないんじゃない。港区はとくに厳しいらしいから」

ＳＬ広場を見渡しながら比嘉健二は懐かしそうに過去をひも解く。

「おれね、椎名誠と『週刊文春』で一回対談させてもらったことあんのよ。『ＧＯＮ！』が大好きだったんだって、椎名誠が。本の雑誌社の目黒さんって人から連絡あって、『ぜひ椎名がね、比嘉さんと対談したい』って言うから。おれみたいな無名な奴とさ。向こうはビックネームじゃない。すごいうれしくて、でもおれ、椎名さんの本一冊も読んだことなくてさ。会う前に一生懸命読んだら、意外に面白いなと思った。文章面白いし。それで銀座のすごくいい料亭で、椎名誠と本の雑誌社の目黒さん、文春の編集者と会ったのね。『ＧＯＮ！』創刊してすぐだから、一九九六か七年ぐらいだと思う。『いやー、比嘉さんこれめっちゃ面白いよー』ってすごい褒めてくれて、椎名さんが毎月楽しみで買ってるって言うからさ、こっちは恐縮。でもね、おかしいのはさ、椎名誠と対談するって決まってから一週間ぐらい間があって、うれしいんだけど、おれ素直にうれしいってみんなに言えなくて、『なんか知んねえけど、椎名ってわけのわかんねえ奴がおれに会いてえって言ってんだよ』って強がってさ。おれも馬鹿なんだよね、当日十分ぐらいわざと遅れて行ったの。要するにナメられちゃいけねえみたいなさ（笑）。ナメられちゃうもくそもないよ。うれしいんだけどさ、なんとなく十分ぐらい遅れて行って『すみません、申し訳ないっすね』なんて言って。でも会ったらすごくいい人でさ、おれ大ファンになっちゃったもん（笑）。おれが遅れて着いたとき、もうけっこう飲んでたらしくて、朴訥な人ってのがよくわかった。あとね、体がでかい。日焼けで色がまっ黒けっけ。それで、『GON！』をすごく熟読してくれてんのよ。もっとうれしかったのはさ、対談した話をあの人が連載してる文春の『風まかせ赤マント』ってページに書いてくれたの。先週、とんでもない雑誌の編集者と会ったみたいな。あの人はテレビ向きと思うな。テレビではあちこち冒険して馬乗ったりとかさ。焚き火やったり。喧嘩強そうだなとも思った。この人怒らせたらやばいなって」

話し終えると、比嘉健二は慣れ親しんだ新橋の雑踏に消えていった。

新橋ガード下に現れた金正男《キムジョンナム》

ＳＬ広場に面したＪＲ線ガード下の大規模工事はいまなおつづいている。
長い年月でいい味わいに変色した煉瓦のガードも、ところどころ工事のカバーで覆われている。

有楽町につながるガード下は、それでもなお居酒屋、焼き鳥屋、牡蠣小屋、洋酒バーといった気安く入れそうな店が本日も営業中だ。

新宿ゴールデン街と並び、ここガード下の店は昔から多くのサラリーマン、職人、文化人に愛されてきた。

そのなかには、先頃、マレーシアで謀殺《ぼうさつ》されたあの北朝鮮の金正日《キムジョンイル》の長男・金正男《キムジョンナム》もいた。

家族連れでディズニーランドに行ったところ、偽造パスポートが発覚し、税関に留め置かれた事件があった。護送車から降ろされて悠然と歩く金正男のシーンは、何度も放送された。

金正男はこのときだけでなく頻繁に来日し、赤坂の高級クラブに飲みに来たり、ここSL広場前のガード下のおでん屋、居酒屋に出没した。

金王朝の御曹子も、新橋ガード下のだれでも受け入れるあの雰囲気に惹かれたのだろう。

運命は残酷だ。

儒教国家でもある北朝鮮は、長男の権威が絶大であり、金正日の跡継ぎは金正男のはずだった。金正男が主席になったとしても、日本で不法入国が露見して空港で連行されるシーンが流れるたびに、主席の威厳は吹っ飛んでしまう。あの連行で、彼の運命は決まってしまった。

金正男の心を癒やしたであろう新橋ガード下は、大手術をほどこされながら、命を長らえている。

牛丼屋の元祖

「屋台はもっとたくさんあった気がするけど、いつの間にかなくなったなあ」

週刊実話元副編集長・角田昌弘がぽつりとつぶやいた。

私と同年齢、一九七九年（昭和五十四年）、発行元日本ジャーナル出版に入社し、山口組をはじめとしたヤクザ取材をおこなってきたこの道のベテランである。

角田昌弘に導かれ、夜の西口通りをそぞろ歩く。赤提灯がぶらさがり、あちこちから焼き鳥の匂いが流れて胃を刺激する。まるで闇市のまま時代が止まったかのようだ。

今夜もまた何千羽もニワトリが天に召されて食されていく。

私が新橋をよく知る店長に話を聞きたいと角田昌弘に依頼すると、新橋烏森口から西口通りを入って右手にある「なんどき屋」という古い居酒屋に案内された。

二十四時間営業、入口から奥に細長いカウンター、テーブル席、さほど広くもない店内はすでにほぼ満席状態だ。

カウンターになんとか二人分席を確保して、乾杯となる。

新人時代から角田昌弘がよく飲みに来た居酒屋である。もともと牛丼屋だったこともあって、コロッケ、目玉焼き、メンチカツといった定食屋メニューが豊富だ。

「昔、駅前に大きな吉野家があったでしょう。うちも牛飯やってきたんですよ」

カウンターの中にいる店主が揚げ物を揚げながら、店の歴史を語る。なんどき屋店主・服部逸郎は新橋西口通り共栄会の商店会長でもあり、新橋の赤提灯街をもっともよく知る人物だ。

「父は戦前中国の大連で製材、炭鉱会社を経営してました。戦争が無ければいまごろ大金持ちですよ。冗談抜きで、戦争で無一文ですから。敗戦でソ連の捕虜になってシベリア抑留されたんですよ。それでやっと舞鶴（京都府北部）に帰ってきて、家族と会うまで数年かかった。帰ったはいいけど家族を養っていけないから、いろんな仕事を転々としたんですよ。東京で声かけられて、飲食店やるようになったんです。食うや食わずの人が多い時代ですからね。独立して父が昭和四十六年にここで店開いたんです。うちも昔はガード下にあったんですよ。そのころぶっかけ丼というメニュー出すようになって牛飯の走りになった。吉野家さんは初代が築地の場内でやるようになった。チェーン展開はずっとあと。チェーン展開ならうちのほうが早い（笑）。でもチェーン展開してもロクなことにならないんですよ。システムが確立されてないから、従業員に盗まれたりしていたし」

服部逸郎は昭和三十四年生まれの五十七歳。母は九州出身だ。

終戦直後、人々は生きるのに必死だった。食糧を求め仕事を求め、人々は移動した。

「当時、十軒以上つくったんですよ。ここ新橋と有楽町、高円寺、新宿。ちっちゃいときお店に遊びに行った記憶があるんです」

五十代後半というのに、顔は艶々している。

仕事に精を出している男はたいてい顔艶がよい。

「お願いしまーす、肉豆腐、アジフライ」

若い女性店員の声。

私は升本スタンドについて消息を知っているか尋ねてみた。

「あれはお酒屋さん。いま、そこは七兵衛という店になっているんじゃないかな。升本スタンドが無くなったのはガード下の耐震補強工事で立ち退きになったから。ビール、焼酎を自動販売機で買って立ち飲みでね、おつまみもあったんですよ。新橋はサラリーマン相手のそういう店がいくつもあったんですよね」

さすがは地元で商売やってるだけあって、私が抱いていた升本スタンドの消息はあっという間に解明された。

「耐震補強工事は長いなあ。もう二十年近くやってるんじゃないですか。葵寿司はもう無いですね。升本スタンドは升本酒店っていうところがやっていた。虎ノ門にもあります。烏森神社の横に酒店があったんですよ。古い酒店。そこがスタンドをやっていたんです」

ガード下の耐震補強工事は数々の店の行く末に影響をおよぼしたのだった。

「いま橋脚工事やるからって立ち退いてもらって補強してるでしょ。辞めちゃう店もあるんですよ。そういうのって、コダマのばあさんが詳しい」と店主。

グラスを傾けながら角田昌弘も懐かしむ。

「ガード下には映画館も二館あったんですよ。新橋文化劇場っていう名画座と、新橋ロマン劇場っていうポルノ映画館。あとね、夢小路っていう新宿ゴールデン街のような飲み屋街が新橋にもあったんです。五十軒くらいあったかな」

「五十軒じゃきかない。もっとありましたよ。大井町の線路沿いの店、あんな感じ」と店主。

「ああ、そうそう。住友ビルの一角がすべてそうでしたね。飲み屋街がばーっとあって、うちの会社があっちだから、まずは夢小路で飲むかという（笑）」

「共同トイレで、店も狭いもんでしたよね」

「入社したころはよく飲まされました。八木橋（虎臣）編集長行きつけの店。カウンターにいるおばあさんが名物で。僕は小僧扱いでしたけど。もう夢小路知ってる人はあまりいなくなったなあ。二十年くらい前に無くなったんですよ。この辺もどんどん再開発されてるから。新橋でいいなと思ったのは、流しの三味線があったこと。飲んでると三味線が聞こえてきて、情緒があるなあと」

揚げ物が次々と注文され、店主が手際よく揚げていく。

店内は酔客の熱気と笑い声で充満している。これぞ、新橋赤提灯の夜だ。

「キャバレー王の福富太郎の店があったんですよ。ハリウッドって店。あそこが火事出したときがあった。昭和五十年くらいかな。鎮火した次の日、福富太郎が一升瓶持って『ご迷惑おかけしました』ってあいさつに来たっけ。昔は火事見舞いって必ず一升瓶だったんですよ」

六〇～七〇年代、キャバレー王として夜の世界に君臨した男の名がこんなところで顔を出すとは。ワイドショーのコメンテイター、古書蒐集家としても有名な男だった。そういえば政治家秘書をしていた愛らしい娘さんを何度か見かけたときがあった。

私が新橋の取材で苦労したりうまくいったりした話をしていると、角田昌弘がこんなことを語った。

「汐留に日本テレビができたし、汐留駅から出るゆりかもめがお台場のフジテレビ本社にも繫がってるから、新橋にはマスコミがものすごく増えたんです。新橋名物の街頭インタビューも、増えたのはここ十年ですね。昔は新橋でインタビューなんてほとんど無かったんだから。テレビ局から近いし、サラリーマンイコール新橋ということで取材しやすいんでしょう」

SL広場でのほろ酔いサラリーマンの街頭インタビューは、日本テレビが汐留に、フジテレビがお台場に移転したことで急増したのだった。広場はだだっ広くて見晴らしがよく、通行人の邪魔になりにくく、しかも駅前のため会社帰りに一杯引っ掛けてきた帰宅前のサラリーマンをつかまえるには好都合だ。新橋名物ほろ酔いサラリーマン街頭インタビューの謎が解けた。

「昔、SL広場のど真ん中に噴水があったんですよ。そこに座って待ち合わせしたりしてました」と角田昌弘が懐かしむ。

「ＳＬをこっち（広場）にもってきたのって、確か昭和四十七年だったかな。地元に何かシンボルを、ということで横浜─新橋間の鉄道百年記念のときの目玉としてＳＬが広場に置かれたんです」と店主。

私たちは喧噪の店をあとにすると、闇市の雰囲気を残していたであろう夢小路のいまを探ろうとした。

現在、夢小路跡は汐留につづくインテリジェントビルが建ち、闇市の影はどこにも見当たらなかった。

「ああ、すっかり変わっちゃったなあ」

二十代のころ何度もここで安酒を飲んだ角田昌弘は、感慨深げにたたずむのだった。

「コダマに行ってみますか」

角田昌弘の導きで私は風雪に耐えてえもいわれぬ色に変色したガード下を訪れた。

第一章に登場するパブ・コダマ探訪は、この後、おこなわれたのだった。

新聞社の黒塗りハイヤーが並んだ時代

「だいたい新橋で飲んだくれてたんですよ。あそこは社会部の集まる場所ですよ、各社。政治部は政治家と同じで赤坂の料亭、経済部は銀座で企業の偉い人におごってもらったりするけど、社会部の記者は新橋の赤提灯です。仕事はヘビーでした。あたしもね、女房にもよく言うんだけど、よう病気しねえでやってきたよなって。めちゃめちゃでしたもん」

中日新聞元記者・佐藤史朗と二年ぶりに再会した。

前著『上野アンダーグラウンド』で、上野界隈の事件取材について貴重な話を聞いたとき以来だ。

一九六七年（昭和四十二年）、社会部記者に憧れた佐藤青年は島根から夜行列車に乗って上京、上智大学文学部新聞学科に進学。卒業すると中日新聞社に入社。一九七八年（昭和五十三年）、系列の東京新聞社会部記者に配属され念願の事件記者となった。

一九四八年（昭和二十三年）生まれ、島根県出身。プロ野球担当時代には金田ロッテ、長嶋巨人、広岡ヤクルトを担当。社会部記者として、一億円拾得事件、ホテルニュージャパン火災、羽田沖日航機墜落事故、新宿バス放火事件、日航ジャンボ機墜落事故、首都圏連続幼女誘拐殺人事件などを取材。厚生労働省、国土交通省、警察庁を担当。さいたま、横浜支局長を歴任、編集局デスクを経て編集委員、現在は退職して文筆活動をおこない、作詞家としても活動している。著書に『記者魂 キミは社会部記者を見たか』（講談社）、『新橋二丁目七番地』（ソフトバンククリエイティブ）がある。

「僕らのころは社会部記者というと熱血漢が多かったです。なぜかっていうとね、我々が事件記者だったその前の代がNHKドラマ『事件記者』の影響があったんです。ドラマ『事件記者』で、記者たちは新橋の小料理屋『ひさご』に集まった。僕のいた東京新聞は内幸町《うちさいわいちょう》にあったんですけど、『事件記者』は東京新聞がいた記者クラブをモデルにしてできたらしいですね。それに一時期、NHKが新橋にありましたからね、いまの日比谷シティ。だからこの辺はけっこう活気があったんですよ。警視庁もあったし。昔は記者一人一台、社旗を付けた黒塗りのハイヤーを持ってたんですよ。夜回りに行く前にSL広場近くで飲んだくれたりするんですけど、だーっと夕方からハイヤーが並びましたからね。そこから記者は皆、一人ずつ夜回り用のハイヤーに乗って埼玉とか千葉とか遠くに行くんですけども。いまはもうほとんどないですね、経費がかさむから。だいたい車代で一ヶ月一千万ぐらいはかかりますから」

社旗を立てた黒塗りのハイヤーが新橋にずらりと並ぶ光景はさぞやドラマティックだったことだろう。

「新橋の思い出というと、烏森神社がありますね、その裏通りが芸者の置屋だったんです。烏森芸者がいたんですね。戦前の新橋というのは、軍人が遊ぶ場所だったんですね。新橋は馬が非常に多かったんです。軍人が芸者遊びしに馬で来るんですよ。新橋に対して銀座のほうの小舟町、あそこも料亭街でしょ。料亭街が新橋と小舟町、二つに分かれてた。小舟町は政治家の人たちや高級官僚たちが集まります。新橋の線路のガード下はキャバレーがずっとあったんですね。ネオンキラキラのね。いまはまるきりサラ金とカラオケのネオンばっかりですが、あのあたりにまだキャバレーがあちこちにあったんです。わたしもある弁護士に連れられてガード下の通りに行ってみたら、ずらーっとキャバレーがありましたね。みんな厚化粧したオババばっか（笑）。弁護士がそういうとこ行きましょうって言うんです。客は役人とか大学の先生が多かった。そういうとこで遊んでたんですね。ガード下の通りは別名『靴磨き通り』とも言ってました。ずらーっと靴磨きが百人くらい並んでた」

ガード下のキャバレー群も、いまでは「パブ・コダマ」程度しか見当たらず、百人いた靴磨きもＳＬ広場のおばあさんと大通りに一人、新橋全体でも数人ではないか。

「僕の仲間にはね、この辺のキャバレー行ってね、そこの女の子とそのままどっか行っちゃって、病気をうつされて苦しんだ奴もいましたよ（笑）。〝個室キャバレー〟ってのがけっこうあったんですよ。ばーっと低い壁があるわけですよ、仕切りが。個室風になってる」

個室キャバレーというのははじめて聞く風俗だ。

「ピンサロとは違うんですか？」と質問してみた。すると先達は証言する。

「ピンサロとは違いますね。でも酒飲んでるし、中は薄暗いですからけっこう自由にやってたんじゃないですかね。お話するだけの客もいたろうし」

「個室キャバレー、はじめて聞きましたよ」

「ああ、そうですか（笑）。個室キャバレーって言ってましたよ僕ら」

「そこで最後までいっちゃう場合も……」

「いたんでしょうね」

「ニュー新橋ビルは当時入られましたか？」

「ええ。ニュー新橋ビルのなかに将棋サロンがいまもありますね。囲碁と将棋がね。あれは当時のステータスっていうか、ハイカラさんがけっこう来てやってたんです。将棋の大内延介《のぶゆき》九段。僕、大内さんの物語を書いたことがあって聞いたんですけどね、昔は将棋士の高いレベルの人たち、ハイカラさんがニュー新橋ビルの将棋サロンでやってたそうです。土日になるとSL広場でもやってますもんね」

新聞記者を長年勤めてきたベテランはある隠された世界を暴露した。

「新橋のパチンコ屋にはだいたい公安の刑事いますからね。北朝鮮とか、右翼だとか、指名手配だとか、そういうのがね、新橋多いですよ。駅の改札口あるでしょ、あそこに一人とか二人がぶらっと立ってる、あれだいたい刑事ですよ。非常に多いですよ。指名手配犯も刑事も」

「佐藤さん、見たらあれ刑事だってわかりますか？」

「なんとなくわかります。ちょうど改札口あたりでずっとしゃべってる男二人組、あるいはアベック、だいたい刑事ですね。緊急手配がかかるとすごい多いですよ。山手線の中に犯人が逃げたりするとすごい。刑事は指名手配の顔写真は持ってますから、全部顔覚えてて指名手配犯を探してる。いまさっきも見てるんですよね、きょろきょろしてて。待ち合わせじゃなくて」

青春後期を新橋とともに過ごした佐藤史朗は懐かしそうに記憶の底を掘り起こす。

「サラリーマンで退職して田舎に帰った人たちでも、いまこっちにいる人たちでも、新橋の話するとみんな昔を懐かしがって思い出しますね。やっぱりそれはなにか、東京で働く場合にちょっと気を緩めるとあっという間に転落するし、がんばってもそこそこだろうし、なんかそういう男の夢と挫折がひっくるまったようなところがある気がしますね」

まさしく私がその一人だった。

二十四歳の秋、ノートとボールペンをショルダーバッグに入れて新橋をうろついていたのはたしかにこの私だった。

八十六歳の靴磨きばあちゃん

私と杉山茂勲、そして佐藤史朗は、喫茶店を出て目の前に広がるSL広場に立った。

ここで四十六年間、靴磨きをしている八十六歳のおばあさんから話を聞き出すためだ。

佐藤史朗は五年前に、このおばあさんの半生を描いた『新橋二丁目七番地』という本を出していて、その伝手で私たちは佐藤史朗から靴磨きのおばあさんを紹介してもらうことになったのだ。

汐留から吹く海風がSL広場を冷たく凍らせる。

私たちがこれから話しかけようとする靴磨きのおばあさんは、いまこのときも地べたに座り黙々と年配サラリーマンの革靴を磨いていた。今日午前中ここに来るときも、別のサラリーマンの靴を磨いていた。

そこそこ繁盛しているのだろうか。

靴磨きが終わって客がいなくなると、佐藤史朗がおばあさんに話しかけた。

久しぶりの再会におばあさんは笑顔になった。

冷たいコンクリートの大地に薄い座布団を敷き、頬被りをして、両腕に汚れ防止の黒い腕カバーをつけ、手袋をはめている。傍《かたわ》らにはキィウイの靴磨きクリームと布きれ。客の靴を乗せる黒く使い込まれた台が真ん中に置かれ、背後には新橋の写真が飾られている。高齢によるためか地面に座って丸くなった姿は、秘仏のようだ。ゆったりとした顔立ちは、白い帽子と日よけの手ぬぐいで半分以上隠れている。

「こちらで昭和四十六年からやってらっしゃるんですよね」と私が切り出した。

「そうです、四十六年ですね。四十六年五月ですから」

駅前のSL広場に面したニュー新橋ビルが完成したのがまさしくこの年だった。

ニュー新橋ビルが再開発のために取り壊される、という情報が流れているが、本名・中村幸子という靴磨きばあちゃんは本日も靴磨きに励んでいる。

「お元気ですよね」

「いやぁいやいや、とんでもない」

「中村さんが靴磨きやられてから、昔の新橋といまの新橋とどこが一番変わりましたか？」

「いやあ、いろいろ変わりましたね。けっこう変わりました。いまここ（目の前のガード下を指さして）工事してるもんだからね」

「昔はこの辺も芸者さんは歩いてました？」

「あ、芸者さんいましたよ。よく人力車で、芸者さんがずいぶん通ったんですよ。それで烏森神社でお参りして。あそこ商売の神様ですから。あたしも必ず烏森神社でお参りしてから働くんですけどね」

靴磨きばあちゃんの肉声は、私が予想したよりも柔らかく慎ましやかな声だった。毎日客の前に出て商売してきた人間は、男女の別なく地声が太く、声も大きいものだが、靴磨きばあちゃんの少女のような声は、ＳＬ広場の雑音にかき消されそうだ。

私は前から不思議に思っていたあることを、大ベテランの靴磨きばあちゃんに尋ねてみた。

「靴磨き屋さんて、なんでみなさんキィウイを使ってるんですか？」

一時期、靴磨きに凝ったことがあって、靴クリーム、ブラシ、布をいろいろ取りそろえた。参考のためにプロの靴磨き屋を見ると、ほとんどがキィウイ製品を使っていることに気づいた。

私の長年の疑問について、靴磨きばあちゃんは少女のような声で答えた。

「そうですね、ほとんどキィウイですね。キィウイはね、これねマレーシアでつくられてる墨なんですけどね。いま（値段が）高くて小さいの使ってるんですけど。キィウイっていうのはズボンに色が付かないんですね。他のメーカーの靴墨はズボンに付いちゃうんですよ。キィウイは靴によく刷り込まないとだめ。中に刷り込ませて磨くんです。他の靴墨は革《かわ》の中に入らないんですよ。それだけ違うんですね」

「ああ、そういうことだったんですか。あと靴墨を指でなするって佐藤（史朗）さんの本に書かれてましたね」

「靴に汚れがいっぱいあるとか傷がある場合、指でなすると埋まるんですよ。布だとね、そうはいかない。靴磨きというものは、お客さんの靴をきれいにするためにはわたしは汚れてもいいんです。汚れても洗えば落ちるけど、人間の心の汚れは落ちないって言うじゃないですか。わたしも子どもの時分からいろいろなことがあったからね。うちの父、警察官だったんですね。それでね、うちの母は宮大工の棟梁の娘だったんです」

無一文から始まった上京生活

一九三一年（昭和六年）、静岡県浜松市生まれ。本名・中村幸子。

十八歳で日本楽器製造（現・ヤマハ）に入社後、昭和二十五年、十九歳で上京した。

父がよく東京の話をしてくれた。

なかでも「東京は線路の下に家があるんだ」と言っていたことは印象的だった（おそらく新橋のガード下を言っていたのだろう）。

若い中村幸子の胸に東京への憧れが芽生えた。

東京で働こう。

夢を抱き、浜松駅から夜行列車に飛び乗った。持ち物は小さなトランク一個に現金一万数千円。

東京駅に到着した。

両親にも兄弟にも言わない単独行動だった。なんの身寄りもない十九歳の娘は、目の前に広がる東京の巨大な建物と人の多さに息を飲んだ。

そして大都会の恐ろしさを味わうことになる。

「東京駅に着いたら、ちょっとトイレ行きたくなって、人の良さそうな夫婦らしい中年の男女に荷物を預けたんですよ。『トイレ行きたいんでちょっとお願いします』って言ったら、『はいどうぞー』って言ってくれるんです。それでもどってきたら、あらいないの、だれも。周りの人も知らない、知らない、

靴磨きばあちゃん・中村幸子

知りませんって言うんです」

「プロの置き引きだったんですかね？」

「置き引きだったんですね。その中にお金入ってたんです。あのころの一万円、いまじゃ何十万でしょ……」

すぐ目の前の高架を走るＪＲ京浜東北線の走行音がものすごい音をたてて広場を震わせる。靴磨きばあちゃんの声が聞き取れない。

日本楽器製造で働いて得たお金も預金通帳もすべて盗られた。

両親に泣きつこうと思ったが、警察官の父の顔が浮かび、思いとどまった。

まだ焼け跡が残る東京で、中村幸子は他人が十円のコッペパンを美味しそうに食べる姿を見ながら、三日間で口にしたのは水だけだった。

上野駅で降りて働き口を探していると、おでん屋の四十代の経営者が「うちで働かないか」と声をかけてきた。

採用されて四十代の経営者とともに働いているうちに、いつしか男女の関係になった。経営者は在日韓国人で女房と子どもがいた。

経営者の子を身籠もった。

夜行列車に乗って浜松を発ってから一年半が経っていた。大きなお腹で実家に報告しに行った。覚悟はしていたが、父は怒り狂い、家にあげてくれなかった。

浅草の病院で男児を出産した。

おでん屋の経営者は妻子を残して家を飛び出し、中村幸子と暮らすようになった。経営者は次第に酒の量が増え、体が衰弱し、内縁の夫のまま四十歳になる前に亡くなった。

中村幸子は幼い子どもと共に、安宿が軒を連ねる山谷《さんや》近くの三畳一間の借家に暮らしながら、生きていく。やがてミルク代にも事欠くようになり、もっと安い家賃の家を借りた。荒川区南千住《みなみせんじゅ》の風呂なし三畳間、都内最安値の家賃だった。

乳飲み子を抱えて生きる母子家族に大家も同情し、家賃を七百円まけてくれた。

やっと仕事をみつけた。

昭和三十年前後は、女行商人が大きな籠を背負い、東京まで売りに来た。中村幸子も幼い長男を背負い、両手に売り物のパンツ、たわし、生地などを抱えて行商に出た。

子連れの行商は大変だったが、見かねた住人が買ってくれる、思わぬ威力を発揮した。

来る日も来る日も育児と行商で、さすがに頑丈な体も悲鳴を発した。

知人の紹介で浅草の靴職人と知り合い、幸子は結婚した。

行商は辞めて、地元の台東区役所の掃除係として働き出した。

やがて女児をさずかった。

やっとつかんだ幸せ、のはずだった。靴職人は酒癖が悪く、連れ子に暴力をふるった。幸子が離婚を切り出すと、夫はさらに荒れた。

ある日、夫は自宅に帰らなくなった。

離婚するにしても夫が書類にサインしなければ無理だ。

途方に暮れながら公園で幼い長女をあやしていると、酒に酔ったホームレス風の男が近づいてきた（ほんと、酒癖のわるい男に縁がある）。

酒に酔ったホームレスは、なおも逃げる母子を追いかけた。

公園の片隅で見かねた青年が止めに入った。足が不自由で杖をついていながら懸命に分けて入った。ホームレスは退散した。

幸子と青年は付き合いだした。青年は五歳のときに小児麻痺にかかり足が不自由になりながら、大学を出て経理の仕事をしてきた。

幸子は足立区の都営住宅に当たり、３ＤＫという夢のような住まいに親子三人で暮らすようになった。

優しくたくましい幸子に好意をいだいた足の不自由な青年は、正式に結婚を申し込んだ。

おでん屋の経営者も次に一緒になった靴職人も酒好きで暴れるような人間だったので、幸子はまた結婚することにためらいがあった。だが青年は幸運なことに甘党だった。行方知れずの幸子の前夫は、酒の飲み過ぎで死亡したと知らされた。

二十八歳になる幸子は再婚した。

新郎は糖尿病を患い、思うように仕事ができなくなった。夫の母親とともに暮らすようになった幸子は、体の弱い夫になりかわって外で働き出した。

夫とのあいだに子どもが三人できた。

夫と幸子、五人の子どもたち、それに夫の母、合わせて八人の大家族になった。

幸子はリヤカーに果物、野菜を乗せて毎日、売りに歩いた。商品の果物は百キロを超えた。

夏の日も冬の日も、リヤカーを引きながら売り歩く。

十年が過ぎると、幸子の華奢な腕はたくましくなり、手の指は男よりも太くなった。腰痛もひどくなり、体のあちこちがきしんだ。リヤカーを引っ張っているときは、暴力団から何度もどやされ、立ち止まると警察から移動するようにと警告を受けた。いつも仕事で家を空けていたので、末娘は幸子の義母をずっと母だと思いこんでいた。だから義母が亡くなったときには、お母さんが死んじゃった、と末娘は泣きじゃくるのだった。

十年におよぶリヤカー人生は確実に幸子の体をまいらせ、力仕事は困難になった。

夫の親戚から、新橋で靴磨きをやってはどうか、とすすめられた。時折リヤカーを押してくれる顔見知りの巡査からも靴磨きをすすめられた。

終戦後の昭和二十年代から高度経済成長期の四十年代にかけて、靴磨きは大いに賑わった。サラリーマンは革靴を履き、工員や職人でも旅行に行くときはスーツに革靴という時代だった。

地べたに座って四十六年

幸子は新橋駅前ＳＬ広場で靴磨きを開くことになった。

靴磨き通りと呼ばれるガード下前の道路には、靴磨きが百人も並んでいた。

だが、幸子がそう簡単に営業ができたわけではなかった。

「最初のころはね、靴磨きのみなさんがね、『わたしら夜七時までやるから、その後でやりなさいよ』って言われてね、しばらくは夜やったんですよ。でも夜はぜんぜんだめで、もう七時過ぎたらお客は来ないんですよ。仕事も終えて飲みに行ってるから。厳しかったですよ」

客が多い昼間に移るまで三年かかった。

夫は一九八二年（昭和五十七年）、肺癌のために五十八歳で亡くなった。夫の母は二〇〇四年、百二歳と五ヶ月で生涯を閉じた。

親族には靴磨きをやっている、と教えたことはなかった。れっきとしたサービス業なのに、靴磨きに対する偏見が世の中に残っていた。

靴磨きは終戦後、夫や家族を亡くした未亡人が、何かやれる仕事はないかと探した結果、すぐできる仕事として広まった経緯がある。警察と自治体も、未亡人の就職対策として道路使用許可を出していた。靴磨き同様に、生命保険のセールスレディもまた戦後未亡人の就職対策として、官民一体になって斡旋したとされる。

幸子はSL広場で四十年以上にわたって他人の靴を磨いてきたわけだが、勘違いした人間が、幸子にカネを貸してくれないか、とたかってきたり、靴磨きをさせた後、カネを払わず逃げ去ったりした。

身ぎれいにした慶大卒のインテリホームレスが、幸子から何回か五百円を貸してくれと迫り、幸子が貸した。あんまり何度もたかってくるので、見かねた幸子が「わたしだって貧乏なんだから、あなたも何でもいいから働きなさい」と忠告したところ、バカにされたと思ったのかホームレスはいきなり幸子の頭を殴り、逃げ去った。殴られた衝撃で後ろに倒れ込み、頭から血が流れ、気を失った。ホームレスはそれ以来、姿を見せなかった。

「なかには乱暴な人もいますよ。いまだって靴磨き代五百円、いい歳して五百円払うのが嫌だから、タダで磨いてくれって言ってくるの。喧嘩は嫌なの。あたしヤクザ嫌いだし。そういう方もいましたよ、いい歳してね。昨日もね、『五百円貸してくれ』っていうから貸したけどね、この辺でぷらぷらしてる。もうここはね、いろいろな方がいます」

地べたに座って磨きつづけて四十六年、靴磨きばあちゃんと呼ばれ、新橋名物になった。

旅館・ホテルの関係者が取りっぱぐれのないように客の経済事情を判断する際に、足元を見るといわれる。頭髪や服は気を配るが、靴にはそれほど気を配らないものだ。いい靴を履いていても、手入れが行き届かないと、いい経済状態にはないという。

　他人の足元だけ見つづけてきた靴磨きばあちゃんが見た人間模様とは――。

「事件起こしたような犯人もだいたいわかりますね。何かした人は余裕がない。何の仕事やってるかっていうのはだいたいわかります。サラリーマンは、品かね。どんな変な恰好してても品があるから。他にもこの人は社長さんだとか、仕事は息子に任せてるとか、なんとなくわかるんです」

　佐藤史朗が声をかける。

「今日はまた寒いでしょう」

　すると靴磨きばあちゃん。

「寒いのはもう慣れてる。暑いほうが大変なのね。昔はもっと寒かったですよね。いまみたいにビルがない時代でしょ。東京湾からの風が吹きっ さらしでくるからものすごく寒かった。それに比べたらいまは暖かいもんですよ。昔はしもやけ、あかぎれが切れたしね。いまはここにいても、しもやけ切れないですよ。いまは夏の暑さのほうが大変です」

　何事も流れというものがある。

「お客さんが来るときは急にどこどこどこと来るんだけど、来ないときはぱたっと来ない。一時間も二時間も来ないね。でも来はじめるとね、一人来るとまた次が来る」

「波ってのは予感できます？」

「（サラリーマンが）背広着てる時期はそんなに暇ではないんですよ（スーツを着る秋冬という意味か）。

夏は暇ですね。八、九月は暇なんです。やっぱりね、雨の後はいいですね、靴が汚れてるから。いまは地方は雪が降ってるでしょ、地方から来る方が新橋は多いから、仕事はありますね。昨日はね、新潟からとか名古屋からのお客さんが来て、磨きました」

「昔に比べると、いま革靴って皆さんあんまり履かないじゃないですか。ご商売に影響あるんじゃないですか？」

「けっこうね、あるけど。生活ができるほどはお客さんはあるから。なんとか一日一万円やそこらにはなるからね。でももうこの歳ですから、そんな大勢やってもあくる日仕事にならないですから」

昭和三十〜四十年代には新橋で靴磨きをやって豪邸を建てた、なんていう伝説もあったという。さすがにいまではそこまで稼げないが、なんとか食っていけるくらいの稼ぎはある。

私が新橋を足繁く通っているとき、靴磨きばあちゃんを見かけると、七十代以上の年配客が磨いてもらっている光景によく出くわした。

昔、会社員だったころ、ばあちゃんに靴を磨いてもらった青年が、定年後に同じばあちゃんに磨いてもらいたくてやって来るのだという。

理髪店も通い慣れた店に行くように、慣れ親しんだ相手にやってもらいながら世間話をするというのは、人間にとって癒やしになるのだろう。

「ご飯はほとんど食べてる暇がないのね。おにぎり食べたりするくらい。あんまり食べないんですよね。食べないと夕食がおいしいんですよね」

「お腹減らないですか？」

「減らないですよ。朝うんと食べて来るから。もう慣れてるから。あんまし食べないですよ。来るときこういうの（スナック菓子）売ってるからこんなの食べたり。お芋食べたりしてるの」

もうひとつ、靴磨きばあちゃんが興味深い話をしてくれた。

「いまは靴が大きくなっちゃったでしょ、昔と違って。だから手間がかかるからね」

「日本人の足が大きくなった？」

「そう、足が大きくなったの。だけどそれで手を抜くってことはできないしね」

靴磨きばあちゃんの証言では、ここ二十年ほどで急激に日本人男性の靴のサイズが大きくなったという。要するに身長がそれだけ伸びたということだろう。大きな靴になるとそれだけ靴磨きの作業が増えることになるし、靴墨の消費量も増える。

「でもこんな年で（お金を）余計に取ってもしょうがないから、あたしずっと五百円にしてるんです」

新橋二丁目七番地

靴磨きばあちゃん、人生最大の危機がやってきた。

早春の肌寒い午後、靴磨きをしていた。

すると冷たい大地に座るばあちゃんの体が前後に大きく揺れた。直後、激しく下から突き上げる揺れ。

一瞬、自分が脳溢血でもおこしたのでは、と思った。

新橋が、ＳＬ広場が、東京が激しく揺れている。

「すごい地震だよ！」

前後に揺さぶられながら客が叫んだ。普段は高架を走る京浜東北線、山手線の金属音やらドラッグストアの景気づけの声、街宣車の演説、といった生活音が入り乱れる広場に、このときばかりは大地がうねる不気味な音がつづいた。

地震はなかなか止まず、揺れは激しくなるばかりだった。

ＳＬ広場にはビルから脱出した人々が避難場所として駆け込み、その数三千人にも達した。

昭和二十年代後半、力道山のプロレス中継に集まった大群衆以来ではないか。

靴磨きばあちゃんも、長年仕事をしていてこれほどショックを受けたときはなかった。何しろ地面に直接座っていたのだから、もろに激しく揺れた。

帰宅困難に陥りながら、十年以上前に千円弱で買ったくたびれた運動靴で東京駅まで二時間かけて歩いた。東京駅でバスを待つこと二時間、殺気立つ乗客に混じり、やっとのことで足立区の自宅に到着したのは翌午前三時だった。

新橋のシンボルになった靴磨きばあちゃんは、テレビ、新聞、雑誌で取り上げられ、松島トモ子、徳光和夫といった著名人も話を聞きに来た。

「佐藤（史朗）先生にはすごくお世話になりっぱなしなんです。ほんとにいい方。ずっと（靴磨きの）許可証が取れなかったの。愛宕警察署行っても（許可証）くれなかったの。でもね、佐藤先生が本（『新橋二丁目七番地』）書いてくれたおかげで、警察署の方も、『おばさん長い（こと仕事してた）んだなー』って言ってくれて、みなさんが知るようになって、許可証が取れたんですよ」

『新橋二丁目七番地』という歌が誕生し、〝井の頭公園の歌姫〟の異名を持つ歌手のあさみちゆきが歌った。新橋二丁目七番地は、靴磨きばあちゃん中村幸子が四十六年間座るまさにその場所、ＳＬ広場の交番そばである。

新橋二丁目七番地

作詞・田久保真見／作曲・杉本眞人

うすい座布団　一枚で
地べたに座って　四十年
時が流れて　人が流れる
濁流うねる　この都会《まち》で
流されまいと　流されまいと
小石のように　うずくまる
靴を磨けば　こころも晴れる
今日も元気に　がんばって
雨の日も　風の日も
新橋二丁目　七番地

こんな私に　出来たのは
一生懸命　生きること
秋の夕暮れ　ひとつため息
赤チン色の　赤ちょうちん

一杯飲めば　一杯飲めば
人間なんて　立ち直る
靴の汚れは　心の汚れ
夢も磨けば　また光る
雨の日も　風の日も
新橋二丁目　七番地

明日はきっと　明日はきっと
いいことあるさ　大丈夫
つらい気持は　靴みりゃわかる
今日もあなたは　がんばった
雨の日も　風の日も
新橋二丁目　七番地

靴磨きばあちゃんの取材が終わって、私と杉山、佐藤史朗の三人がしばらくＳＬ広場で立ち話をしていた。

風が冷たい。

山手線が高架を走り、広場には撮影クルーが、一つ、二つ、三つ、道行くサラリーマンをつかまえてインタビューしている。

すべてを招き入れるここ新橋で、本日も人生が交錯する。

下着メーカーの女社長

いつかどこかで聴いた曲だ。

新橋を歩き回り一息入れようと、新橋に隣接する銀座八丁目のスナックにふらりと立ち寄ったら、カラオケを歌っている女がいた。

突き出た胸に栗色の長い髪がかぶさり、タイトなミニがよく似合う。二十代後半、大きく息を吸うたびに胸が上下する。

浜崎あゆみの『モノクローム』（懐かしい！）を歌い終えて、つづけて歌ったのががらりと曲調の異なる、歌謡曲どまんなか、といった歌で過去に聴いたような曲だった。

これはあさみちゆきが歌う『新橋二丁目七番地』ではないか。

歌が終わり席に着いた。

「あさみちゆきの『新橋二丁目七番地』でしょ？」

「えー!?　詳しい。音楽関係の方？」

「いえ。物書きやってるんですが」

長年この手の取材をやっていると、ごく稀にだがこんな偶然に出くわすときがある。

シンクロニシティ——意味のある偶然の一致。

新橋駅前ＳＬ広場で四十年以上、地べたに座って靴磨きをしてきたおばあさん、中村幸子の半生歌を銀座ホステス風の女が歌っていたのだ。

シンクロニシティは意味のある偶然の一致、というオカルト的な意味合いがあるが、これには理由があり、普段気にしていないことをあるときから意識しだすと急に目の前にそのことが増えた気がする。たとえば、最近赤ちゃんを出産した女房と一緒に夫が街を歩くと、やけに街中に赤ちゃん連れが増えた気がする。もちろん急に増えたわけではなく、赤ちゃんという存在を意識したために街中に赤ちゃんが増えた気がするのだ。人間にとって、意識しないものは存在しないものと同義語である。

私が佐藤史朗元記者と靴磨きばあちゃんを取材しても、あさみちゆきが歌った『新橋二丁目七番地』を聴いていなかったら、目の前で歌が流れても気がつかないまま終わっただろう。

シンクロニシティとは意識上に浮上した偶然、ともいえる。

「去年まで不動産会社で働いていて、上司に連れられて新橋の赤提灯にちょくちょく行ってたんですよ。六畳一間くらいで椅子が八席しかない。キッチンに四十歳手前のママがいて、カラオケもあるの。ママのお兄さんが同じビルの上でゲイバー開いている。行くといつも浜松から来たお坊さんがカラオケで『新橋二丁目七番地』を歌うんですよ。そうそう、靴磨きのおばあさんの歌でしょ。そのお坊さん、八十歳超えてるのにいつもお経あげてるから歌がうまい。ビブラートがすごい（笑）」

私は名刺を渡して、いま、新橋をテーマに取材していることを話した。

「えー。わたし、本大好き。毎月十冊以上読む」

神崎姫乃というこの女性、あたりに女のフェロモンをまき散らし、活字とは無縁の世界で生きているのかと思ったのだが、これは大いなる偏見だった。

大阪出身、国立大付属中高を経て法律を学ぼうと京都大学を受験をしたが願い叶わず、その代わり司法試験に圧倒的強みを発揮する名門・中央大学法学部に入学。卒業後は不動産会社に就職、優秀な営業成績をあげるが、事業欲が頭をもたげ独立。キャバクラに勤めて資金を貯めた後、念願だった会社を立ち上げた。

「わたしと女流カメラマンの二人でDalila《ダリラ》っていう下着メーカーつくったんです。〝魅せる下着〟というのがキャッチフレーズ」

神崎姫乃社長はアイフォンで自身が起ち上げた下着メーカーのサイトを披露した。

艶めかしい刺繍が盛られたブラジャーやショーツが画面からあふれてくる。

「男性用ボクサーパンツも販売してる。前の部分にデリヘルの売れっ子の写真プリントしたりして(笑)。まだ起ち上げたばかりで資金繰りが難しくて、いまは学ぶことだらけですよ」

女性経営者のメリットデメリットを尋ねてみた。

「こんな格好してるからナメられがち。だからちゃんとした株式会社にしたんです。資本金一千万円。お金かき集めた」

胸元の開いたシャツからは白い谷間がのぞいている。

資金繰りやら商売関係で、セクハラまがいのことは要求されないのだろうか。

「それは大丈夫。女性経営者はかえって商売相手も態度がきつくない、やわらかい。ドヘヘヘって迫ってくることはあまりない。たまにあるけど」

女社長は仕事の合間に、このスナックや近くの新橋の赤提灯に飲みに来るのだという。

「新橋は居酒屋や焼き鳥屋がたくさんあって、気楽に入れるからよく来るんですよ。お店、お金があるなしにかかわらず、こういうお店、嫌いな人いないでしょ」

その後、再び新橋で再会。

「有名だったのね？（笑）。本橋信宏って名前言ったら、『知ってる、有名じゃん』って、わたしのまわりの男も女も、本読んでたわよ。わたしも顔広いねって呆れられてた（笑）」

黒のワンピースのファスナーが三分の一下がって乳房上半分が見える。

十二センチの黒のハイヒールは元気がないと履けない高さだろう。

だが――。

「精神的にボロボロ。資金繰りはなんとかやってるけど残らないよ。食欲がなくて痩せたわ。わかる？四キロ減った。会社が軌道に乗るまでライブ配信に出て稼いでるの。〝おぴめたん〟って名前で毎日三時間やってるから疲れるんだあ。三十代にしてネットは無理だよお。毎回、わたしがカラダはって何かやるの。蒟蒻畑大食い対決とかビール一ケースをただひたすら飲み干して、ひとりでグデングデンになるというだけの企画とか」

巨乳女社長が体当たりでチャレンジするのだから視聴者からの評判もいいのだが、ファンは残酷でさらなる過激なチャレンジを要求する。そりゃ疲れるわ。

「ライブ配信のコメント欄にいちいち読んで返事しないといけないの。『おっぱい見せて』『これから抜くから』『イクイク』とか。でもわたしはエロ、うまく扱えるから大丈夫。本業？　売れ行きは相変わらずボクサーパンツがいい。他も少しずつ売れてきたよ」

そう言うと、神崎姫乃社長はグラスを傾けるのだった。

神崎姫乃社長

赤提灯街の名物店員

「三年前、新橋でアルバイトはじめました。もともと上野のガード下の大衆居酒屋でバイトしていたんですけど、ある日、自宅で化粧して電車に乗ってバイト先に行こうとしたら電話がかかってきて、『今日閉店だわ。いままでお疲れ様でした』って突然閉店してしまったんです。わたし、カップ酒と焼酎が好きなんですけど、そういう大衆店のバイトって若い子は一緒に働こうとしない。上野の次はどこだろう。やっぱり新橋しかないだろう。よーし、次は新橋攻めようと思って」

新橋駅からほど近い桜田公園そばにある「馬力」は、店名どおり馬肉が主役の屋台風飲み屋だ。

二十二歳の女優・兼田《かねた》玲菜《れな》は、稽古と舞台準備以外は「馬力」の店員として働き、「馬力」の玲菜といえば、新橋赤提灯街の威勢のいいイメージガールとして有名である。

「『馬力』の雰囲気がよかったんですよ。わたし好みの汚いお店で（笑）。三年間この店で働いてきたら一番長いバイトになりましたね。いろんなお客さん、店員さん、クビになった店員さん、新橋独特のお客さん、いろいろ見てきました」

新橋飲み屋街一の有名店員ということで、知り合いのライターに紹介してもらったのだった。

「任せてください。ベタに言いますよ、うちの店、意外なお客様が多いです。Ｔシャツ、半パンで昼飲みからはじめて、こんな昼から何飲んでんだよおじさん、と思ってたら某大企業の社長さんだったり。汚くて狭い店なんだけど、どんなに偉い人でも気を許す店だから大企業の社長がお客だったりするんです。酔って新商品名をぽろっと漏らすと、翌週ＣＭが出たりする。わたしは『何飲みますか』、（べらんめえ調で）『これおいしいっすよ』『これまずいっすよ』ってサービスするんですけど、帰りに名刺いただくんですよ。ええ、みなさん、名刺出したがる。だいたいみなさん社長さんです」

「会社内ではまわりがおべっか言うから、あなたみたいにはっきり言われると社長もコロッとなるんでしょう。明るくて正直。可愛がられるには必須条件です」

「『この前よりハゲてきましたぁ?』なんて普通に言っちゃう。一緒に付いて来た社員さん、社長のこといじれないからめっちゃ爆笑しちゃう。そのうち社長がひとり飲みするようになってくれて、うちの常連になるんですよ。社長が私服で飲みに来るんです。スエット、半ズボン、帽子かぶって。大企業のお客さん、多いです。日テレさんとフジテレビさん、IT企業のお客さん多いです。テレビの撮影隊がSL広場で取材したら、うちの店にも入ってくるんですよ。『最近景気どうですかー?』ってお客さんに聞くの。そういうとき、グラスに馬力って書いてあるから、カメラに写るように見せる。そうすると、他のテレビ局でも、ああ、あの店、取材OKなんだ、うちも行こうってなるんですねえ」

かくて「馬力」新橋店は、客を惹きつける兼田玲菜の存在抜きには語れなくなり、連日大賑わいになるのだった。

「新橋と上野、全然違います。新橋のお客様のほうが賢い。それなりの会社に勤めている方なんだろうな。上野は飲んだらみんな吐くんですよ（笑）。新橋は自分の体、ペースを知っているから吐かない。仕事の話したり、名刺交換したり、意外と常識ありつつ冗談も言う。しっかりしているお客さんが多いですね。うちは馬刺し、ナマのホルモン刺身。五種盛り、タン、ハツ、コブクロをごま油で五百九十円！　他所《よそ》だったら二千円近くいっちゃいますよ。書道好きなんでメニューわたしが書いてるんです。魚のイラストも描いてます。時給スタートは九百円、三年経って一千百円。安い?　言ってやってくだ

「馬力」の玲菜

さいよー」

三年もアルバイトしていると、兼田玲菜の客さばきは名人技になった。

「リピーターのお客さん大事にしたいから、一度来られたお客は、何が好きか覚えてますよ。このお客さん白ホッピー好きだな、とか。呑兵衛《のんべえ》にはちょうどいいんですよ。生ビール一杯で三杯飲める感覚。ホッピーは客単価が上がらないんですけど、こっちから声かけできるからいいんです。グラス半分まで焼酎たっぷり入れて、氷を目一杯入れて、『粗茶でございます』って出すと、お客さん、写メ撮って、『玲菜ちゃんがまたやらかしてくれた。殺す気かー』なんて喜んでくれる。わたし、濃い目につくるからお客さんにはお得なんです。店長にバレないように焼酎をだーっと入れてるから。おじさまたちはホッピーで割るのが好きですねえ。大衆居酒屋はホッピーが飲みたくなるんですよ。ビールに近いようで違う」

店内の椅子はビールケースだ。メニューを極力安くするために、設備投資は極力抑えている。

この店ならではの、客を惹きつける演出がある。

「相席にするんです。席を詰める。ビールケースに板を乗せて椅子にしてるから、女性客がびっくりするけど、慣れてくると楽しくなるんです。安いから女子大生、ＯＬもお客になる。それがまたおじさんたちを惹きつける。相席がだんだん拡散して、全席相席みたいになって、全員で乾杯！　男性と女性一緒になって盛り上がるようわたしが煽るんです。あとはお任せ。そうですね、相席商法、大衆居酒屋バージョンですね。異業種交流会みたいに勝手になって常連さんが『あの子、好みなんだけど』って言ってくると、『しょうがないなあ、その代わり飲めよ』って、わたしがなんとかするんですよ」

オヤジ心をつかむ客さばき

兼田玲菜は一九九四年、千葉県で生まれた。

母はおニャン子クラブが活躍したころの大手プロダクション所属の元アイドルだった。地元でイベントをやったとき、たまたま司会進行をしていたのが玲菜の父だった。

「お母さん、アイドル時代の名前教えてくれないんですよ。そのころの写真、無いって言ってるけど、ありますよねえ？　お母さんの昔の写真見たいんですけどね」

父は地元イベントのＭＣなどを務めてきた。

「お父さんから幼稚園入るころ、同じボケは三回まで、と教えられました。たとえばわたしが朝、新聞受けから新聞取ってきてお父さんに渡しても、ダメなんです。『普通に持ってきたらおれがノリツッコミできないだろう。新聞じゃなくて塩を持ってくるとかなんとかしなさい』って言われるんです（笑）。毎日の恒例行事でしたね。わたしは次の日の朝、新聞持ってきてと言われると、スーパーのチラシ渡したりするんです。そしたら父が受け取って、開いてみて、『似てるけど惜しい！』とかリアクションして（笑）。一発芸、持ちネタを持つことを教えられましたね。おれがおまえをこういじったらこう返しなさいとか。それから、いじっていいハゲといじっちゃいけないハゲ、いじっていいデブ、いじっていけないデブ、という見分け方の英才教育受けました。街を歩いていて、父が『玲菜、このデブはいじっていいか、いじっちゃいけないか？』って尋ねてくるんですよ。『いじっちゃいけない』とわたしが答えると、『その通りだよ』って（笑）。だからいまでも店で、いじっていいお客には、『おい、ハゲー』

って頭ペチペチ！」

居酒屋の気の置けない若い女性店員として、玲菜は抜群のコミュニケーションスキルを持っている。オヤジたちはたまらないだろう。

舞台女優が兼田玲菜の本業だ。

「パフォーマンスやってます。耳なし芳一《ほういち》」

〝耳無芳一系女子〟というキャッチで、書道家によって玲菜の顔から四肢《しし》に墨汁で文字を描いていく。まるで全身を墨汁したたる筆で愛撫するかのように。

墨汁と和紙の静のイメージから飛翔して、玲菜自体が黒くなっていく。

ステージでの殺陣も加わり、日本古来の芸が現代風にアレンジされる。

ドイツ、フランス、ベルギー、といったヨーロッパまで遠征すると、日本から来た二十二歳の女性を中心にした若いパフォーマンス集団の公演はどこも満員になった。

「『馬力』にはいろんなお客さんいますよ。夫婦で来てくれていつもホッピー頼むんですよ。奥さんがこの店の雰囲気好きなんですね。ある日、いきなり女が店に入ってきた。ダンナの愛人？　いや、違った。いつも仲良く来ていたのは奥さんじゃなくて愛人だったんです。乱入してきたほうがマジ妻だった！　ダンナがいつも新橋で飲み過ぎって勘づいてやってきたんですね。すったもんだがあって、もうお店に来なくなりました。愛人といたときのほうが雰囲気よかったんだけど。他には、いつも来てくれるＯＬさんがいるんですけど、毎回連れてくる男性が違うんですよ。『あれ？　この前の友だちは？』ってわたしが聞くと、『ううん、別れた』。次来たときまた違うから、『弟さん？』って聞いたら、『年下の彼』だって。すーごく面白いですよ」

アルコールが入ると喧嘩もはじまる。

「喧嘩ありますあります。修羅場になるから止めますよ。この前も作業着着た常連さんと大学生二人組と喧嘩がありました。大学生のほうから喧嘩売ってるんですよ。『お、おめえやんのか？　やんのか？　来いよ。おめえ。表出ろよ。来いよ来いよ来い来い来い』」

ヨーロッパでも喝采を浴びた女優だけのことはある。兼田玲菜が私の前で再現する光景はユーモラスかつリアルだ。

ちなみに作業員のやさしいワンパンチで大学生はぶっ倒れたとのこと。

「新橋の相席居酒屋では、お会計をサラリーマンに投げつける当たり屋系女子がいますからね、気をつけてください。『一緒に飲みましょう』とか言ってサラリーマンに払わせる。LINE《ライン》交換しない。もらった名刺、全部置いて帰る。しかもコースターに使って湿ってる（笑）。肉食系女子のなかには、はじめて赤提灯で会うサラリーマンでもLINE交換しますよ。ぐいぐいきますよ。話が盛り上がって全部出させるように仕向けるんです。会計どうするの？ってときに、女の子態度激変、男性が払うと思って支払わないでいつの間にか帰っちゃう。『え？　なんで？』って男性客がびっくり。新橋界隈でブラックリストに載ってる女いますよ。OLもいればギャル、キャバクラ嬢も。お店で話が盛り上がって、うえーい！ってなって、いざ帰るときにお会計なすりつけて消えちゃう」

辛いことだって何度もあった。

「泣いたこと？　ありますよお。お尻触られたり。まだ出勤前で着替えようとしてたら、お客さんが酔っぱらって備品を倒したんですよ。それを直してあげて、また着替えようとしたら、そのお客さんが『この店、どうなってんだよ！』って怒鳴るんです。まだ着替えてないから勤務時間外なのに。涙ぐんじゃった。なんで昼から飲んでる酔っぱらいに説教されてるんだろう。そした店長が、『泣いてるんじゃねえ！　お茶でも飲んで落ち着け』って言ってくれて」

店には様々な人々がやってくる。その多くは兼田玲菜の客さばきを味わいたくてやってくる。

「こんな店でも自信に満ちている。新橋っていうイメージが世間にあって、テレビでも新橋サラリーマンの街赤提灯って放送されるんですけど、うちの店が間違いなく〝ザ・新橋〟。新橋で飲んでるんだなオレ、って味わえるのがうちの店。きれいな店、高い店はたくさんあるけど、赤提灯、汚いカップ酒、日本酒百九十円、枝豆、焼き鳥、ホッピー、あほな話、全部まとめてザ・新橋がうちの店です。SNSにアップするときも、この店絶対新橋だろうなっていう汚いところをあえて載せるんですよ。だからわたしはディスニーじゃないけど、ひとりのキャスト。新橋で飲むイメージに合った接客をしたいんですよ。こんな汚い店で（急に上品な声で）『いらっしゃいませー、焼酎にいたしますかぁ。おしぼり失礼しますねー』じゃなくて、常連さんにはおしぼり投げつけて『はいはい！　ナマでいいね、面倒だから、OK！』。これが素だからやりやすいです。お祭り女ではちまきよいっしょー！　これ以上自分が飾らなくていいんだ。新橋を最高の観光地としてもこれから盛り上げますよ」

今日も「馬力」の出勤時間が迫る。

「仕事は辞めたいと思ったことは一度もないです。『馬力』もお芝居も」

第八章　消えた成人映画会社「東活」

新橋にあった幻の映画会社

かつて新橋に幻の成人映画会社があった。

その名は「東活《とうかつ》」。

一九七六年（昭和五十一年）に誕生し、バブル期の一九九〇年（平成二年）に消滅した幻の映画会社だった。

私が大学生だった七〇年代半ば、ときおり新宿歌舞伎町の映画館で成人映画三本立てというのを観に行くと、日活と大蔵映画、そして東活という組み合わせが多かった。

その東活本社が一九九〇年までここ新橋に存在していた。

成人映画とその制作・配給会社についての情報量は少なく、なかでも東活という成人映画会社についてはほとんど資料が存在せず、幻の映画会社と言われてきた。

成人映画というのは一九六〇年代、テレビに喰われて映画が斜陽になりかけ観客数が減りだしたとき、映画館に観客を呼び戻そうと低予算、短期で制作できてしかも集客が見込める、主に女優の裸が登場するストーリー物映画の総称を指す。

制作・配給は、大手五社とは異なる、マイナーな会社が主であった。

成人映画という名称の他に、「お色気映画」「ピンク映画」とも呼ばれた。新聞記者時代の村井実（後の映画評論家）が成人映画の撮影現場を取材した際、「おピンク映画」と記事に書き、そこからピンク映画と呼ばれたとされる。ピンクイコール婦女子の好むカラー、という連想から女をイメージしたとも考えられる。

七〇年代に入ると映画産業はますます斜陽になり、一九七一年、大映が倒産する。東映、日活といったメジャー会社は低予算で集客が見込める成人映画に手を出しはじめた。

東映は「東映ポルノ」と称して岡田茂プロデューサーみずから提唱したお色気路線をとり、池玲子、杉本美樹といった若手が女番長、温泉芸者シリーズに登場、人気を博した。

日活は「にっかつロマンポルノ」と呼称し、『団地妻 昼下がりの情事』主演の白川和子、田中真理、宮下順子、片桐夕子、美保純といった人気女優が出演、大学生をはじめ若者から圧倒的な支持を集めた。

狭義の意味での「成人映画」とは、成人映画専門の制作・配給会社による作品であり、先の大蔵映画、東活の他に、新東宝、若松孝二監督の若松プロ、センチュリー映画、葵映画、六邦映画、日映、日本シネマ、ミリオンフィルム、東京企画、ヒロキ映画、協立映画といった小規模の映画会社が存在していた。

にっかつロマンポルノは助演男優も一般映画に出演している著名人であったり、女優も知名度があったのに比べ、成人映画会社の作品は出演者もほとんどが成人映画専門の役者で、マイナー感があった。

初期の成人映画では、パートカラーといって、低予算のためにからみのシーンだけカラーとなった。だが不思議なもので、メジャーなにっかつロマンポルノに比べて、チープ感がかえってエロ度を増し、熱心なファンが付いたものだった。

エロは文学的味わいを付加させると、かえってエロ度が薄まったりする。

東映か日活のまがいもんかというようなネーミングの東活の特徴はというと、アップの多様、指責めにこだわる粘着質の演出にあった。

女体をまさぐる男の指。秘所を責める男の指。指指指指指指指指指指……。監督の嗜好なのか、東活といえば指責めなのであった。

東活の濡れ場はどんな成人映画よりもねっとりとリアルで、かつ劣情をそそる独特の雰囲気があり、東活の作品が終了すると、トイレの個室がいつもふさがっていたという。

日活、大蔵映画、新東宝といったポルノ映画がしばしば特集されたり、回顧されたりするのに対し、成人映画の覇者・東活はなぜか資料も乏しく、忘れ去られた存在であった。

東活がここ新橋にあったとわかったとき、私はこの謎の成人映画会社を掘り起こそうと決めた。

だが、東活はなかなかその姿を現さなかった。

途方に暮れかかったとき、私はある男の存在を思い出した。

私が勝手に〝持ってる男〟と呼んでいるあの男を。

持ってる男、再び

あの男が新橋駅前ＳＬ広場にやってきた。

「いやあ、ほんと久しぶりですなあ」

なんの悩みもないような明るい大声を発して男はやってきた。

山科薫《やましなかおる》。

一九五七年（昭和三十二年）生まれ、私より一歳若い同世代の男だ。

職業・官能作家、映画俳優、AV男優、ポルノ男優。

山科薫の半生はユニークだ。

俊足強肩の山科は、中学二年のときには百メートル十一秒八の記録を達成し東京都代表でインターハイに出場したほどだった。

名門・早稲田実業高校に進学すると、野球部に入部。ゆくゆくは大好きな中日ドラゴンズにスカウトされることを夢見ていた。ところが疲労から腎臓病になり、運動を禁じられ、野球をあきらめざるをえなくなった。

十六歳の早すぎる挫折だった。

生活は荒れた。

一浪後、武蔵大学経済学部に合格。目的を見失っていた山科青年を救ったのは演劇だった。児童劇上演のために小学校をまわったり、得意の合気道を活かし、仮面ライダーのコスチュームをかぶり、デパートの屋上ショーで飛び跳ねた。

中日ドラゴンズはあきらめたが、役者の道が開けてきた。

劇団のレッスンは厳しかった。血反吐を吐きながらの発声練習、ジャズのインプロビゼーションのように即興劇、基礎体力の鍛錬。

稽古の後で仲間たちと酒を酌み交わし、役者の夢を語り、励まし合った。

「舞台の上で死ねたら本望だよな、山科！」

劇団のリーダーが背中をたたく。

だが芝居で飯が食える確率など、一パーセント以下だった。

山科青年は卒業するとコンピューター会社に就職、サラリーマンになった。

ある日、飲み会があった。劇団の仲間たちはサラリーマンや公務員になっていた。

「そういえば、あいつだけ芝居つづけてるけど、おしまいだよな。あんなことしてんじゃ」

市役所に勤務する元劇団リーダーは、Yという男がロマンポルノに出演していると言った。

山科は尋ねた。

「ポルノって台本があるんだろ？」

「ああ」

「だったらりっぱな演劇じゃないか」

「でもなあ」

「舞台の上で死ねたら本望って言ってたの、だれだよ？　舞台の上で死ぬのはよくても脱ぐのはダメなのかよ。おれ、やるよ。やってみるよ」

山科薫はポルノ映画に出演した。初出演作は、大蔵映画『縄で悶絶』だった。

美青年ぶりに加え、滑舌もよく、大仰な演技も成人映画には打ってつけで、出演が相次いだ。ゲイ映画からの誘いもきた。

たとえどんな役でも芝居ができるのなら出演した。

ゲイ映画『巨根伝説　美しき謎』にお小姓《こしょう》役で出演した。主演男優は北野武監督作品でブレイクする前の大杉漣《れん》で、山科薫とのからみがあった。

山科は大杉に抱かれ、接吻される。山科はこたえ、大杉漣の舌を吸った。すると大杉もこたえ舌をからめてくる。役者魂がぶつかりあった。

山科薫は数々のゲイ映画に出演。なかでも上野の映画館がその趣味の男たちで連日埋め尽くされたゲイ映画『乱菊伝説』は、毎年正月になると特別上映されるほどの名作となった。山科は革ジャンの不良刑事役で、男たちを可愛がった。

山科薫が上野の映画館で舞台挨拶すると、館内を埋め尽くした男たちから胴間声が飛び交った。

「薫ちゃーん!」

「カオカオカオカオカオちゃーん!」

「しゃぶらせてー!」

「お尻貸すわよー!」

掘ってよし、掘られてよし、山科薫は成人映画だけではなくゲイ映画のスターでもあった。

都庁の職員だった山科の父は、息子のポルノ男優熱を冷まさせるために、ある人物に相談しようとした。

「明日、神楽坂に行って、田中の叔父さんと話し合ってこい」

山科薫の父の実妹は、あの目白の闇将軍、政界を牛耳る戦後最大の権力者、田中角栄元総理大臣の愛人・辻和子《つじかずこ》その人であり、闇将軍は辻和子との間にもうけた二人の男子にそれぞれ田中姓を名乗らせていた。田中角栄研究の際に必ず登場する幻の愛人として数多のジャーナリストたちが辻和子の存在を追っていたが、だれもその正体を突き止めることはできなかった。

辻和子が暮らす神楽坂の角栄別邸。

「なんだ。山科の坊主」

「叔父さん。おれ、実は……役者をやってるけど、ポルノ映画とかビデオに出てるんです。親父は反対してるんだけど、おれはどんな役でもやっていきたいんです」

闇将軍は、扇子をあおぎながら、宙を見つめた。元総理大臣は、甥がポルノ映画に出演しているのはすでに山科の父から聞いて知っていた。

元総理はだみ声で切り出した。

「大学出っていうのは、理屈ばかり言って社会に出ても役に立たんこともある。それよりもだ。若いうちから手に職をつけるってのは、大賛成だ。まっそのー、ヤクザでもオカマでも何でもいいから、やるからには一番になれ！　よっしゃよっしゃ」

闇将軍は、肩書きや職業で人を差別する人物ではなかった。

いまでもくじけそうになったとき、山科薫は闇将軍の言葉を思い出す。

一九七八年（昭和五十三年）六月。

武蔵大生の山科が、池袋の大衆キャバレー「ハリウッド」のケイちゃんというホステスと付き合っていたときのことだ。

勤務が終わったケイちゃんと酒でも飲むことになり、居酒屋に駆けつけると数名の同僚が同席していた。

後から背丈のすらりとした彫りの深い美人ホステスがやってきた。彼女の源氏名は「ちとせ」。

「美容師になろうとしてたの」

彼女はもう一度、美容師を目指すとも言っていた。山科青年はちとせに一目惚れした。

それから数日後。

ちとせは姿を消した。

大韓航空機爆破事件の女スパイ・金賢姫《キムヒョンヒ》の、日本人化教育係・李恩恵《リウネ》として似顔絵が公開され、断片的なプロフィールをメディアが報道した。

埼玉県出身、豊島区在住。池袋のキャバレーでホステスとして働いていた。大柄で彫りが深い美形。美容師を目指していた。

週刊誌の特集記事を読んだ山科薫は、七八年夏のあのときの女性を思い出した。

ちとせだ！

李恩恵と田口八重子という日本人女性が同一人物だという報道が流れたが、まだ北朝鮮が拉致事件を公《おおやけ》に認める前であり、半信半疑という空気が色濃かった。だが山科本人は何度も「おれは李恩恵を知ってるんだよ」と証言していた。

山科薫の数奇な体験を前著『上野アンダーグラウンド』で書いたところ、たまたま拙著を読んだある人物から連絡が入った。

特定失踪者問題調査会・荒木和博代表その人だった。

〈はじめまして。『上野アンダーグラウンド』を読みました。私も同じ昭和31年生まれで、時代の雰囲気を非常に感じ取ることができたのと、還暦を迎えても世の中のことを何も知らないのだなと思わされました。

本書の本題からは外れますが、私自身は北朝鮮による拉致被害者の救出運動に関わっており、山科薫さんと田口八重子さんの話は大変興味を持って読みました。お兄さんで家族会代表の飯塚繁雄さんにもその部分のコピーをお送りしておきました。〉

北朝鮮拉致事件の解決に奔走している当事者の荒木和博代表が、山科薫の回想に関心を示したというのだ。

山科薫、本当に持ってる男だ。

そしてこの男、今回のテーマである幻の成人映画会社「東活」について、深く関わってきた当事者でもあったのだ。

いったいどこまで持ってる男なんだ。

東活で一番の売れっ子男優

「駅前SL広場は撮影前の集合場所だったりロケ現場に使われたんですよ。いやあ、懐かしいなあ、何年ぶりだろう。私がよく東活に出ていたのはバブルのころだから、一九八八年から九〇年にかけてですか」

山科薫が寒空のSL広場を見上げた。

「そうそう、外撮りでね、ニュー新橋ビルあたりからロングで駅前広場をよく撮ったもんです。だいたい女といいざこざを起こして痴話喧嘩してるシーンとかですよ。オフィスからの帰り道、同僚のOLと口喧嘩で『最近冷たいじゃないか』なんて（笑）。隠し撮りっぽく撮ってるから、通行人は私たちが本気で痴話喧嘩してると思ってるんです」

朝八時、ここ新橋駅前ＳＬ広場が東活撮影隊の集合場所であり、他の映画撮影隊は新宿駅西口の安田生命ビル前に決まっていた。

フィルム代が高いため撮り直しができず、ＮＧは出せないからフィルム撮りの映画というのはとても緊張する。山科薫は東活によって育てられたといっても過言ではなかった。

「新橋のこのあたり、全体にきれいになったなあ。昔は蒸気機関車はもっと錆びていて、汽車の前は寂しく感じたもんです。そういえばこの広場には昔、池があったな。バブル期なのに新橋はいまより寂れているイメージでしたね。オフィスのシーンは、東活の本社で撮ったりしてね。撮影が終わると『羅生門』ってガード下の焼き鳥屋とか、『おかだ』っていう赤提灯で一杯やったもんです」

突然、広場に大音響がした。ＳＬが午後三時を報せる汽笛を発したのだった。何も知らないＯＬ三人が、驚いて三センチほど背伸びした。

私は山科薫のセンチメンタルな旅に付き合うことになった。

二十七年ぶりに東活のあった場所を訪れようというのだ。

ここＳＬ広場から少し歩いたところに東活本社があったと山科は記憶していた。

西新橋の広い通りに出た。車の往来が激しい。

「この通り沿いだったのは間違いない」

日比谷通りに出た山科薫は、記憶をさらに掘り起こそうとしている。

「ああ、ここかな？　このビルか、東洋海事ビルの隣だったかな。うーん、無くなってるなあ。東活の八木脩《おさむ》社長、昭和が終わったちょっと後、九〇年暮れに死んで東活も終わってるんですよ。急死。あ、ここか？　ビル自体が建て直してるなあ。この通りは憶えてるんだけど」

バブル真っ盛りの一九八八年から九〇年にかけて山科薫は、東活で一番の売れっ子男優で、毎週のようにここ新橋に通っていた。

「私が東活にはじめて出演したのは、一九八四年の『色の飼育』、門口友也監督作品です。役は中途半端な不良役（笑）。四月に撮影して公開はたしか六月でした。男が主人公で、女にフラれたショックで次々と女をひっかけるんだけど、美人局《つつもたせ》に引っかかってさんざんな目に遭って、また元の女のところにもどるという。その男が私（笑）。相手役は松原レイ。東活が所有する府中と白山のスタジオで撮影した記憶があります。門口監督は変名、六十近い歳で、ピンク（映画）専門でした。その次に出たのが、『だまされたギャルたち』っていう、刑務所から出所した若者二人の物語なんですよ。スリの名人と兄貴分。私は兄貴分役。財布すってそれをネタにゆするんだけどまた刑務所に逆もどり。ちょっとぬけた二人、ショーケンと水谷豊の『傷だらけの天使』を真似たような。スリの名人役は徳井優、ほら、引越しのサカイで有名になったあのちょび髭の役者。このときは別名、立原繁という芸名で出てましたね。その後『Shall we ダンス？』で人気が決定的になりました」

山科薫の記憶力は驚異的である。すべての私的体験を何かのイベント、事件、行事に関連づけて事細かに記憶しているのだ。李恩恵と田口八重子を重ね合わせて思い出すことができたのも、彼の記憶力のなせる技であろう

「撮影の最終日、終電で美空ひばりの訃報を知った記憶がありますから、あれは一九八九年六月下旬ですね」

共演したピンク映画女優たちも彼の脳裏に刻まれている。

「南野千夏はファッションモデルもしていただけあってミスコン荒し、スタイル抜群でした。新東宝とテレビの土曜ワイドで共演した中原美樹は肉感的でよかった。中原美樹は後にマネージャーに転身しました。野村義男の奥さんになる野坂なつみとか、テレビ共演で古谷一行と知り合って一晩だけ男女の関係になったことを記者会見で暴露した浅井理恵なんかをマネーシメントするんですよ。あの記者会見も中原美樹の後押しがあったと言われてますね。中原美樹とピンク映画に一緒に出たとき、NGばかり出して監督から怒られたんで、休憩時間に挽回しようとキスシーンふたりで練習したんですよ。そしたらふたり気心が知れてうまくなるじゃないですか。いざ本番となったら、さっきよりずっとうまくなりすぎて監督から『シーンがつながらないだろ!』って怒られましたよ(笑)。中原美樹とは一緒に仕事していたので、青春の思い出だなあ」

東活にはいくつもの伝説があった。

そのひとつが、アップの多様であった。女優のアップは撮るけれど、男優の顔をアップで撮らない、と言われてきた。観客は女優のあえぎ顔を見たいのであって、男の顔なんかアップで撮る必要はない、という徹底したエロ映画哲学から来ている。

映画評論家・ルポライターの鈴木義昭はいまから四十年ほど前、東京駅近くにあった八重洲スター座、八重洲シネマで東活のもぎり(受付)をやっていた。当時をこう振り返る。

「東活は毎月三本上映されるんですが、たしかにアップが多かった。もぎりの横にモニターがあって、ずっと女のあえぎ声が漏れてくるんで、つい見ちゃうんです。東活は抜ける映画をめざして生き残りをかけていた。だから映画のセオリーとは異なるむしろAVに近い撮り方をしてました。ドアップが多いんです。それから東活は台湾の映画会社と交流があったせいか、台湾出身の女優が何人かいましたね」

東活作品に四十本近く出演した山科薫が証言する。

「たしかに創業した昭和五十一年当時はアップが多かったし、男優のアップは撮らなかった。でも、私が出はじめた後半では男優もきっちりシーンをとってましたよ。演技指導は厳しかったですよ。最初に聞いていた東活のイメージと違って、ストーリーも凝っていたし、もしかしたら日活よりも凝っていたかもしれない。八木脩社長がプロデューサーで専属監督が三人、それぞれ月一本撮るんだけど、八木脩社長には、日活に負けない映画人としての自負があったんですよ。エロをやりながらしっかり映画らしい映画を撮るんだって」

東活の社長・八木脩という怪人

もうひとつの東活伝説。

東活は指責めにこだわるという伝説があった。

「東活で撮っていた小林悟監督は巨匠で、日本初のピンク映画を撮った人と言われて、指責めが特徴でもあったんだけど、他の監督たちもみんな指責めを役者にさせたんですよ。社長の八木プロデューサーがこだわったんですね。小林悟監督は東活の初期にいました。早稲田大学文学部を出て、新東宝での監督デビュー作『狂った欲望』では、菅原文太を主演で撮った。新東宝が倒産してから大蔵映画に移って、しばらくして休業状態だったんですが、七〇年代になって東活で撮りだした人です。ゲイ映画も撮ったりして、とにかく量産監督でした。あれほど撮った監督もいないんじゃないかな。東活の後期には専属監督として新田栄監督、渡辺明夫監督、藤原康輔監督がいました。三人が毎月撮るから月三本、年間三十六本。作品の長さは全部六十分です。役者仲間の間で東活の位置というのは、最初に聞いていたときは低く見られていたけど、そうじゃなかった。どんどん役者の質が上がっていった。特徴はカット割りが細かい。濡れ場でも細かい。上からの指示なんですね。指動かしただけでワンカット。凝るんですよ。演じてるほうからしたら面倒臭いんだけど」

ところで、その東活の社長であるが、いったいどんな人物だったのか。

山科薫が懐かしそうに語る。

「東活の八木脩社長は戦前から映画記者をやっていて、スキャンダルを握るとそれをネタに映画会社に乗り込み、自分にいいようにさせる人らしかった。もともと映画に対する情熱があった人で、戦後は業界紙記者から総会屋までやったんですね」

八木脩は松竹のプロデューサーも務め、数本の映画をプロデュースしている。

なかでも有名なのが、若いころのいしだあゆみ、田村正和が高校生役で出演する『われら劣等生』（監督・佐藤雄三／一九六五年）であろう。青春映画の代名詞ともなったこの映画をはじめ、八木脩は大映でも青春物を二本制作している。

スキャンダルを元手に映画会社に介入する強面の顔を持ちながら、映画に対する情熱は終生持ちつづけた。

一九六〇年代、日本映画は観客数の減少に見舞われる。

六〇年代の松竹はこれといった大ヒットに恵まれなかった。『宇宙大怪獣ギララ』も前評判のわりには動員数もさっぱりだった。ＧＳのジャガーズが主演した『進め！ジャガーズ 敵前上陸』も、後の再評価は高かったが、東宝のタイガース主演映画に比べたら散々だった。

松竹も大映の二の舞になるのか。苦しい時代がつづいた。

すると神風が吹いた。

渥美清主演『男はつらいよ』が大ヒットして、二作目三作目を上映するたびに観客が増え、正月とお盆休みに上映すると毎年大入りとなり、寅さん映画は松竹のドル箱になった。

だが問題が生じた。寅さん映画は年に二回、お盆と正月のみだ。その間、松竹作品を上映する映画館を継続させていかなければならない。

山科薫が語る。

「寅さん映画を軌道に乗せるまでは、なんとか踏ん張って常時客が入る松竹の映画館を維持しないといけない。どうしたらいいか。低予算で客が入る映画を上映して盆と正月の間を乗り越えればいい。その役目を担ったのが東活の成人映画だったんです。寅さん映画を影から支えたのは成人映画、それが八木脩社長がつくった東活だったんです」

山科薫が東活の誕生裏話を語り、私が質問する。

「すると、世間体もあるから、松竹は東活との関係を明確にしなかった?」

「というよりも八木さんは功労者だけど胡散臭かった。戦前から映画記者やってスキャンダル握ると映画会社に乗り込んだり、戦後は総会屋になってみたり。松竹が傾くと総会屋が勢いで来るのを粉砕する功労者にもなったり。まあ裏の世界を知り尽くした人ですよ。そういう人物だったんで、松竹も表立って東活と関係があることを出そうとしなかったんでしょう。八木さんは東活を昭和五十一年に誕生させてから丸十四年間、成人映画一筋できたわけです。東活の社名の由来は、当時、ポルノ映画の二本立てが流行っていて、それが東映と日活だったので、対抗して東活と名付けたっていうのが映画関係者の間では定説になってます。東活と台湾映画との関係は、八木社長が戦前、台湾の会社と製作していたこともあってコネクションがあったんですよ。その関係で台湾出身の女優が何人かいたんです。私がからんだ相手には、章文栄《しょうふみえ》という台湾出身の女優さんがいて、たしかミリオンフィルムで共演したことがありました。とてもいい感じの女優でしたよ」

東活の試写会は松竹でおこなわれた。

「なんで八木社長が新橋に東活本社を置いたかというと、もともと総会屋だったけど、まっとうな映画会社なんだということで、まともなサラリーマンがいる街、堅気の象徴の街・新橋を選んだんだと思いますよ。ここなら築地の松竹本社にも近いし、夜の接待に欠かせない銀座にも近い。超ワンマン社長だったから、八木社長の鶴の一声ですべて決まったんです。だから堂々と松竹で試写会もやったんでしょう。好き嫌いの激しい社長だったけど、けっこう私、気に入られてたんですよ」

徳間康快、朝堂院大覚、そして八木脩。

新橋はフィクサーたちを惹きつける魔力を持っていた。

山科薫のギャラは一日二万円。三日撮りの場合は六万円になった。当時、勃興しだしたAVは一日のギャラが三万円、途中から山科は五万円になった。

「バブル時代は私にとってもバブルでした。AVもよく出るようになったので、八木社長から、『おまえはAVに魂売ったのか』って冷やかされたものです。八木さんにすれば最初は資金稼ぎという割り切りで映画づくりしたのでしょう。どんなにえげつなくても、まずはつなぎとしてのカネが必要ですから。にっかつロマンポルノとの差別化を徹底させるため、徹底してエロのみを追求したんでしょう。八木さんは映画への愛情や情熱は半端じゃなかった。軌道に乗ったら、単なるエロだけではなく映画としてのクオリティも追求したんですよ。試写会が終わってたまたま二人きりになったとき、八木さんが寄ってきて、『おまえもいい役者になったなあ』と言ってくれたときはうれしかったですよ。それから一週間後、八木さんは突然亡くなってしまいました。

八木さんは出発点がどうあれ、最終的な人生目標は映画プロデューサーだったんです。そして、自分の映画会社ができて手持ちの映画館もできて、自由に作品づくりができるようになった。一九九〇年暮れ、八木さんの死と共に東活は幕を閉じました。東活作品に四十本近く出演したことは私にとって幸運な日々でした。本橋さんが東活と八木さんの話を活字にして残してくれるというから、私もぜひ語り継ぎたくて。東活と八木脩という人物を」

超えてはならない一線

愛染恭子という日本を代表する著名ポルノ女優がいる。一九八一年（昭和五十六年）、映画『白日夢』で俳優・佐藤慶との真性本番が話題を呼び、以後ポルノの女王と呼ばれる。

その愛染恭子が処女膜を再生してもう一度喪失体験をするという異色企画に、相手役として出演したのが他ならぬ山科薫だった。

監督はＡＶ界のカリスマ・代々木忠《ただし》。

代々木忠といえば、催眠術、チャネリング、シナリオの無いドキュメントタッチの撮影方法、女側から男を攻めて失神状態に導くなど、常に実験作に挑戦する監督で、ＡＶ黎明期には『ザ・オナニー』というシリーズを制作。女子大生、人妻、ＯＬといった素人女性が自慰をする過程をビデオで一部始終撮りきる、という当時としては画期的な内容だった。

ビデオデッキが普及しだした八〇年代前半、ＶＨＳ・β《ベータ》戦争でＶＨＳ側が勝利したのも、販促用に『ザ・オナニー』を付けたのが決め手だったというのはすでに定説となっている。

代々木忠も成人映画の監督・プロデューサーであり、日活の下請会社ワタナベプロダクションを創業した。

福岡県小倉出身。

幼いころ実母を病で亡くし、成長すると極道の道へ。

「あんたんとこ、何人埋めたね？」

敵対していた組幹部からそう問われたほど、代々木青年の属していた組は過激だった（代々木青年は殺して埋めたことはないが）。

左小指欠損はそのころの証だ。

組を抜け、様々な職業を経て、成人映画の助監督になる。

監督になったものの、映画の基礎から学んでいなかったからカット割りもよくわかっていなかった。

本物の女番長を多数出演させたときでも、遠くから撮影していて、女番長たちの眉毛が無い顔を見て面白いと思ったら、カメラマンに「あの眉を撮ってくれ」とズームインさせようとした。カメラマンが呆れかえった。

「忠さん。あんた映画のこと何にもわかっちゃいねえな。そういうのは映画じゃないの。状況説明から入らないと。まずは女番長たちが街中を歩くシーン。その後、足下、カバン、それから眉毛。カット割りから勉強しなよ」

カット割りもなにも関係なかった。見たいものが見たいだけだ。

後にアダルトビデオが勃興し出すと、ＡＶ監督として素人女性の自慰を巧みな誘導で延々と長回しで撮っていく。カット割りなど無視した、撮りたい物を撮る、というやり方がドキュメントタッチのＡＶに向いていたのだ。創作は弱点が長所に転じるときだってある。

筋書きのないドキュメント方式が代々木忠の持ち味になった。

被写体に何かを投下してその変化を追う。

苦い思い出の初体験を払拭させようと、愛染恭子の処女膜を手術で再生させ、再度処女喪失体験を味わってもらう。その重要な相手役が山科薫だった。

もともと役者ではあるが、ＡＶ男優として性交が得意なわけでもない山科だから、撮影では苦労しっぱなしだった。

一九九三年、思わぬ縁で私は徳間書店から出ているアサヒ芸能で代々木忠監督の撮影現場を四回にわたってレポートすることになった。

依頼してきたのは、あのＫデスクだった。

滅多なことで撮影現場を取材させない監督だっただけに、こちらも乗る気になった。

だが問題があった。

オカルティックな代々木忠監督作品を何度か批判してきた書き手がこの私だったのだ。私はまだ三十歳になったばかりの血気盛んな元青年だった。

業界内で私が代々木忠批判派の急先鋒だったことをＫデスクはまったく知らないまま、代々木忠が代表を務めるアテナ映像に連絡したのだが、意外なことに代々木忠は潜入レポートを受け入れた。

代々木忠が受けるというので、ここで引き下がるわけにはいかないと、思いを新たに私は連載を引き受けた。

恵比寿にあったアテナ映像の代々木忠監督のもとに向かうときの緊迫感が、いまとなっては懐かしい。

握手しながら代々木忠は「あなたに会えるように波動を送ってたんですよ」と言った。

それから毎週、私はアテナ映像本社、箱根の温泉宿といった撮影現場に潜入し、カメラがまわるときも、休憩のときも、影のようになって現場の脈動を拾った。

「僕のいいところもわるいところも、自由に見てってください」

ＡＶ界のカリスマはそう私に言った。

ここまでさらけ出されると、人間、意気に感じるものだ。

催眠術をかけて撮影するところも披露したし、かからないままで終わったところも見せた。

撮影途中で、やる気のないモデルを怒鳴ったところまで洗いざらい見せた。撮影が終わった後で、怒鳴った代々木監督が「おれの短気なところ、まだ治っていねえな。それを気づかせてくれたあの子にも感謝しねえとな」とつぶやいた。

当初は一ヶ月間の連載であったが、好評で四ヶ月に伸び、密着取材は七ヶ月におよんだ。

私はすっかり代々木忠信者になった。

Ｋデスクは箱根の温泉宿、恵比寿のアテナ映像本社での撮影も同行した。

その一年前、出張校正室でＫデスクは校正作業をしていた。他者が書いた原稿に赤ペンで間違い部分を正《ただ》したりする作業は、地味ながらも欠かせないものだ。

深夜、校正作業をしていたKデスクは、超えてはならない一線を超えてしまった。自分の半生を校正しだしてしまったのだ。あのときこうすれば、いや、あの場合はそうせざるを得なかった、などと過去を校正しだすと止まらなくなり、遂にはパニック発作を起こしたのだった。

発作を起こすと心臓が止まるのではないか、過呼吸で死ぬのではないか、といった恐怖が襲いかかり、いてもたってもいられないくらい苦しみがつづくのだが、ある時間を過ぎると徐々にパニックがおさまっていく。

抵抗することによって物事はエネルギーを持ちパニックにつながるのであって、自然体でいることが肝心だと、Kデスクは代々木監督の撮影現場で体感した。

Kデスクに連れられて赤坂のカジノバーに行ったときのことを思い出した。

私が突然パニック発作に見舞われたとき、みずから経験したことのあるKデスクが、気晴らしにと赤坂のカジノバーに連れて行ってくれたのだ。

無心になってルーレットに興じていれば気分転換になるからと言ってくれたKデスクだったが、自分の人生そのものがギャンブルだと思っている私はさほどルーレットに夢中になれず、むしろ熱くなっていたのはKデスクだった。

それでもKデスクの気配りにこころが暖かくなったものだった。

私が芥川龍之介の『歯車』はビートルズの『ア・デイ・イン・ザ・ライフ』を聴いたときのような衝撃を受けた、と話したら、国立大学で文学を学んできたKデスクらしく、安部公房のテイストが似た作品を数作、すらすらと教示して「読んでみてよ」と言ったものだった。

そのKデスクの行方は依然としてつかめなかった。

複数の関係者を探ってみたが、消息はわからなかった。

アサ芸編集部に在籍し、『ちあきなおみに会いたい。』『甲斐バンド40周年 嵐の季節』といった著作を発表しつづけるノンフィクション作家・石田伸也も、Kデスクをよく知る人物だ。

「Kさん？　さあ、どこにいるんだか。あの人の行方知ってる人、編集部にもういないですよ。ギャンブルと風俗好きでねえ。どうしてるんだろう。もしかして野垂れ死にしてるのか」

東活は消滅し、Kデスクも消えた。

第九章　ガード下の証言

ゲイタウン新橋

「実は戦後初のゲイバーは新橋らしいんですよ。戦後の闇市とかそんな時に。だから新橋のほうが上野や浅草のゲイバーよりもひょっとしたら古いかもしれない。終戦直後、烏森神社の境内に開店した『やなぎ』が最初と言われてます」

新橋、平日の午後。

満席状態の喫茶店で新橋ゲイ事情に詳しい広告代理店スタッフTが証言する。

ここ新橋は、サラリーマンの街だけではなくゲイタウンとしても密かに栄えてきた。

「新橋のゲイバーは烏森口を出て、桜田公園周辺の飲み屋街あたりに点在してます。雑居ビルとかに入ってて、ほんとにスナックみたいな、場合によってはカウンターだけの店もあれば、ちゃんと座る店もある。銀座口のほうにも一軒ありますね。新橋はサラリーマンが普通に飲みに来る。サラリーマンって平日仕事を終えて遊ぶので、営業時間を夕方六時くらいから夜十二時までと短く設定できるんです。（新宿）二丁目だと朝までやらなきゃいけない」

広告関係の企画に携わっているTは沖縄出身の四十歳。独身。

クールな顔立ちで、このままでも異性からモテるだろうに、物心がつくようになったときには異性よりも同性が気になりだした。

沖縄から上京し一流大学を経て現在の仕事に就く。

Tを紹介してくれたのは、ライターの伊藤雅奈子である。

「わたし、ゲイバーの常連客なんです」

『月刊プロレスファン』編集長を経て、女子プロレス記者として『週刊ファイト』『週刊ゴング』『Lady'sゴング』『内外タイムス』などで健筆をふるってきた。柳澤健著『1985年のクラッシュ・ギャルズ』では、〝3人目のクラッシュ〟と呼ばれ女子プロレスを愛する少女として登場する。

プロレスとゲイは、男の裸つながりでどこか相通じるものがあるのだろか。

Tによる新宿二丁目と新橋のゲイバー比較。

「気質としては（新宿）二丁目は若い子が多いので、わーって騒いだりカラオケで盛り上がって飲んでとかそんな感じの飲み方が多いんですけど、新橋はサラリーマンが多いせいもあってか、そんなに騒がない。どちらかというと大人的ですね」

「伊藤さんは新橋のゲイバーには行ったことはないんですか？」

私が質問した。

「わたしはないですね」

「っていうか、女性は入れないんです。（新宿）二丁目だったら連れていけるお店はあるんですけど、新橋はね、入れない。同伴でもダメですから」とTが語る。

新宿二丁目に比べると新橋のゲイバーは女性に対して閉鎖的のようだ。

　Tが解説する。

「ハッテン場は知ってます？　単純に言うとやる場所。サウナも同じ。やってることは一緒なんですけど。サウナは表向きは文字どおり普通のサウナで、サウナ室と浴場があって、雑魚寝部屋や個室にやりたい人が集まってやるみたいな。一方で、サウナという形態でなく、隠れ家的にマンションの一室とかでやってる場合もあるんです。でもハッテン場は新橋に一軒しかないんです。入場料一千五百円。ハッテン場では言葉無しでアイコンタクトです。暗い場所で裸の男たちが何人か集まっている。そこで、イケてる人がいたら、声をかけないでツンツンと直接触るとかボディタッチくらいで反応をうかがって、人がいない個室行ったりして、やるわけです」

「受ける側と攻める側がいるんでしょうか？」

「両方います。もうウケしかしないっていう人もいるし、タチしかできないっていう人もいるし、一番多いのはリバって人」

「リバ？」

　ゲイ用語でウケとは性交の際に受け身になるタイプで、肛門性交で挿入される側のこと。タチとはリードする側、肛門に陰茎を挿入する側、ということは私も知っている。

　しかし、リバとははじめて聞く言葉だ。

「ええ。リバーシブル。ウケもタチもどっちでもできますよと。私はどちらかというとリバ。どっちもやったことがある。ちなみに、ウケをネコって言ったりします。記号的に言うとデコとボコを使うときもあるし」

「それだけ男同士で刺激しあうと、ハッテン場は精液臭しませんか？」

「臭いと思います。普通に終わった後の物とか、掃除は時間帯ごとにまわって入ると思うんですけど」

「上野は髭面で体毛の濃い〝クマ系〟と呼ばれるタイプが人気あるとか」

「それ、新宿も変わらない。いま全体的に人気があります」

ゲイは出会いの場が限られてしまうので、お互いの嗜好がわかるハッテン場では交渉過程を飛ばして、より多くの相手を求めるのだろう。

「（ゲイの世界は）変わった世界だと思います。でも面白いと思います。自分がほんとにそれでよかったなと思うのは、年齢も性別も、人種も全然違う人に普通に会ったりできるから」

新橋のハッテン場に潜入する

「それでいよいよなんだが……」

私は杉山茂勲に打診してみた。

「やっぱり……、僕が行かなくちゃダメですか？」

「私はこの後、レンタルルームの取材をしなければならないんだよ。だからきみには……」

「ハッテン場に潜入しろ、と」

前著『上野アンダーグラウンド』では上野のゲイサウナに潜入を果たしている彼だが、妻子持ちのごく普通のノンケである。

我らがノンケ杉山は春のある午後、新橋にひとつだけ存在するハッテン場へと潜入することになったのだった。

杉山がアイフォンで新橋ハッテン場のホームページを閲覧する。

「店のキャッチコピーが『東京・新橋地区最強の男達へ！　エロリーマンたちの社交場』って書いてありますよ。ホームページのトップ画面には、ムキムキに鍛えた短髪のマッチョ男が、ズボンのファスナーを下ろして、Yシャツをあけっぴろげして厚い胸板をばーんと見せてるじゃないですか。一日百人以上来店する人気店らしくて、店の来店予告掲示板には『溜まってて、ちんこギンギンなんで早くケツマンにぶち込みたい』とか『年下君のケツ掘りまくりたい。めちゃくちゃ掘りたい気分』みたいな過激な言葉が並んでいます。しかも書き込みめっちゃ多いし。……なんだか緊張するなあ」

そう言い残し、杉山は潜入していったのであった。

そして翌々日。

新橋ガード下の焼き鳥屋で杉山の報告会が開かれた。

「夕方六時、鉛のように重い気分を引きづりながら新橋駅烏森口を出て、目的の店に向かいましたよ。烏森口の左なため前方にある二軒の大型パチンコ店の間の路地を奥へと進んでいきます。この路地は昭和風情漂う古めかしい飲み屋街で、軒先の赤提灯には灯がともり、仕事終わりのサラリーマンたちを中心に活気が出始めていました。その路地を四十メートルぐらい進んだ突き当りの古びた四階建ビルに、目的の店の大きな看板を発見しました」

その看板は、端から見ればなんの店なのかまるでわからない。

薄暗い階段を上がっていくと、店名だけが書かれた小さなプレートと重そうな鉄トビラ、天井には監視カメラが作動していた。窓もなく中の様子はまったく窺えないが、店側からはカメラ越しにどういう人物か見定められているようだ。

意を決して杉山が重い鉄トビラを開けると、黒のカーテンが目隠しでかかっていて、それをくぐると、狭い受付スペースとなっていた。

「受付はラブホテルのフロントみたいに小さな窓だけで、店員の顔は見えないようになっていましたよ。『ただいまの時間、一千五百円になります』と言われるがまま料金を払うと、ロッカーキーと黄色のミニタオル、ビニール袋を一枚差し出されました」

「あの、はじめてなんですが……」と杉山。

「タオルはシャワー後に体を拭くのにお使いください。ビニール袋は靴を入れてロッカーに仕舞ってください」と手慣れた受付の男の声。

つづいて、「ロッカールームですべて服をお脱ぎください。なお、本日は手隠しデーとなっておりますので、前はタオルや下着で隠さず、必ず手でお隠しください。前を隠さない行為はお控えください」。

酎ハイ片手に杉山はつづける。

「真っ裸で股間は手隠し……。まるでアキラ100%みたいな気分ですが、それがこの店のルールらしいのです。受付を済ませて黒のカーテンがかかった右手の部屋へと進むと、そこは薄暗いロッカールームとなっていました。ロッカーは四十四番までありましたが、部屋の広さは八畳ぐらいしかありません。ロッカールームの壁伝いには、手で股間を隠した全裸の男たちが四人、何をするわけでもなく無言で立っていて、彼らの視線が一斉に僕に刺さるんですよ」

ロッカールームにはシャワー室がひとつあって、シャワー待ちしている男が三名。ロッカーでは五、六人が着替えていて、狭い空間にこれだけの男たちがいることに杉山は驚いた。

「着替えている男らは仕事帰りのサラリーマン的な白のＹシャツ姿ばかりで、皆一様に短髪。脱ぐと胸板は厚く、普段からジムで鍛えているだろうことは一目でわかります。年齢はぱっと見、三十代から四十代。上野のホモサウナのようなしょぼくれたおやじなど一人もおらず、皆ハツラツとしていて、同じ職場にいてもおそらくゲイだなんて気付かないでしょう。色白でひょろい体型の自分がなんだか恥ずかしくなってきましたが、ひとまずロッカーですべて服を脱ぎましたよ」

店内の掲示板にはこう書かれていた。

★ロッカーキーの付け方

タチ——右手

ウケ——左手

リバ——左足

ケツなし——右足

「ロッカーキーをどこに付けておくかが、ゲイたちのアピールになっていたとは。本橋さん知ってましたか？　昔、『サウナでロッカーキーを足に付けてると、そのスジに狙われるぞ』みたいな話を聞いたことありますが、そういう意味だったんですかね。ちなみに、〝タチ〟と〝ウケ〟はなんとなくわかりますが、〝リバ〟とは『タチもウケも両方できる人、リバーシブルの略』で、〝ケツなし〟は『抱かれたいけどアナルセックスはまだ怖い、もしくは興味がない』みたいな意味らしいです。何かの間違いで掘られてはたまらないので、キーは右足首に付けておくことにしましたよ。ほかの男たちがどの位置にロッカーキーを付けているか気になりますが、なにせ暗いし、他人をじろじろ見るようなそんな余裕はいまの僕にありません」

杉山が酎ハイを飲んで一息ついた。

リバという専門用語が語られたことで、杉山の潜入がよりリアルに迫ってくる。

男たちの芋洗い状態

酎ハイを傾け、杉山がつづける。

「ロッカールームの奥に、今度はメッシュ生地の黒カーテンがかかっていて、そこにはこう書かれていました。〈オイル、ゴムは各ポイントに設置してあります。ＬＬサイズコンドームは受付にてお渡ししています〉。どうやらこの奥がこの店の本懐のようです。メッシュのカーテンをたくし上げて中へ入っていくと……うわっ!!　奥へと伸びる幅一メートルもないような細い通路の両側に、全裸の男たちがもう三十センチ間隔でずらっと立っているんです。ぱっと見でも十人以上、この通路を通る男を品定めしているんです。通路に立つ男たちの胸板は一様に厚く、ただでさえ狭い通路が圧迫され、体を横にしないと通れません。胸と胸、尻と尻が触れ合うレベルの狭さですよ。男たちの芋洗い状態です。全員がなんの会話もなく無言で立っているだけで、彼らの視線が奥へと進む僕を追いかけてきます。この奥にいったいどれほどの男たちが待ち受けているんでしょうか。

昔読んだ安部譲二の『懲役の達人』という本に出てきた絆創膏の話をふと思い出しました。アメリカの刑務所に入ったら、尻の穴に必ず絆創膏を貼っておけと。あっちの刑務所では、新人は高確率でオカマを掘られちゃうんだそうですよ。いざそんな場面に出くわしたとき、相手の亀の頭が絆創膏に当たって、おや？と相手が気づくじゃないですか。絆創膏をはがそうとしたその数秒の間に逃げるんだと。絆創膏、貼ってくれればよかったかなぁ」

杉山の語りについ引き込まれる。

それで——。

「その通路を突き当りまで進むと、今度は右へ左へと完全に迷路状になっていて、どこまで行っても全裸の男が立っています。どこからか、ぱんぱんぱんと肉と肉がぶつかりあう音や、『あっ、あぁぁぁぁ』みたいな喘ぎ声が聞こえてくるんですよ。オカマキャラで人気のあった〝楽しんご〟みたいな、あんな声の喘ぎ声です。ようやく暗さに目が慣れてくると、この通路の左右に広さ一畳ほどのヤリ部屋の入り口がいくつもあって、立っている男らは、通路で相手を見定めて、気が合えばこの小部屋に連れ込んで事をいたすという仕組みのようです」

ヤリ部屋の中は、布団代わりに敷かれた黒いマットと枕がひとつ、壁が一面だけ鏡張りになっていて、隅に置かれたボックスには、大量のコンドームとローションの入ったポンプが置かれている。

部屋によっては拘束具として使うのか太いゴム紐が備え付けてあったり、奇妙な形の椅子（ケツ掘り台と言うらしい）が置かれている。

「人が入っている部屋をのぞくと、うつ伏せに寝そべった男の尻に、さらに男がうつ伏せで乗っかり腰を動かしていたり、マットの上に腕組みしながら座って、やってくる者を待ち構えている男がいたり……。しかも小部屋の奥にまた通路が伸びていたりして、どんな全体図になっているのかもうワケがわかりません。迷路状の通路と格闘しながらようやく一番奥の広い部屋までたどり着くと、衝撃の光景が飛び込んできました。ウケの男が立った状態で、その男を前と後ろから二人のタチの男が抱きかかえるようにして、ケツを掘っているんです。それを四人のギャラリーが取り囲むように見学し、シコってる男もいました。そのすぐ隣で、おしっこするかのように立って一物を出す男を四つん這いでしゃぶっている男がいて、その四つん這い男の尻を、高速の腰使いで掘っている男が。全員男ですよ。見てるだけで男酔いした僕は、店内を一通り回っただけで一時間も経たず、そそくさと店を出ました」

　ねぎまを頬張る杉山に尋ねてみた。

「それで、やったの？」

「いいえ。無理強《じ》いとかはなかったですよ。絆創膏も必要ありませんでした。ちなみに、トイレとシャワー室にアナル洗浄ホースというのが付いてるんですね。ウケの男は、掘られる前にこのホースの先を尻の穴に突っ込んで、お湯でシャーッと浣腸しておくらしいです。上野のサウナにはこんなの無かったな。シャワー室がなんだか臭かったですよ。この店ってとにかく狭くて、くつろげるスペースがまったくないんですね。通路で立って相手を待つか、ヤリ部屋でやるかのどちらかしかない。時間制限とかはないんですけど、終わった者はさっさと帰るし、一方で客もどんどんやってくる。回転率が異常なくらいいいというか、来店者が一日百人以上というのもあながちウソじゃないと思いました。この店、僕が行った『手隠しデー』のほかに、曜日によっては『軍手デー』とかもあるみたいですよ。軍手をはめた手で一物を手隠しするのか、軍手を直接一物にかぶせて隠すのか、どっちなんでしょうね。まあどうでもいいですけど」

　砂肝を口にくわえて、虚空を見つめる杉山。

　ガード下に列車の走行音が響き渡った。

ガード下の従業員食堂

ヒントは突然降ってきた。

「新橋高架下にある『丸の内新聞事業協同組合』の食堂で働いていた山口恵以子《えいこ》さんが松本清張賞を受賞して小社より作家デビューしたとき、彼女のプロモーション取材を担当して、高架下の食堂によくお邪魔しました」

私のよく知る文藝春秋の編集者・目崎敬三がそう告げた。

第一章「闇市が生き残る街」で新橋高架下の「新橋方面近道　西銀座ＪＲセンター」というミステリアスなアーケード街を歩いた。

人通りのない薄暗がりの道を歩いていくと、右手の壁から女の大きな顔が半分剥がれ落ちて通行人に迫ってくる。むきだしの配管、何本もの黒いコードが天井を這い、道はどこまでもまっすぐに伸びていた。

廃墟になりつつあるあのガード下のアーケード街の実態を知ろうとしたものの、なかなか証言する人間は見つからなかった。

ところが、あのアーケード街で印象的だった丸の内新聞事業協同組合の食堂で働いてきた女性がいたというではないか。

丸の内新聞事業協同組合に食堂があったというのも初耳だったが、そこで働いていたおばさんが松本清張賞を受賞してマスコミを大いに賑わした当人だったというのも意外だった。さらに私のよく知る文藝春秋の目崎敬三がプロモーション担当していたとは。

「わたしが働いていたのは丸の内新聞事業協同組合の従業員食堂ですね。韓国料理屋マダンの隣が食堂だったんです」

松本清張賞作家・山口恵以子は私の前に和服で現れた。よく似合っている。

「従業員食堂にはわたしを含めて七人くらいいたのかな。近くに都庁があった時代は八人くらい雇ったはず。朝昼晩ごはんをつくるんですよ。朝は新聞配る方、お昼は事務所の人、それから丸の内メッセンジャーという兄弟会社があるんですね。そのメッセンジャーの人が食べに来て。夜は夕刊配り終わった人。食堂がお休みするのは一月二日だけ。新聞休刊日です。他の日は土日祭日でも、祝日でも朝刊は来るじゃないですか。だから朝ごはんは出すのね。一月一日は新年会だから、いちばん御馳走つくるの。鯛の姿造りとか、ビフテキとかね」

「韓国料理屋の横というと、食堂はそんな広くはないですよね？」

「そんな広くないですよ。最大ぎちぎち詰めて十八人くらいしか座れないもん。机が三つで椅子が六個だから。そんなタラタラ食べてらんなくて急いでかっ込んでって感じだったんです。しかも昔はコンビニがないからすごい食べたんだって」

山口恵以子が語る社員食堂の話は、日本人の食生活の変遷でもあった。

いまはコンビニがあるので、空腹時には気軽に立ち寄ってサンドイッチやおにぎり、スナック菓子などで間に合わせることができるが、コンビニが無い時代は三食でしっかり腹を満たす必要があり、手っ取り早くかっ込める山盛りのどんぶり飯が好まれた。米の消費量がいまよりはるかに多かったわけだ。

山口恵以子は早大生のころ漫画家を目指していたが、絵が下手だったために諦めてシナリオライターの道を歩もうとした。

「テレビの二時間ドラマの筋書きを書く仕事をずっとやってて。本来はそれがやりたいんじゃなくて脚本家を目指してたんですけど、賞も取ってないし、下請けの仕事いっぱいもらってたんです。『きみ、今度一本書いてみない？』って言われるのを待つ以外なかったわけですね。でもそれじゃあ食べていけないから、派遣社員やりながら、プロットを書きつづけていたんですけど。市原悦子さん主演の『おばさんデカ』、あれのプロットは最初と真ん中と最後以外は全部書いてました。プロットって結局、家でいう基礎工事みたいなもんなんですよ。上物を建てるのがシナリオライター。内装、外装を施して建物を完成させるのが演出家、監督なんですね。プロットがないとシナリオライターはシナリオを書けないので、非常に重要な仕事なんですけど。ハリウッドだとシナリオライターとプロットライターって同等なんですよ。同じだけお金もらえるんですけど、日本の場合、脚本家になる前段階の人がやる下請け仕事なんですね。とにかく、くっだらないことあれこれ言われて、書き直しいっぱいやんなきゃいけなくって。三百枚五百枚書かされるんですけど、一本についてもらえるお金って額面五万、手取り四万五千円なんです」

「えー!?」

「ひどいプロダクションだと額面三万、手取り二万七千円なんですよ。で、もっとひどいプロダクションって、踏み倒すんです（笑）。踏み倒された人はいっぱいいますよ。みんななんでそんなひどい扱いに耐えてるかっていうと、やっぱりそこでがんばって、『きみ今度一本書いてみない？』って脚本のお声がかかるのを待つしかないからなんですね。だからデスクワークの蟹工船！」

シナリオ作家の収入でなかなか食えず、山口恵以子は最低限の収入だけは確保しようと、派遣社員として様々な職種についた。そのひとつがアーケード街にあった丸の内新聞事業協同組合の従業員食堂だった。

「募集要項を見たら、朝六時からお昼の十一時まで五時間で時給一千五百円で、交通費全額支給、ボーナス、有給休暇がある。スナックの姉ちゃんよりいいじゃんとか思って。ダメ元でお電話して、面接してもらったら運よく採用になって。そっからわたしの第二の人生がはじまったようなもんですね。お昼の十一時で仕事が終われば、午後からいろんな制作プロダクションの企画会議どこでも顔出せますよね。だからいいんじゃないかなと思って」

「あそこのガード下のアーケード街、私が歩いたときはかなりうらぶれた感っていうんですか、逆にそれがいまね、ちょっと脚光を浴びてるんですけど」

「そう。わたしが入った二〇〇二年から辞める二〇一四年までの間に、もともとうらぶれてたのが、どんどんうらぶれていった（笑）」

「入られたときも、すでにうらぶれてた？」

「そうそう。ちゃんこ屋さん無くなるし、仲良くしてくれてた床屋さんも廃業しちゃうし。帝国ホテルの明け番の人が朝いっぱい食べにきてた珍満茶楼っていうお店も無くなっちゃうし。どんどんお店とか会社が移転したり無くなっちゃったりして、どんどんシャッターが増えていく。空き地が増えて、うらぶれてましたよ」

「それは耐震補強のために追い出された？」

「それもあるんだろうけど、やっぱり商売がもう成り立たなくて廃業するんですね。わたしが入ったときはね、冷暖房なかったんですよ。だから夏はサウナで働いているようなもんだとかみんな言うから、じゃあ痩せるかなと思ったら、翌年がすごい冷夏でね、あんまり暑くなかった」

「前向きですね。でも、蒸すんじゃないですか？」

「もう湿度百パーセント超えてて、上からポッタンポッタン雫が落ちてくるくらい」

「働きだしたときは、……え、ここで働くの？という気持ちはなかったですか？」

「面接のとき、『(食堂は) 高架下です』って言われたんですよね。でも給料がいいから、相当なことがあっても我慢しようと思ってたんです。この待遇を保障してくれるんだったら、近代的でピッカピカで仕事が楽なわけない。仕事はきついだろうし、環境は悪いかもしれないけど、でもこれだけの給料をなんの取り柄もない中年女に払ってくれる会社なんか絶対ないんだから、ここにしようと思ったんです。だから全然 (気にならなかった)。体面とか変なこと考えてるからビビッちゃうんですよ。高架下ですって電話したときに言われたから、高架下なんだろうなと思ってたし。環境悪いとかいっても、従業員はみんな一所懸命働いてるしね。わりと小ぢんまりした食堂だし。あ、こういうところだったらオートメーションでやるっていうんじゃなくて、手づくり感があるから、ここはいいなと思いました」

もっとも女子トイレでは見知らぬ男に抱きつかれ、以後、鍵を持って用を足すようになった。

「怖いとかそういうのは考えないほうなの。だって生活かかってんだもん。ここで働いてれば、ずっと（シナリオを）書きつづけられるなと思ったから。すごいありがたい職場だったし」

「食堂の仕事はどういうところが楽しかったですか？」

「嘘がない！　どう口でうまいこと言っても、体動かさないと仕事が滞《とどこお》っちゃうし、まずいもん食べさせたら人間って不機嫌になるじゃないですか。だからいちばん手応え感じたのは、私が急遽主任になったんですよね。そのときからガラッと百八十度、メニュー全部変えちゃったら、みなさんにすごい喜んでもらったし、雰囲気がすごい明るくなったし。あのときはすごいやりがいを感じてるときでした。従業員食堂は定食形式なんですよ。ごはんと味噌汁とお新香があって、そこからメインのおかずがあってという食事なんですね。基本的に一ヶ月間同じものは出しちゃいけない。すごい待遇のいい会社だから、働く人は新聞少年だったけどだんだん新聞中高年になっちゃったのね。そうなってくると、もう肉ばっかりドカンと出されても飽きちゃうわけですね。だからいろいろと工夫しなきゃ。あと季節感も大事なんだけど、そういうことが全然ダメだったんで、とにかく全部変えようと。そうやって働いてるうちに（この仕事が）だんだん好きになってきて、本当に天職ではないかと思うくらい好きになってたんですね」

食堂のおばちゃんが賞を取った

丸の内新聞事業協同組合は、都庁をはじめ官庁、大手企業、新聞社などが集中する丸の内一帯に、各新聞社が共同で配達所を設けて配達しようと、一九五三年（昭和二十八年）に発足した。

当時、テレビがまだ普及しない時代だったため、新聞があらゆるメディアのなかでも信頼度、影響力がもっとも高く、官庁も企業も一社だけで毎日数十部も取っていた。

配達を担う新聞少年は、新聞社にとっても貴重な人材であり、ここ丸の内新聞事業協同組合でも従業員の胃袋を満たすために格安でうまい食堂を運営していたのである。

新聞少年たちも高齢化して新聞中年になり、彼らの味ごのみを調べて山口恵以子は毎日食材の選定から新メニューまで工夫をこらすのであった。

だが目標はあくまでもプロのシナリオライターだった。

「食堂の仕事に打ち込んで、評価が高まると、ジレンマ感じませんでした？　このままアルバイトのはずだった食堂のほうだけで生きていこうかと」

「それはもう全然（なかった）。面接したときに、『うちは六十歳定年です』と言われたので、六十まで仕事探さなくていいなと思った。すごい安定したわけですよ。もうあれこれ仕事を一年ごとに（探そうと）ヒリヒリしなくても済むんだって」

食堂で働きながら、来る日も来る日もシナリオを書く。

年齢が上がるとともに、仕事を発注するテレビプロデューサーが自分より年下になっていることに気づいた。年上の人間にはなかなか仕事を発注しづらいので、シナリオライターとして限界を感じだした。

だが小説家なら何歳になってもデビューは可能だ。

よし、小説を書こう。

「小説に集中できたのも、やっぱり食堂がすごくきちんとしたところで、とてもわたしに精神の安定を与えてくれたわけですよ。だから立ち止まって自分のまわりを見渡す余裕ができたんですね。ここの収入だけで生活費を賄っていけるし、コツコツ新人賞に応募しつつ書きつづけることができるだろう。だから絶対この食堂をクビにならないようにしないとダメだなと思いました」

ちなみに食堂の一番人気メニューは、カレーだった。

「松本清張賞を取ったときの受賞会見で、『あなた苦節何十年とか仰るけど、その間あなたを支えてくれたものはなんですか』って訊かれて、たぶん記者さんたちは『家族ですー』というのを期待してたんでしょうけど、わたしは『食堂の仕事です』と答えたんです。孟子が『恒産《こうさん》なき者は恒心《こうしん》なし』って言ってるんです。きちんとした仕事と安定した収入がない者は、精神の安定を保つことができないと思うんです。特に長編小説なんて精神的に安定してないと書けないんですよね。だからあそこの食堂に勤めてわたしは安定を得て、『月下上海』（松本清張賞受賞作）に挑戦するチャンスをもらったと思っております。だからすごい大恩のある会社でいまでも新年会は毎年行ってます。シャンパン一ダース持って」

「でも普通だったら、本来の目標である小説家の道を諦めてしまうじゃないですか。踏みとどまる精神力、すごいですよね」

「諦めちゃう人ってね、『何々になりたい』と思ってるんですよ。弁護士になりたいとか、作家になりたいとか、脚本家になりたいとか。肩書きに憧れる。『何々になりたい』という人は折れちゃうんですよ。だから弁護士目指して司法試験に何度もチャレンジして諦めちゃった人も、弁護士になりたいと思ってるから諦めちゃうんで、法律の知識を使って人の役に立ちたいとほんとに思ってるんだったら、行政書士とか他にもあるじゃないですか、道が。わたしは物語を書いて生きていきたいなと思ってたんですよ」

「じゃあ、文章で身を立てることを諦めたことは一度もなかった？」

「ない！」

松本清張賞受賞のとき、食堂のおばちゃんが賞を取った、と多くのメディアがとりあげ、丸の内新聞事業協同組合食堂で働く五十五歳の独身女性は一躍、著名人の仲間入りを果たした。

たまたま東京新聞の社会部記者が、食堂で働くところを写真に撮って記事にしたところ、食堂で働くお袋のようなイメージもあって、それ以後、テレビや雑誌の取材が殺到した。

受賞式には、各メディアが食堂で働く姿を撮影したときのように食堂のおばちゃんの格好で出たらウケただろうが、意外にも肌の露出した豪華絢爛なドレスをまとって登壇した。

「一世一代の営業の場ですから。なんの計画もなくああいうところに出ていくのはただのバカです。印象に残るスピーチをして、『あ、おもしろいやっちゃな、こいつにちょっと仕事させてみようかな』と思わせなかったらいかん」

「タフですねえ（笑）」

「伊達に長生きしてませんよ（笑）」

「壇上で緊張しませんでした？」

「いや、全然。修羅場くぐってるんですから、わたし」

松本清張賞は良質の長篇エンターテインメント小説を対象とした賞であり、過去には横山秀夫、山本兼一、葉室麟、青山文平といった実力派を輩出してきた割には知名度がなかった。

インタビューに同席する内山夏帆・文藝春秋第二文藝部統括次長が証言する。

「松本清張賞は山口さんが受賞してくださったことで、すごい注目されて、こんなにたくさん新聞に載ったのもはじめてでしたし、賞自体も注目されました」

強運の女、山口恵以子。

もっともお見合いは四十三回したけれど、これぱかりは運に恵まれない。

ところで、アーケード街のあの不気味な絵画であるが、山口恵以子から有力な情報がもたらされた。

「（あの絵は）タマラ・ド・レンピッカに似てるなと思って。一九二〇年代から三〇年代にブイブイいわせてた女流画家です。とんがった美男美女の絵ばっか描いた人」

たしかに調べてみると、どうもそれらしい画風だ。

「タマラ・ド・レンピッカだとわたしは思います。上流階級というか、当時のモボ・モガの肖像画みたいなのをいっぱい描いた人です」

全員受かるはずだった最終面接

「新橋ほど記憶にない街はないなあ。（新橋は）意識に無かったから」

私を半世紀前の新橋に案内するのは、渡部洋二郎という団塊世代の一人である。

「新橋は銀座コリドー街から向こうのほうで、第一ホテルとエロ映画館、精力つけに安い鰻屋にたまに行ったくらいで、あとは中華料理屋。銀座、日比谷に比べると新橋はお洒落でないし、まったく関心がなかった」

二〇一七年盛夏。

細身の体にアロハシャツ、帽子にサングラス、白いシューズ。これから沖縄にバカンスに行くようなスタイルだ。

人生の先達と新橋、銀座逍遥《しょうよう》と洒落込む。

渡部洋二郎は芸能プロダクション最大手・渡辺プロダクション元幹部として、テレサ・テン、木の実ナナ、アン・ルイス、山下久美子、欧陽菲菲《オウヤンフィフィ》、といったスターの宣伝プロデュースをしてきた芸能界の生き字引のような人物だ。フェイスブック交流するようになり、私が新橋について現在書き下ろし作業をしているので、新橋とその周辺を案内してもらうことになった。

渡部洋二郎は一九四八年（昭和二十三年）、東京・荒川区町屋でオートバイ工場を経営する父と、湯島芸者の母との間に生まれた。

父はいわゆる成り上がりで、くず鉄集めから財を成し、バイクメーカーを設立した。昭和二十年代、庶民の足といえばバイクが主流で、戦後何百社とバイクメーカーが乱立した。自分の広大な敷地で後のホンダを創業する本田宗一郎とバイクレースをしたことも記憶にあった。

乱立したバイクメーカーは激しい競争の末に淘汰されていく。渡部少年八歳のとき、実家が倒産。多くの女中にかしずかれて育った大金持ちの坊ちゃんから、無一文の家庭に。学費にも事欠く日々になった。

「中学生のころが一番貧乏だったなあ。英字新聞の配達・勧誘を福生《ふっさ》、立川でやってました。四年やった。テキ屋もやった。大学生が大丸地下で、刃こぼれしない包丁の実演販売ですよ」

いまでも包丁の実演販売の口上がすらすらと口から出てくる。

デパートでの実演では、長ネギを切るとき通行客に飛ぶように切ったり、まな板を包丁でたたき、削りカスが前を通り過ぎようとする客に飛ぶようにした。すると無関心だった通行客もつい実演を見てしまう。売り上げは常にトップクラスだった。

渡部青年は就職のときに芸能プロダクション最大手の渡辺プロダクションを受けてみようかと思ったが、自分の通っていた大学は新設で、新入社員募集はなかった。それでも試験を受けさせてください、と言うと許可が出て、高倍率の選考試験に通ってしまった。ショービジネスの世界は積極的な人間が勝ち進めるのだ。

会社は新橋のすぐ隣、有楽町にあった。

渡部洋二郎の記憶の地層に、映像が鮮明に残っている。

一九七五年（昭和五十年）、スト権ストで国鉄が八日間完全に止まり、都心からサラリーマンが消えた。

タクシー通勤ができたので会社に行ったものの、他社では人がいないために仕事にならない。渡部洋二郎は人っ子一人いない有楽町の大通りで同僚たちと缶蹴りをやって時間をつぶした（なんとシュールな）。

三信ビルというアンティックな建物にあった宣伝部で夜中にポーカーをやっていたら、いきなりドアが開いた。捜査が入ったのかと息を飲んだら、目の前にトレンチコートを着たどこかで見た男がマシンガンを構えて立っている。思わずホールドアップ。

ベテラン俳優の丹波哲郎だった。その横には元ゴールデン・ハーフのマリアもいる。

宣伝部の案内板がいつの間にかスペイン大使館に変えられていた。

『Gメン75』のロケだった。

スペイン大使館でロケしようにもできないので、洋館風の三信ビルをスペイン大使館に見立てて深夜、こっそりロケをしていたのだ。居残ってポーカーをしていた渡部洋二郎たちも、無断でロケをしていた撮影側も互いにばつのわるそうな顔になって、何事もなかったかのように撤収するのだった。

実を言うと、私はこの人生の先達とは無関係ではなかった。

これははじめて活字にするのだが、スタジオジブリ鈴木敏夫代表が全員受かるはずの産経新聞最終面接で一人だけ落ちたように、私も全員受かるはずの最終面接で落ちたのだった。

私は大学四年の秋、卒業と同時にフリーランスの物書き稼業をはじめようとしたのだったが、とば口が見つからず、どこか会社に入って機会をうかがうことにした。

まだなんの実績もない二十二歳の若者にとってこれから飛び出す海原は広く深く、いきなり泳ぎ切る自信もなく、まずは島が必要だったのだ。

物書き稼業になる前に異分野の世界でも見ておこうと、出版社以外のマスコミを受けることにした。

企画演出部という大学サークルで知り合った在京テレビ局プロデューサーから、「テレビ局はコネが無いと難しいぞ」と言われたので、気が進まなかったが、元郵政大臣とその局の報道部副部長の推薦状をテレビ局人事部に持っていった。

すでに窓口では列ができていて、何気なく前と後ろの学生の推薦状を見ると、墨痕鮮やかに、テレビ局の代表取締役と内閣総理大臣福田赳夫《たけお》の名前があった。資本主義社会の一断面を垣間見た思いがした。

「筆記試験だけは実力で突破しろ。あとはこっちがバックアップするから」

元郵政大臣の秘書がそんなことを言った。

筆記試験が通り、一次面接に受かった。二次面接を終えて、受かった学生には次の日時を電話で連絡するが、不合格の場合は連絡が来ない、ということだった。

連絡は来なかった。

ということは落ちているのだろう。

元郵政大臣秘書は「大丈夫、すでに通している、と、（テレビ）局の人事部から連絡が入っているから」と強気である。

だが私は、連絡が来ないことで、あやがついたと思った。

次の面接日は他の会社の重要な日とかぶっているのだ。

面接日に重なっていたもう一つの会社、それがいま一緒に歩いている渡部洋二郎が勤めていた渡辺プロダクションだった。

千人近い就職希望者に対して筆記試験と七次面接までやった。

面接で私はある学生時代の体験話を話してみた。

大学二年のとき、テレビの特番で「三大学対抗芸能合戦」という二時間番組の企画が持ち上がり、私たちの企画演出部が早稲田側の学生のキャスティング・出演を任された。三人のアイドル歌手がそれぞれ特定の大学を応援するから、好きなアイドルを選べ、と若手ディレクターが言ってくれたので、私は三木聖子という渡辺プロダクションの新人歌手をあげた（東大は木之内みどり、慶應は相本久美子になった）。三木聖子は荒井由実（松任谷《まつとうや》由実）作詞作曲の『まちぶせ』という歌を歌っていて、好印象だったのだ（後に『まちぶせ』は石川ひとみがリバイバルヒットさせている）。

三木聖子のくだりが効いたのかわからないが、面接も順調に進み、最後の七人に残った。

あとは禅寺で二泊三日の合宿をして社長の面接を受ければ合格、実質的に入社の意思確認をするだけということだった。

その合宿日と、テレビ局の面接が同日なのだ。

あやがついたテレビ局はあきらめて、私は渡辺プロダクションの二泊三日禅寺合宿に参加することにした。

ところがいいところまでいったテレビ局の面接試験にまだ気持ちが残っていた。元郵政大臣秘書の言うとおり面接に行ってみたらよかったのでは、と思った。

そんな未練がましい思いを抱きながらだと、合宿で身が入るわけがない。いまから思えば、なんでプロダクションを受けたのか、当時の心境がわからない。就職試験に彩りを添えようとして受けたのか。たまたま受けたら最後まで残ってしまったのか。

心ここにあらず、といった心境のまま社長の面接を受けた。

「よろしくお願いします」と低姿勢だった私に、社長は苦虫をかみつぶしたかのような顔になった。

合宿終了後、不合格の通知が来た。

「うちの会社の長い歴史のなかで、社長面接を受けて唯一合格しなかった奴がいるって前から聞いていましたよ。どんな人なんだろうって」

「渡部さん、それが私なんです」

私が落とされたのは社長の判断だと三十九年間思っていたが、どうも社長の判断で落とされたのではなく、現場で付き添ってきた監督官の判断のようだった。

三十九年目にしてわかった裏面史！

人生において、自分が事実だと信じ込んでいたものが実はまるで違っていた、ということに気づかぬまま、生きていくことがあるのだ。

だが私は仮に受かったとしても、数ヶ月で退社しただろう。

どこも引っかからなかった私は、三大学対抗芸能合戦で知り合った若手ディレクターの在籍していた制作会社に拾ってもらった。

そこを三ヶ月で退社した私は、文中にも書いたように小さなイベント制作会社に転がり込み、仕事のひとつとして担当した「今年の夏光った女」アンケートで週刊大衆の林幸治副編集長と知り合い、念願の物書き稼業をいとなむようになる。

縁というのは不思議なものだ。

監督官に消極的だと思われて弾かれた学生が、物書き稼業にいそしむようになると、アンダーグラウンドの世界、アウトローたちをテーマに書くようになり、人から「よく色んな所に突っ込んでいきますね。怖くないですか」と半ば呆れられたりする。

人間には自分でもわからない別の顔を持っているものだ。

三大学対抗芸能合戦で知り合い、私を拾ってくれた制作会社の若手ディレクターは、その後『天才・たけしの元気が出るテレビ！』『ねるとん紅鯨団』『浅草橋ヤング洋品店』など大ヒット番組を生み出し、テレビ史を書き換えた天才ディレクターとなり、いまではテリー伊藤と呼ばれている。イベント制作会社も業界最大手となって君臨している。


苔むすアーチ型の煉瓦が本日も列車の振動を受けながら新橋に鎮座している。

街歩きをしていた私はふとガード下のバーのショーウインドウを見たら、男の老けた顔が写っていた。

還暦を超えた自分だった。

第十章　事件とドラマは新橋で起きる

未解決事件の女たち

新橋駅を利用していた二人のエリート女性が殺された。

ひとりは、九州熊本で歯科医をいとなむ三十七歳、美しい既婚の歯科医だった。

もうひとりは慶應義塾大学経済学部を卒業後、東京電力の女性幹部九人のうちの一人になる超エリートコースを歩んできた三十九歳独身ＯＬだった。

この二人の事件はともに世間を揺るがす大スキャンダルに発展した。

前者、女性歯科医殺人事件は、一九七二年（昭和四十七年）六月二十六日早朝、新橋第一ホテル新館三階の一室で発生した事件であり、後者は一九九七年三月十九日に発生した東電ＯＬ殺人事件である。

東電ＯＬは年収一千万円という高額所得のエリート女性でありながら、もうひとつ裏の顔があった。仕事が終わると夜ごと渋谷円山町のラブホテル街に立ち客を引く、いわゆるたちんぼというフリーランスの売春をおこなっていた。

強引に客を引いたり、ベッドで激しいプレイをして室内が汚れるのでホテル側から利用を断られるほどだった。渋谷円山町に隣接する神泉《しんせん》駅の最終電車に間に合わせるために、ホテルばかりでなく、駐車場など屋外で二千円という破格の値段で肉交していた。

破滅的な振る舞いは緩慢なる自殺とでもいうべきものであり、現実に何者かによって無人のアパートで絞殺された。

東電ＯＬは本店のある内 幸 町《うちさいわいちょう》までの通勤に新橋駅を使っていた。

東電ＯＬと何度か客として関係をもったネパール人のゴビンダが逮捕されるが、膣内に残っていた精液がゴビンダのものではなかったことがＤＮＡ鑑定によって判明したために再審が決定し、無罪となって十五年ぶりに釈放された。

東電ＯＬは仕事を終えると新橋駅から渋谷駅まで山手線で出て、そこでたちんぼとなって客を引いていた。

一千万円以上の年収がありながら、何故に渋谷円山町で二千円にダンピングしてまでカラダを売っていたのか、様々な識者が推理した。

東大卒の大好きだった父が亡くなってから、父の面影を追って中年男に抱かれたという説。

コントロール喪失の依存症に陥り、セックスと金銭という二つの欲望を満たしたのではという説。

究極のマゾヒスティックな欲望である堕落願望を満たすために夜ごとたちんぼとなったという説。

結局、東電ＯＬが渋谷円山町で夜ごと、たちんぼとして売春していたことの理由付けはだれもできなかった。

この事件で最大の謎は、被害者の通勤区間、新橋―西永福《にしえいふく》間の定期入れが発見されたのが、殺害現場となった渋谷円山町とはまったく路線も異なる都電荒川線新庚申塚《しんこうしんづか》駅付近の巣鴨五丁目にある民家の庭先だったことだ。いったいいつだれが捨てたのか？

巣鴨に落ちていた定期入れの謎は、こんな推理もできる。

渋谷円山町は若い女のデリヘルが盛んだが、人妻・熟女デリヘルも人気がある。そして巣鴨、大塚もまた人妻・熟女デリヘルの人気エリアである。東電ＯＬを殺害した犯人が人妻・熟女系風俗を欲していたとすれば、渋谷円山町でプレイするのも巣鴨でプレイするのも日常のことだったのではないか。

東電のある内幸町一丁目は新橋駅にほど近く、新橋―有楽町間のガード下と隣接している。

二〇一七年盛夏。

私が東電前を通ると反原発運動の抗議デモがおこなわれていた。そびえ立つ東電本店で被害者は何を夢見ていたのか。

謎多き美人歯科医の行動

東電本店からすぐ近くには第一ホテル東京がある。

昔は新橋第一ホテルと呼ばれていた。

一九七二年六月二十六日早朝、新橋第一ホテル新館三階の一室で絞殺された女性歯科医には、夫と二人の子どもがいた。県立長崎歯科大を卒業、地元でも美人の女医さんという評判だった。

夫はトラック運転手で、女性歯科医と結婚することになったのは、ダンスが取り持つ縁だった。トラック運転手は抜群のダンステクニックがあり、ダンスに熱中した女性歯科医は運転手に熱をあげて結婚したのだった。

夫になったトラック運転手は転職し、歯科技工士になって妻を助ける、仲むつまじい夫婦だった。

新橋第一ホテルで殺された女性歯科医の上京するまでの行動は、いまだに謎に包まれている。

歯科技工の講習のために九州から二人の男性歯科医と一緒に列車に乗った。

女性歯科医はすでにおかしな行動をとっていた。列車が熊本駅に停まると、「ちょっと用事ができましたので」と、下車してしまったのだ。

二人の男性歯科医は福岡から飛行機に乗り、羽田空港で降りて新橋第一ホテルにチェックインした。

するとすでに女性歯科医は先にチェックインしていた。

後の捜査によると、女性歯科医は熊本駅で降りてタクシーに乗り、先に羽田行き飛行機に乗って東京に着いていたのだ。おそらくは東京で密会する人物がいたのだろう。

二人の男性歯科医が女性歯科医と再会したのは翌日になってからだった。

女性歯科医は「叔母の家に行っていた」と言い訳したが、明らかにだれかと密会していた様子だった。

ようやく合流した三人は、新橋第一ホテルを出て国電ガード下の焼き鳥屋で乾杯した。

ここでも女性歯科医はほとんど飲まないうちに、体調の変化を訴えて先に帰ってしまった。

ところがホテルにすぐに帰らず、一時間以上経った夜八時過ぎにもどってきた。

翌六月二十六日早朝、新橋第一ホテル新館三階の一室で、女性歯科医は全裸であおむけになって絞殺されていた。第一発見者はともに上京してきた二人の男性歯科医だった。

女性歯科医は死後陵辱されて、膣内からは非分泌型O型の精液が発見された。

室内は強い香水の匂いが漂い、部屋には新橋駅近くの果物店「不二越《ふじこし》」の包装紙に包まれた桃二個とビワ十二個があった。

殺害時刻の真夜中に、女性の「助けて！」「だれか来てください！」という叫び声を真下と横の部屋の宿泊客が聞いていた。夜中だったことと、ホテルにありがちな性的な行為の際の声だろう、とだれも警察に通報しなかった。昔もいまも都会の無関心というのは変わらないものだ。

顔見知りの線で捜査がはじまったが、なかなか容疑者を特定できなかった。

一緒に上京した二人の男性歯科医は血液型、アリバイ等でシロだった。

被害者は技工講習の目的以外にも大好きなダンスのために時間を割いていた。

東京在住の歯科医、ダンス仲間の男をはじめ、愛人と思われる男たちが捜査線上にのぼったが、血液型の不一致、部屋に残された指紋と一致しない点、アリバイ等で容疑者リストから外れた。

行きずりの犯行なのか、それとも顔見知りの犯行なのか。

部屋に置かれた果物は、いかにも二人で食べる量であり、だれかと東京で密会していたことがうかがわれる。だが、女性歯科医の抵抗を封じ、絞殺の後に暗い欲望を満たす、ということは、まだ被害者と犯人側とのあいだにそれほど深い関係はなかったのだろう。不倫関係にあるのなら、なにも無理矢理犯す必要はないのだから。

被害者が不倫関係を結んでもいいと思った男を部屋に招いてみたのだが、感情の行き違いで男女関係を結ぶまでに至らず、欲情を暴発させた男が強引に女性歯科医を犯した、というのが事件の真相ではないか。

当時の事件報道では、良き母であり妻である美人女医が複数人と浮気していた、という報道が大量に流れ、事件翌年には『女医の愛欲日記』（監督・深尾道典／東映）という事件をモデルにした映画が上映され、被害者の女性歯科医役を白石奈緒美、不倫相手の男役を佐藤慶が演じた。

女性歯科医が上京するときに必ず足を運んだダンスホール「新橋フロリダ」は当時の東京でもっとも人気があった。

事件は時効となり、真犯人は闇の向こうに消えた。

女性歯科医が耳にしたであろうガード下の走行音は、事件から四十五年が経過した今日も響き渡る。

SL広場の怪しい磁場

SL広場で杉山茂勲と待ち合わせしていると、機関車の前で二人の警察官が三十代らしき長い髪の男を取り囲み、やんわりとだがショルダーバッグの中身を聞いてきた。

男は困惑しながらもショルダーバッグを地面に置き、中を開いてみせる。のぞきこむ警察官、無線で応援を頼む警察官。しばらくして三名が駆けつけて大がかりな捜索になりだした。

荷物検査はさらに大事になって、ショルダーバッグを徹底的に捜索する。中から複数のDVDらしき物が出てくる。男は必死になって説明している。裏ビデオ屋なのか、ドラッグ密売人なのか、それとも拳銃不法所持なのか。

しばらく捜索していたが、嫌疑が晴れたのか男はやっと解放された。

警察官が現場から去ると、待ち合わせなのか大柄な中年男が小走りにやってきた。不審尋問された男が、しきりに長い髪をかきながら、先ほどの職務質問を報告している。どうもこの二人、不審者ではなくて放送・映画関係者のようだ。

ここSL広場は複数の路線が集中する新橋駅のすぐ目の前という立地条件もあって、密議をおこなったりドラッグを手渡したりするダークゾーンでもある。

人の流れが激しく見渡しがきくSL広場はドラッグ密売にとって、すぐに人混みに紛れることができるので、打ってつけだ。

終戦直後の闇市時代にはまだ合法だったヒロポンが大手を振って売られ、一九五一年(昭和二十六年)に覚せい剤取締法ができて禁制になってからも、ここの広場では水面下で売り買いがおこなわれていた。その名残なのか、磁場があるのか、何度かそれらしき取り引きをしているのを目撃した。

「行方不明って多いですよ。SL広場でやばいことやっていていつの間にかいなくなった奴、普通にいますから。そのまま横浜港で沈めた話、いくらでもありますよ」

竜という呼び名で二十年以上前からスカウトマンをやってきた男が証言する。

スカウトした女性をキャバクラ、風俗、AV、交際クラブ、愛人、とどれに向いているか瞬時に判断し、振り分けるのだ。竜はいつもいい女をスカウトしてくるので、稼ぎもいい。その反面、ライバルからは睨まれて、何度か危ない目に遭ってきた。

「そりゃ脅されますよ。あるクラブの子、引き抜いたんですよ。その子、店移りたがってたから。半グレがやってるプロダクションの社長から、銀座のクラブで脅されましたからね。『この野郎、線路の下に埋めるぞ』って。線路の下ってほんと、あるんですよ。普段走っていない線路の下に埋めちゃうの。この前、あるプロダクションのマネージャーが横浜港で浮かんで発見されたんですよ。沈められたり埋められたり、まだ発見されない行方不明者、たくさんいますから」

どこにも属さず好き勝手にスカウトしている竜は数年前、スカウト組織に睨まれ、明け方、横腹を撃たれたことがあった。

運良く銃弾が脇腹を抜けたために、病院に駆け込み、喧嘩で刺されたと嘘をつき、治療を受けた。病院側もあまり深く尋ねてこないので事件にはならなかった。

「運が良かったですよ。最悪なのは身柄もってかれちゃうことですからね。以前、女性コスプレイヤーに熱をあげたオタク系教師がさらわれて殺された事件あったじゃないですか。名古屋でも男女二人組のうち男が車で拉致《らち》られて後に殺される事件があったし。拉致されたらだいたい殺られますよ。だからみんな必死になって逃げようとするんですよ。僕も何度も車に押し込まれそうになったことありますもん。必死こいて暴れて逃げましたよ。この広場で見かけたのを最後に行方不明になったやつ、知ってるだけで三人いますからね。もう二年以上姿見せないですよ」

新宿歌舞伎町のホストクラブ「愛」本店の愛田武社長が以前、私にこんな物騒な話をした。

「埋められたホスト、行方不明のホスト、いますよ。近くの焼き肉屋からでてきたところ、ヤクザとすれちがって、肩が触れた。仲直りの握手するところ、ちがう手でズドン！　みるみるうちに腹が膨れていく。ヤクザの女に手を出したホストがいて、山奥までもっていかれて埋められて、穴からはい上がってきたところ、眉間にズドン！　白骨で発見されましたよ。飲むと気が大きくなるホストもいるからね。女でヤクザと揉めて、ある日パンチパーマが二人、店に来てホスト連れてった。そのまま三十年出てこないですよ」

竜もＳＬ広場の人の流れを見ながらつぶやいた。

「僕の周辺からいなくなった男たちもおそらく同じ結末ですよ」

新橋第一ホテルでカンヅメ

新橋一丁目にそびえ立つ新橋第一ホテルは、阪急阪神第一ホテルグループを代表するホテルとして七十五年を超える歴史がある。

現在の正式名称は第一ホテル東京。

銀座・汐留・お台場といった華やかな街の隣で、虎ノ門・霞が関といった官公庁にも近く、都内でもっとも便利なロケーションのホテルとして人気がある。

山手線、京浜東北線、東海道線、横須賀線、地下鉄銀座線・浅草線、ゆりかもめ、といった交通網が新橋駅に集中し、地方から上京して泊まるホテルとしても最適だ。

新橋第一ホテルは様々な作家の喜怒哀楽を見てきた。

芥川賞・直木賞の受賞記者会見場としても過去に何度も登場してきた。

一九六九年（昭和四十四年）七月十八日。

流行作家の仲間入りを果たした佐藤愛子が『戦いすんで日が暮れて』で直木賞候補にノミネートされた。すでに芥川賞候補で二回、直木賞候補としては二度目のチャンスだった。

選考会では「ベテランの域に達しているためにいまさら受賞も」という消極的意見が多かったが、松本清張が強く推したことが決め手となって直木賞を受賞した。選考は実力だけではなく運も左右する。

新橋第一ホテルでの受賞記者会見が終わると、佐藤愛子は『文学界』の担当編集者とともに新橋駅に向かって歩いて帰るのだった。

アポロ11号が月に向かって飛んでいる夜で、二人はビルの上にのぞく月を見上げてアポロ宇宙飛行を思う。

今年九十四歳になり再ブレイク中の佐藤愛子が、四十五歳女盛りのときの忘れがたい思い出である。

新橋第一ホテルは地の利を生かし、作家のカンヅメとしてもよく使われてきた。

作家を一部屋にこもらせて締切に間に合わせるように執筆に専念させる、編集部最後の手段である。作家のほうも、カンヅメは売れっ子になった証であると、自ら進んでこもる場合もある。

「うちで一杯やって、『これから第一ホテルでカンヅメなんだ』っておっしゃってましたよ」

新橋の老舗居酒屋「蛇の新」の山田幸一店主がそう回想する人物とは、劇画界の首領、劇画原作者・梶原一騎だった。

「梶原一騎先生もいらっしゃってましたけど、お父さんもよく来ていただいたんです」

梶原一騎の父は、戦前の総合雑誌『改造』の編集者であり、酒と文学をこよなく愛するインテリであり、梶原一騎は父のことをとても尊敬していた。

一九五三年（昭和二十八年）、『少年画報』の読み物懸賞に『勝利のかげに』という小説で入賞した当時十七歳（！）の梶原一騎は、ゆくゆくは小説家として独り立ちしたいと夢描いていた。

昭和三十年代、『少年画報』『少年』『冒険王』『ぼくら』『りぼん』『なかよし』といった月刊漫画誌が全盛期で、組み立て付録や別冊付録が付き、毎月発売日が待ち遠しかったものだ。

一九五九年（昭和三十四年）四月、『少年サンデー』『少年マガジン』が創刊されると週刊誌が主流になっていく。

月刊誌から週刊誌に移るこの時代は、絵物語から漫画に移行する時代でもあった。

梶原一騎は読み物作家として人気を博し、力道山、大山倍達《ますたつ》といった格闘家たちと取材を通して親しくなり、少年サンデーで『プロレス悪役物語』という実際のプロレスラーを主人公にした四ページの一話完結物を連載していた。人気のあった石原豪人《ごうじん》、中村英夫といった挿絵画家がブラッシー、デストロイヤーといった外国人悪役レスラーをおどろおどろしく描き、私を夢中にさせた。

絵物語から漫画に人気が移るとき、梶原一騎原作のプロレス漫画『チャンピオン太《ふとし》』（少年マガジン連載／一九六二年）がヒットする。

少年マガジン編集部では、週刊誌になって毎週ストーリーを練るのは漫画家にとって一苦労なので、構成力のある読み物作家を原作者として起用しだした。その一人が梶原一騎であった。大人向け小説を書きたかった梶原一騎にしてみたら、まずはこれを踏み台にして小説家になってみせるという思いだっただろう。

『チャンピオン太』はテレビ放送もされ、力道山が本人役として出演し、新人時代のアントニオ猪木が死神酋長という悪役レスラーで出演したり、高視聴率となった。

まだ二十代半ばの梶原一騎青年にとって大いに満足のいく日々だっただろうが、漫画原作者はあくまでも余技《よぎ》だった。

だが構成力のある青年を少年マガジン編集部が放っておくわけもなく、一九六六年（昭和四十一年）、川崎のぼると組んだ『巨人の星』が連載開始、回が進むにつれていまだかつてなかったほどの大人気となる。

一九六八年（昭和四十三年）、同誌にベテランちばてつやと組んだ『あしたのジョー』が開始されるに至って、同誌は史上初の発行部数百万部を突破する。

『あしたのジョー』が連載されるとき、「原作者の高森朝雄から読者にひとこと」というメッセージが載ったことを、私はいまでも憶えている。

高森朝雄は、『巨人の星』の星飛雄馬《ほしひゅうま》は優等生過ぎる、これからはじまる『あしたのジョー』の矢吹《やぶき》丈《じょう》は飛雄馬とは正反対の不良である、とあえて梶原一騎の『巨人の星』に喧嘩を売ってきた。

当時、梶原一騎と高森朝雄が同一人物だとは知る人ぞ知るであって、編集部もあえて同一人物だと明かしていない。同じ雑誌に同一人物が重なることで作品に先入観をもってしまうことを懸念したのだろう。そしてライバル関係にあるかのような演出まで施した。

「蛇の新」の山田幸一店主によれば、梶原一騎が新橋第一ホテルでカンヅメになっていたのは「まだニュー新橋ビルができる前」だったと言うから、一九七一年以前、一九六九年から七〇年（佐藤愛子が直木賞受賞記者会見の後、新橋第一ホテルから新橋駅までそぞろ歩いた時期）だろう。

まさしく『巨人の星』『あしたのジョー』が大ヒット、『柔道一直線』（作画・永島慎二、斎藤ゆずる）、『夕やけ番長』（作画・荘司《しょうじ》としお）、『キックの鬼』（作画・中城けんたろう）といったメガヒットがつづいていた一騎黄金時代のはじまりに重なる。

小説家の夢は封印し、少年漫画の原作者として押しも押されぬ大家となった。

本来なりたかった小説家ではなく漫画原作者としての屈折した感情があったのか、編集者がストーリーの修正を申し出ても、原稿には手を入れずそのまま突き返したという。

新橋第一ホテルにカンヅメになっていた時期、もしかしたら女性歯科医殺人事件とぶつかっていたかもしれない。猟奇的な事件を一騎はどう思っただろうか。

一騎の勢いは止まらず、一九七一年『空手バカ一代』（作画・つのだじろう、影丸譲也）、一九七三年

『愛と誠』（作画・ながやす巧）とメガヒット作を少年マガジンに連載、時代は梶原一騎とともに歩んだ。

実弟で劇画原作者、空手家、俳優でもあった真樹日佐夫《まきひさお》は、兄一騎との兄弟愛が深く、大人になってからも一緒に旅行にも行ったし、外国でも一緒にコールガールと遊ぶほどの仲だった。

真樹日佐夫が私に語ったことがあった。

兄一騎は旅行に行っても漫画原作の締め切りを抱えていたために、部屋にこもり執筆に取り組むのだが、『あしたのジョー』は一時間もあれば一回分の原作を書いてしまうのに、『巨人の星』はその何倍もかかったという。矢吹丈の不良性は一騎の性格とかぶるところがあり、ストーリーづくりにそれほど困らなかったのだ。

梶原一騎は若いころ野球にさほど興味がなく、九州出身だったので強いて言えば西鉄ライオンズファンというだけで、当初は巨人ファンではなかった。ボクシングは前から好きで、東京にいても九州でいい試合があると聞くと、飛んでいった。

梶原一騎と大山倍達は義兄弟の契りを結んだ。

『空手バカ一代』が大ヒットする前は極真空手の入門者もそれほどいなかったが、漫画が大ヒットすると一日二百人が道場に押しかけた。

梶原一騎はアントニオ猪木と親しくなり、空手とプロレスの異種格闘技戦として、猪木と極真空手のウィリー・ウィリアムスと対決させている。

劇画原作者だけではなく、プロデューサーであり、フィクサーにもなっていた梶原一騎に対して、いつしか「怖い」という噂が出版業界に流れだした。裏社会の人間とも深い付き合いがあるとも噂された。

梶原一騎の仕事場を訪問

私が梶原一騎本人と出会ったのもまさしくそのころ、一九八一年（昭和五十六年）一月であった。

前年秋、物書き稼業の道を歩み出したものの収入も不安定で、アルバイトとして週二回、所沢の隣街である東京・東村山の学習塾で臨時の講師をやりだした。

教え子の中学三年男子三人は、添野道場という極真空手所沢支部の道場生であり、最近になって添野義二《よしじ》館長が極真本部から破門された、と休み時間に何気なく口にした。これは書くしかない。

思えばこれが私の波乱に満ちた物書き人生のはじまりだった。

はじめてスクープを物にできる予感に心躍らせていたら、創刊から一年足らずの『噂の真相』誌に池田草兵というルポライターが「極真スキャンダル」というタイトルで先にスクープしてしまった。

タッチの差で抜かれてしまった私は、敗戦処理投手の気分で添野館長のインタビューをおこなった。

するとそこに当の池田草兵がふらりと入ってきた。

同じ所沢出身ということ、根っからのラテン系でだれとでも仲良くなってしまう池田草兵に興味をもった私は、いつしか彼と行動を共にするようになった。

池田草兵は第二弾、三弾の極真スキャンダルを書き、大山倍達のインタビューにも成功し、添野館長の紹介で梶原一騎まで話を聞き出そうとした（人垂らしの達人である）。

私は池田草兵に連れられて、赤坂の超高級マンションの一室を訪れた。

そこは劇画界の首領の事務所だった。

分厚い壁とドア、重厚なつくりで外部からの音はまったく侵入せず、高級建築に共通する無音の世界、唯一聞こえてくるのは、耳奥の鼓動だった。

週刊誌で見る角刈り、衿《えり》の広い派手なシャツ、薄い色のサングラスをかけた梶原一騎本人が奥の部屋で私たちの到着を待っていた。

原作が売れに売れ、プロレス、空手といった格闘技の総合プロデューサーをこなし、映画制作にまで乗り出した劇画界の首領は、新橋第一ホテルにカンヅメになることもなく、悠々と豪華な事務所で執筆していた。

噂になった女優たちとは、この仕事場のどこかの部屋で密会していたのだろうか。

劇画界の首領は大山倍達を強烈な言葉でなじった。

「まあそれもこれもよお、ミミズを大蛇みてえに書いちまったおれも悪かったのかもなあ」

義兄弟の仲になった二人が不仲になって最悪の時期だった。

大山倍達との離反は極真空手との緊張関係をもたらした。

「おれはなあ、受けた恩は倍にして返す男だ。だがなあ、受けた酬《むく》いは百倍にして返す!」

劇画界の首領は分厚いテーブルの上に置いてあった金属製の特殊警棒をいきなり引き伸ばした。

「こいつがあればよお、極真の若いやつらのド頭、かち割ってくれるぜ!」

伸ばした金属製特殊警棒をぶるんぶるん振り回す。

会う前までは星飛雄馬かその父・星一徹のような人物かと勝手に思っていたのだったが、目の前で警棒を振り回す人物はまるで『愛と誠』の、悪の花園実業の不良であった。

「うん? きみはなんだ? 週刊大衆と平凡パンチで書いてる? フリーの記者か? そうか、しっかりやりなさい」

梶原一騎は目の前の若造の存在に気づいたのか、そう私に声をかけたのだった。

初対面の若い記者にここまで素顔をさらけ出してしまう。怒れる男は無防備であった。ここまでさらけ出されてしまうと、かえって親近感さえ抱いてしまう。

稚気愛すべき男でもあった。

場外車券売り場にて

徳間書店に在籍していた元アサヒ芸能・Kデスクの情報が入った。

毎週末、新橋の場外車券売り場に来ているのを、知人が目撃したというのだ。

私は毎週末、Kデスクらしき人物が来るか、改札口で見張る刑事のようにSL広場で張った。

夏盛りの七月中旬、強い日差しに照らされて広場が陽炎《かげろう》のように揺れている。

靴磨きばあちゃんは本日も地面にどっしり座って、年配のサラリーマンの靴を磨いている。

ニュー新橋ビルはこの地に散らばった人々を吸引するかのようにあらゆる人間を迎え入れている。

SL広場の普段の光景でもある、人待ちの姿があちこちに点在する。

私は目をこらした。

長めの黒髪、眼鏡、大柄でいつも飄々《ひょうひょう》としている。競馬と酒と文学をこよなく愛した編集者。

午後十二時、鼓動が早くなった。

大柄で血色のいい顔色、黒い毛髪を横分けにした眼鏡の中年男性の後ろ姿を発見したのだ。

十数年ぶりに見るKデスクではないか。

遂に再会するときがきたのだ。

何から切り出したらいいのだろう。

近づく。

顔を確認する。

Kデスクとは異なる、細い目をして顔色のわるい中年男だった。

次の週もまた次の週も張ったが、それらしき人物には当たらなかった。

新橋をテーマにした書き下ろし本は最終段階にかかっていた。

いつ終わるとも知らないガード下の耐震補強工事がつづいている。

毛の商人が愛した街

「最期は新橋だな」

毛の商人、高須基仁《たかすもとじ》がつぶやいた。

脱がせ屋、ヘアヌード・プロデューサー。

島田陽子、浅香唯、天地真理、西川峰子、大西結花、高部知子、三原じゅん子、川島なお美、大竹しのぶ、ルビー・モレノ、白都真理……。

すべて合わせて八百万部超のヘアヌード写真集を売り上げ、膨大な利益を得た男。

団塊世代の六十九歳、静岡県掛川市から上京し中央大学経済学部に入学。学園紛争の先頭に立ち、機動隊と激しく渡り合い、逮捕。一年半拘留され、懲役一年六ヶ月執行猶予三年の判決で釈放される。過激派学生たちの就職先はなかなか無く、オモチャ会社の幹部と知り合った高須基仁はトミーに潜り込んだ。

高須基仁の手がけたUNOカード、黒ひげ危機一発ゲームは大ヒットする。

過激派の活動家としてバリケード封鎖していたころから、女子大生を脱がせ、写真を撮り、それを仲間の活動家に売り歩くという、将来の姿を彷彿とさせるところがあった。トミーにいたとき栃木県壬生《みぶ》町《まち》にオモチャ工場の工業団地があり、そこに主婦たちがたくさん住んでいた。仕事で行くたびに、高須基仁はあることを思いつく。

「壬生のオモチャ団地のパートのおばちゃんばかり集めて、ビニ本バカバカつくったよ（笑）。妊娠線と帝王切開。そんなんでも化粧バッカバカすれば顔なんか関係ない。荒木経惟《のぶよし》がカメラマンで、バッカバカ撮ったから。おれが、ヘアヌード写真集にいきなり荒木もってくるって考えられる？　この当時からビニ本一緒にやってた仲だからですよ」

儲けたカネで所沢市の高層マンションの超一等室を買い、埼玉の奥、入間《いるま》市に一戸建てを購入して住みだした。

女優や歌手と浮き名を流した高須基仁なら、元麻布、南青山、六本木、赤坂あたりに居を構えたほうが便利なのだが。

「ふるさとの静岡県掛川市って、名物が茶畑・富士山・和菓子なんだよ。所沢も入間も、まったく同じなの。お茶菓子が掛川とほぼ同じつくりで、竹の中に水ようかんが入ってる。夏になると、冷やして食べる。風流なのよ。お茶も狭山茶と静岡茶が超一等だろ。お茶街道の向こうに富士山が見える。掛川と同じ。所沢のおれのマンションのほぼ真正面から富士山が見えるんだ。そういう所に住みたかったのよ。入間には養鶏場がたくさんあって、そこに朝、鶏が産んだばかりの卵を買いに行くのよ。初産み卵といって、はじめて子宮を通る小ぶりの卵。これがうまいの。ご飯に入れてかきまぜて食べる。大病患《わずら》って胃が四分の一しかないおれでも、卵ご飯なら一膳食べられる。ある女流漫画家といい仲だったのよ。目白通り沿いのマンションに彼女が住んでいて、毎朝、所沢から車で走っていく途中、卵を届けるの。それが楽しみだったのよ。あいつもそれが楽しみだった。所沢時代、豊かな時代だったよ」

かつて私にそう語っていた。

ヘアヌード写真集で大儲けする一方、悪名も響き渡り、修羅場もくぐり抜けてきた。

「おれの仲間、死んでるのが多いよな。自殺が多いよね。五十五、六歳でなんだかしんないけど、自殺してる。病院から飛び降りて死んだ。お偉いさんで糖尿になって目がダメになって、片足切って、海沿いの病院に入って、飛び降りた。美しい顔したお偉いさんも癌で死んだ。おれの参謀、酔っぱらって甲州街道で寝ていて、トラックに轢かれて両脚切断。死屍累々《ししるいるい》ですよ」

浅草に事務所があったが、空にそびえ立つスカイツリーができてから下町の景色が変わってしまった。

東京タワーの見える新橋を最期の仕事場にしようと決めた。

東京タワーなら他からも見えるが、なんで新橋なのか。

「十八歳で大学に入るために（静岡県）掛川から上京したけど、親父は新宿柏木の青梅街道沿いで高須額縁店を開いていたんですよ。そう額縁屋。額縁の仕入れで、木の枠、ガラス、鏡、木工関係を仕入れる先が新橋五丁目、昔の町名で日蔭町にあった。そこは職人とヤクザが混在するしもた屋で、親父は柏木と新橋を行き来してたの」

母の実家が掛川にあり、高須基仁が幼稚園に入る前、掛川にもどった。実家は紙箱、段ボールをつくる店だった。

「親父は（一九）九七年に亡くなるんだけど、おれも最期の仕事場は新橋だなって思ってたの。東海道線で掛川まで一直線で帰れるし。五年前、浅草から新橋に移った。ここなら事務所の窓から東海道線も見えるし。虎ノ門を背にして右手に芝大門、東京タワー。マッカーサー道路ができて（新橋）一丁目から四丁目までと五丁目が分断されて五丁目が外側になっちゃったけど、やっぱりここが落ち着くんだよ」

マッカーサー道路とは、都市伝説のように付けられた道路の俗称である。

終戦直後、GHQのマッカーサー最高司令官がアメリカ大使館から埠頭のある竹芝まで一直線で行ける幅百メートルの道路を造るように命じてできたものとされる。いわゆる政治道路だ。

道路というのは巨大な建設費と日数、どこに通すかという政治力が必要なために、発言力のある権力者によって強引に造られがちである。

国葬にもなった実力者・吉田茂元総理大臣が、住まいのある大磯から都心に車で向かう際、踏切の大渋滞に業を煮やしバイパス道路を造らせたという伝説がある。吉田総理がワンマン宰相と呼ばれたことから、このバイパス道路はワンマン道路と呼ばれた。事実、吉田総理の鶴の一声でできたのだった。

神楽坂には午前と午後で一方通行が逆転する全国でここだけの不思議な一方通行の道路がある。午前中は坂上から坂下に一方通行となり、午後は坂下から坂上が一方通行となる。

どうしてこんな危なっかしい一方通行の逆転が、時間帯によっておきるのか。

タクシー運転手をはじめとした地元を走る運転手は、この通りを角栄道路と読んでいる。

第八章に登場した山科薫の義理の叔父・田中角栄元総理大臣が神楽坂の愛人・辻和子《つじかずこ》邸から国会方面に向かうとき、坂上にある愛人宅から国会方面にすぐに行けるようにしたとされ、国会が終わると愛人宅まで今度は逆走しても大丈夫なように一方通行を逆転させた、とされる。

吉田茂のワンマン道路と比べると確証はないが、あながち間違いではないだろう。

新橋のマッカーサー道路ははたしてどうなのか。

結論からいうと、これはマッカーサーが幅広の道路を造るように命じたわけではなく、それよりも昔、関東大震災後の復興計画として後藤新平が構想した都市計画がもとになった道路だった。

戦争で計画が頓挫したが、道路建設計画は生き残り、高い建物を建設することは制限がかかり、それがつい最近までつづいたために、この通り一帯は低い建物しかなかった。

二〇一四年三月二十九日に開通した虎ノ門から新橋に至る全長一・四キロメートル区間が開通し、あらためてマッカーサー道路という名称が歴史の深部から表に出てきた。

この道路のおかげで新橋への人の流れが変わったとされる。

マッカーサーという亡霊が二十一世紀になっても漂う街に高須基仁は帰ってきた。

マッカーサーばりのコーンパイプをくわえた男は、ここ新橋を終焉の地として選び、胃の四分の三を切り取ってもなおフルタイムで働いている。

トップ屋稼業

「ネリカンには五、六回入ったよ」

新橋はもう一人、強面の男を呼び寄せた。

その男はもう地上にはいないのだが、いまだに強烈な存在感を放ち、私の記憶から薄れることはない。

先にも書いたが梶原一騎の実弟、真樹日佐夫という男だ。

劇画原作者、小説家、空手家といくつもの顔をもつ。

真樹日佐夫は少年時代のころから荒くれ、東京少年鑑別所（練馬区にあることから通称ネリカンとも呼ばれた）に五、六回入った。

名を成してからもサングラスにパンチパーマ、白いマフラーにスーツというど派手なスタイルでひときわ目を引いた。

兄・梶原一騎も荒くれた少年時代を送っていたが、弟・真樹日佐夫はそれ以上に荒れていた。

真樹日佐夫本人によれば――。

「（荒れ狂ったのは）親父に死なれたことだよ。おれは父ちゃん子だったからね。『あなたに褒められたくて』っていう高倉健の物語があるけど、このおれも親父に褒められたくて勉強していたようなもんだったよ。それがいなくなったんだから」

手に負えない少年だった真樹は、実兄が見る間に国民的劇画原作者になっていく姿をすぐ横で目撃した。

「ぼろい商売があるんだなあっと思ってさあ（笑）。酒かっくらって夕方頃起きだして、原稿書いてまた飲みに行って、それでも成り立ってる。よし、おれもあやかろうと思ったよ」

兄より四歳下だった真樹青年は、大好きな兄の通った道を知らず知らずのうちに周回遅れで歩み出す。

兄が大山倍達の門弟になれば、自分もまだ極真空手になる前の大山道場時代から門弟になった。兄が絵物語や実録物を『少年画報』『少年キング』『少年マガジン』に書き出せば、自分も書くようになった。

一九六〇年代前半、少年漫画誌を開くと、梶原一騎・真樹日佐夫兄弟のプロレス読み物、ギャング実録物、戦記物がよく載っていたものだ。

真樹日佐夫はフリーランスの身分で取材し原稿を書く、ルポライターという六〇年代になって誕生した職業に身を投じるようになった。

晩年、真樹日佐夫本人が回想した。

「新橋で事務所を開いたんだ。編集プロダクション、トップ屋集団だよ」

トップ屋！

懐かしい響きだ。

五〇年代末から六〇年代にかけて花開いた週刊誌創刊ラッシュとともに、雑誌記事を取材して執筆するフリーランス、あるいはチームで働く者をルポライターと呼び、違う呼び名がトップ屋だった。

週刊朝日の名編集長・扇谷正造が、飲み屋で週刊文春専属記者の梶山季之《としゆき》を酔って「トップ屋」と呼んだのが名称の由来とされる。

週刊誌の巻頭にある特集記事を担当したためにそう呼んだのだったが、トップ屋の語感には半分近く蔑称も込められていた。他人のスキャンダルをほじくり返して記事にしてしまう、行儀のわるい文筆業者、といったイメージだ。

その一方で、アンタッチャブルの世界に潜入する週刊誌のフリーランス記者は、傍目から見たら当時の日活アクション映画のように見えたのだろう。

日活では二谷英明主演でトップ屋の活躍を描いた『俺はトップ屋だ 顔のない美女』（一九六一年）、

『俺はトップ屋だ 第二の顔』（同年）が上映され、テレビでは丹波哲郎が主演した『トップ屋』（フジテレビ系／一九六〇〜六一年）なるテレビドラマまであったほど、注目された新職種だった。

真樹日佐夫は一九六五年から丸四年のあいだ、新橋烏森口に近い駄菓子屋の二階に部屋を借り「東京ルポ倶楽部」なる事務所を設け、数人で雑誌記事の取材構成執筆を仕事にしていた。いまでいう編集プロダクションのはしりである。

新橋に事務所を置いたのは、そのころ暮らしていた大森から京浜東北線一本で来られたからだろう。赤提灯がひしめき、隣は銀座、酒と女をこよなく愛する男にとって新橋はまさに打ってつけの地だった。

真樹日佐夫の回想を聞くと、SL広場には夜になるとおでんの屋台がずらりと並び、そこを拠点に三十人近くの娼婦たちが客を引いていた。仕切っていたのは暴力団である。

真樹日佐夫はスキャンダル取材をしたことで数々のトラブルに見舞われ、持って生まれた血の気の多さもあってか、命の危機にあったこともしばしばだった。

製薬会社社長の女性スキャンダルをつかんだ真樹はある夜、烏森口の寿司屋を出たところ、暴力団が運転する車にはねられそうになる。車のナンバーをひかえていたので警察に通報し、逮捕に至った。

血の気の多い男にとって、トップ屋稼業は肌に合っていた。

酒の席でも仕事でも、ネリカン上がりの暴力で渡り合った。

仕事に遊びに精を出した真樹日佐夫は、夏のある日、千葉県勝山の海に遊びに行くが雨にたたられ、何日間も海で遊べないので、駅前文房具店で原稿用紙を買って自己を投影した作品を書き上げた。新人賞に応募したところ、一九六八年（昭和四十三年）『凶器』で第三十三回オール讀物新人賞を受賞する。

兄と編集者にすすめられ劇画原作に取りかかり、一九七〇年（昭和四十五年）、少年マガジン誌上に連載された異色学園バイオレンス劇画『ワル』（作画・影丸譲也）が大ヒット、真樹日佐夫の名は広く知られるようになる。リアルな不良たちの生態は、ネリカン体験があればこそだった。

梶原一騎再評価がこのところうねりのように起きている。

梶原一騎研究において、兄弟愛の深かった真樹日佐夫こそ、もっとも間近で見てきた人物として梶原一騎の創作舞台裏を知る人物だ。

梶原一騎描く『巨人の星』の星一徹は実父がモデルと言われている。

「たしかに親父は星一徹のああいう面もあったけど、うちの兄ちゃんがデフォルメさせただけで、いい意味で放任で、なんでも信じてくれたよ。おれがワルで何度も警察に捕まっても、裁判所に呼び出されても来てくれて、廊下で待ってると、判事と話しているのが聞こえてくるんだ。いつの間にか先生と呼ばれている。永井荷風と知り合いになったり、高見順が親父のこと書いてたよ」

真樹日佐夫の強面の顔から純文学作家の名前がさらりと出てくる。

喧嘩空手の猛者でありながら文学青年だった。パンチパーマと純文学を両立させた漢！

『あしたのジョー』幻のラストシーン

私は麻布の真樹日佐夫が主を務める真樹道場の事務所で、当人から何度もテーマを変えて話を聞いたものだった。

物書き稼業駆け出しのころ、極真スキャンダルを追った話をしてみた。

するど真樹日佐夫のサングラスの奥が光った。

「ああ。池田草兵な。あいつ、大山先生と兄貴のことあれやこれや書きやがって、『噂の真相』の岡留《おかどめ》（編集長）と池田を追いかけたんだ。逃げまくってたな。なに？　あれ書いたのか？」

「いえ、書こうと思ったんですが、（池田）草兵さんに先に越されてしまいました」

「ふーん。間に黒崎先輩が入って、許してやれ、と言うんで許したけどな」

「草兵さんはその後、大山総裁と会ってインタビューしてその後、梶原先生と会ったんですね。私も一緒に付いて行きました。赤坂のすごいマンション」

「そうか（笑）」

「番長でしたね」

「番長か（笑）」

「私の前で金属製の特殊警棒を伸ばして振り回してみせてくれました」

「ワーッハッハッハッハッハッハ！　兄貴らしいな。あのころ大山先生と兄貴が疎遠になっていたからなあ。そもそもの原因は、ウィリー対猪木戦をうちの兄ちゃんが強行しちゃったからだよ」

　アントニオ猪木はヘビー級ボクサーのモハメド・アリにはじまり異種格闘技戦に挑みつづけ、極真最強と言われた黒人空手家ウィリー・ウィリアムスと試合をおこなった。

　このときの一戦が梶原一騎・大山倍達との不仲の発端となったというのだ。

「大山先生は（試合を）やるのはまだ早すぎると言ったんだが、兄貴は大山先生を蚊帳の外に置いて、アメリカ支部でウィリーの師匠である大山茂も巻き込んで猪木とウィリーの試合をやったんだ。ビッグマネー欲しいから。そしたら禁足処分になったよ。大山茂も。猪木がちょっと衰えてきたころだったけど、猪木は強いときは本当に強いから。でもあの試合はプロレスの域を出ないよ。ビデオ見てみるとわかる。猪木が試合をリードしているし、ウィリーは猪木の目ばかり見て追っていく。あれが素人っぽいんだが、しょうがない。（ウィリーは）プロじゃないんだから。出来レースだったけどよくできた試合になっていたよ」

真相が暴かれた。

『あしたのジョー』は、矢吹丈より体重が上の力石が過酷な減量で矢吹と同クラスになって対戦し、試合には勝ったが力石は精根尽きて死亡してしまう。

兄のそばで創作活動を見てきた弟・真樹日佐夫は証言する。

「『あしたのジョー』は本当は力石の死で終わるはずだった。だが作品があまりにも人気が出過ぎて編集部が終わらせようとはしなかった。だから（兄は）不承不承《ふしょうぶしょう》書いていたよ」

戦後漫画界の人気投票で常に一位二位を争う歴史的名作『あしたのジョー』のラストシーンは、ホセ・メンドーサと矢吹丈が戦い、試合が終わってセコンドに座りうつむいたままの矢吹丈のあの有名なセリフ「燃えたよ……まっ白に……燃えつきた……まっ白な灰に」で終わる。

セコンドについた矢吹丈育ての親、丹下段平が丈の顔を見て何かに気づく。

果たして矢吹丈は死んだのか。

最後の試合になって出たあの有名なセリフをめぐって、いまだに様々な解釈が湧き上がってくる。

最終回では、梶原一騎が締め切りに追われているために、作画担当のちばてつやがラストシーンを改編した。『紫電改《しでんかい》のタカ』『ハリスの旋風《かぜ》』をはじめヒット作を出してきたちばてつやだからこそ、任されたとも言えよう。

梶原一騎が書いたラストシーンは、過酷な試合でパンチドランカーになったジョーが、妄想のなかお花畑で力石と戯れている。それをジョーと力石との三角関係になった令嬢・白木葉子がやさしく見守っている、という幻のシーンだった。

やはり、ちばてつやの描いたラストのほうが名作にふさわしい。

真樹日佐夫は語った。

「燃えつきたっていうあのラストはよかったよ。兄貴も認めてた。もっとも、パンチドランカーになったジョーが力石と戯れて、それを白木葉子がやさしく見守っているっていうのもそれはそれで文学的であって、別の味わいがあると思うがな」

ＳＬ広場に電車の走行音が響き渡った。

真樹日佐夫が亡くなる一年前、たまたま本人から聞けた『あしたのジョー』にまつわる貴重な証言を私は思い出した。

ラストシーンでうつむいたままのジョーは、果たしてまっ白に燃え尽きて命まで潰《つい》えたのだろうか。

梶原一騎もちばてつやも断言はしていない。

真樹日佐夫は語った。

「ジョー？　死んだかって？　死んじゃいねえよ。タイトルをみろよ。あしただぜ、あしたがあるんだよ」

灼熱の新橋を歩いていると、真樹日佐夫が回想した言葉が浮かんできた。

新橋第一ホテルでカンヅメになった梶原一騎も永久の眠りについた。

実弟の真樹日佐夫も二〇一二年一月二日、クルーザーに乗り込もうとしたときに急死した。

享年七十一歳。

私の新橋をめぐる旅はまだつづきそうだが、いったんキリのいいところで終わりにしなければならない。

二十四歳の秋、この地で私はさまようように仕事をしていた。まだトップ屋にさえなれない若造だった。

時刻が迫っていた。

私はこの後、夕方、仲間と待つという任務が与えられている。四谷《よつや》にある小さな喫茶室がその場だった。

私は一本の電話を待たなければならない。

あるノンフィクション賞の最終候補作として、私が昨年書いた分厚いハードカバーの本がノミネートされたのだ。

タイトルからして賞の選考には不向きなものにちがいなく、アンダーグラウンドな人々を追いかけてきた私にとっては予期しない出来事にちがいなかった。

物書き稼業を生業にしていくうちに、私は少しずつだが自分が追い求めるものの輪郭がわかりかけてきた。

記録に残されない人々を私がせめて活字で残しておこう。それはたとえるなら、映画のなかで刑事を演じる主演ではなく、主演の刑事に道を尋ねられて頭をかしげるラーメン屋のオヤジを演じている無名の俳優であり、芥川龍之介、菊池寛に混じり写真におさまる仲間たちのなかで、「ひとりおいて」とキャプションで記されてしまった〝ひとりおかれてしまった〟人物である。

私は生まれながらにしてそういった人々にドラマを感じ、心惹かれてきた。

私が話を聞こうとしてきた人々のなかには、タッチの差で地上から消えてしまった人物もいた。時間は待ってくれない。

そろそろ時間が迫ってきた。


私は担当編集長とともに四谷の小さな喫茶室で腰かけていた。

受賞の合否は担当編集長のアイフォンにかかってくる。

喫茶室の喧噪が遠くに聞こえた。

長い日々だったような気もするし、あっという間に駆け抜けたような気もする。

ざわめきが中断された。

担当編集長のアイフォンが小さく鳴った。

顔見知りの編集者たちが一斉に編集長の口元を見ている。

しばらくやりとりしている。

顔の表情で察しがついた。

ざわめきがまた耳の奥底から湧き出してきた。

またいつもと変わらぬ一日が過ぎていく。

エピローグ

「次は新橋をやりませんか？」

杉山君が提案してきた。

私は執筆対象に思い入れがないとなかなか筆が進まない書き手であり、いままで鶯谷、渋谷円山町、上野と書いてきた街には個人的な関わりがあった。

新橋は物書き稼業をはじめた二十四歳のとき、手帳サイズの大学ノート片手に新橋駅周辺を取材した思い出の地であった。

新橋という街も不案内なら、自分が選んだ職業だって右も左もわからなかった。

今回、新橋の書き下ろし本の企画があがったとき、戸棚の奥に押し込まれた西武デパートの袋の中から当時の取材ノートが出てきたのも、私に何かを訴えているかのようだった。

二十代前半の駆け出し記者が還暦を過ぎた男になった。

もう一度原点に帰って、新橋を歩いてみようか。

新橋は私にとって徳間書店のある街だった。

新人時代から私に何かと声をかけてくれたアサヒ芸能編集部のKデスクと赤提灯街を歩いて回顧趣味にひたろうと思っていたが、肝心のKデスクの消息がつかめない。本書では個人的なこだわりでKデスクを追いかけた。

人の流れに飲み込まれ、人は街から姿を消し去る。新橋は広く、様々な人々が入り組み、鼓動している、知れば知るほど刺激的な街だった。個性溢れる男と女がこの街に惹かれ、仕事場にしたり遊び場にする理由がわかる気がした。


まずは歩くことからはじまった。

来る日も来る日も、新橋とその周辺を歩いた。

刑事と同じく歩くことはこの仕事の基本だ。

本書では時間軸通りに載せず、構成上の都合で順番を変えていることを記しておきたい。

駆け出し時代と異なるのは、ＳＮＳの活用であった。

新橋ゲイ事情について詳しい解説をしてくれたＴ氏を紹介してくれた〝三人目のクラッシュ〟伊藤雅奈子さん、渡辺プロダクション元幹部・渡部洋二郎氏、私にスタジオジブリの鈴木敏夫さんとの橋渡しをしてくれた元日本テレビプロデューサー吉川圭三氏、ジブリの小冊子『熱風』額田久徳編集長、の方々とはフェイスブックを通じて知り合えた。昔なら交わり得ないまま、別々の人生を送っていただろう。

ジブリの鈴木敏夫さんがここまで週刊誌記者時代の話を語ったのは、これがはじめてではないだろうか。とても貴重なインタビューになったと自負している。

朝堂院大覚総裁の明け透けな証言もめったに聞けない衝撃的なものだ。

松本清張賞作家・食堂のおばちゃん山口恵以子氏にはあのアーケード街の背筋の寒くなる絵画につい

て貴重な証言をいただけた。

ひとついい話がある。

アーケード街で働く新聞少年ならぬ新聞中年たちの胃袋を満たすために日夜働いてきた山口さん。『月下上海』で松本清張賞を受賞したときは文学に詳しい文化部の記者たちが記事を書いたのだったが、一人遅れて東京新聞の記者が電話をかけてきた。

「社員食堂で働いてる女性が受賞って珍しいと思うんですけど、そういうふうなことおうかがいできませんか」

文学賞とは縁の薄い社会部の記者だったことが幸いした。

それまでとは見方を変えた取材で、社会面に「食堂のおばちゃんは作家」と写真入りで載ったことで強烈な印象となって読者に届いた。

それ以降、テレビ、雑誌の取材が殺到し、たちまち知名度が上がり、原稿依頼が押し寄せた。

新聞に携わる男たちにいつも暖かいご飯を提供してきた食堂のおばちゃんは、新聞によって名を上げた。食堂のおばちゃんへ新聞からの恩返しだった。

学生時代の旧友たちとも久しぶりに交流をもった。これは二十代三十代の若いうちではなかったことだ。

若いころの共通体験は、歳をとってからつながりをより強める。

ニュー新橋ビルについて専門的な知識を教示してくれた持田灯《あかし》東北大学大学院教授もその一人だ。

企画演出部というお祭り好きの学生たちが集まったサークルで、飄々として参加していた私より二級下の持田君が建築学界の泰斗《たいと》になるとは。

意外と言えば、彼と早稲田大学理工学部建築学科の同期だった人物もその一人だろう。

彼は現在進行中の新橋駅周辺再開発という巨大事業をとりしきる中心人物であり、新橋駅西口地区市街地再開発準備組合を推進する野村不動産・宮嶋誠一代表取締役である。

実社会に出て、出世すごろくを登っていくとしたら、代表取締役にまで登り詰めた宮嶋君はまさに勝ち馬中の勝ち馬だろう。

たまたま偶然だが、新橋再開発事業の最高責任者がまさか学生時代の仲間だったとは。

これもシンクロニシティというやつだろう。

彼は代表取締役といっても、あぶらぎったところもなくむしろ学生時代よりもたおやかになった。今回、本書のために無理を言って、ニュー新橋ビルとその周辺を根底からリニューアルする新橋再開発について、語ってもらった。

「ニュー新橋ビルができて四十六年が経過して、周辺建物を含めて老朽化したり、耐震性能、木造等災害危険度から再度の再開発を検討しています。二〇一〇年に街づくり懇談会、一四年に新橋駅西口街づくり協議会が設立されて、構想案の策定や権利者の意向を確認しながら合意形成してきました。ニュー新橋ビル権利者は三百二十名、周辺権利者五十五名、借地・借家人を含めると七百人を超える権利者になります。準備組合加入率は六十七パーセント、ニュー新橋ビルでは八十パーセントになります。権利者の多い中、協議会設立からわずか二年でこの加入率の高さは異例と言えるんじゃないでしょうか。権利者の再開発への期待がうかがえます。ビル完成当時からの昭和一ケタ世代のオーナー、マスターも未だ現役で健在ですから」

ツインタワーのオフィス・商業の複合再開発として、十年後の完成を目標に都市計画案を策定中だという。

新橋はＪＲ、メトロ、都営地下鉄、ゆりかもめなど交通の要所であり、再開発によってよりグローバル化した都市として、東京の新たな玄関口を目指す。

あのニュー新橋ビルが取り壊された新橋とはいかなる景色になるのだろう。

そして宮嶋君、いや野村不動産代表取締役はこう結んだ。

「人情味あふれ混沌とした〝サラリーマン・おやじたちのオアシス〟としての味わいを無くさないような街づくりが必要であると思っています」

新橋のランドマークががらりと変わっても、あの猥雑な賑わいは不変であってほしい。

ところで新橋を色にたとえるとしたら何色だろうか。

本書に登場する人々に尋ねてみた。

「焼き鳥の青白い色、サラリーマンのビジネススーツの色が一緒になってる街の色、くすんでるけどエネルギッシュ」徳間書店元幹部。

「灰色（笑）。でもいまはもうちょっと鮮やか」アサヒ芸能元編集長・川田修。

「ビタミンカラーではないけど、暗くはない。元気色。でも色あせた畳の色（笑）。イグサの匂いがしないの」前著『上野アンダーグラウンド』に登場した汐留の大手企業ＯＬ・はるか。

「紫とピンク、それに黒が混じった街じゃな。セックスと暴力じゃよ」朝堂院大覚。

「まあ、雨の降る柳と提灯重ねたような雨の新橋を想定しますね。やっぱり人が一生懸命生きてるでしょ、なんか。変なのもいるし」中日新聞元記者・佐藤史朗。

「グレーか黒ですよ」渡辺プロダクション元幹部・渡部洋二郎。

「昔はどよんとしたねずみ色みたいなイメージがある。（新橋にあった）デイリースポーツも東京タイムスも、どよよんとしてさ」V1パブリッシング代表・比嘉健二。

「やっぱりモノトーンですよね、モノクロ。サラリーマンが多いっていうのと、SL広場、あの汽車。あとわたしが通ってた通路が暗い」松本清張賞作家・山口恵以子。

「薄汚い黄色と黒い鋼鉄（日テレ）ですね。（以前日テレがあった）麹町は鈍く光る黄金色ですね」元日本テレビプロデューサー・現在ドワンゴ・吉川圭三。

「日本が高度経済成長が終わったとはいえ、まだその残滓があって、ニュー新橋ビルをふくめて（入社した当時は）ハイカラなお店がすごく多くて、新橋もその新しい街のひとつ、というのがありましたよね。色で言えといったら、さわやかな色、ブルーっていうのか」スタジオジブリ代表・鈴木敏夫。


一年間新橋に通い詰め、新橋を歩き通して、かなりわかったつもりになったころ、この本が誕生した。

杉山茂勲氏をはじめ本書にかかわった、取材に応じていただいた方々にあらためてお礼を述べたい。

私にとって新橋は、二十四歳のときに書きとめたノートの陽に焼けた色だ。

二〇一七年神無月　本橋信宏

参考文献

『汐留遺跡：旧汐留貨物駅跡地内の調査 第1分冊』東京都埋蔵文化財センター発行
『都市の戦後 雑踏のなかの都市計画と建築』初田香成 東京大学出版会
『敗戦日記』高見順 中公文庫BIBLIO
『ニュー新橋ビル矩計詳細』松田平田坂本設計事務所
『新橋夜話』永井荷風 岩波文庫
『新橋烏森口青春篇』椎名誠 新潮文庫
『メディアの怪人 徳間康快』佐高信 講談社+α文庫
『月光 松本清張初文庫化作品集④』収録『統監』松本清張 双葉文庫
『新橋二丁目七番地 地べたに座って40年、靴磨きばあちゃんの教え』佐藤史朗 ソフトバンククリエイティブ
『最後の黒幕 朝堂院大覚』大下英治 竹書房
『映画道楽』鈴木敏夫 ぴあ
『誰が私を殺したの 三大未解決事件の迷宮』朝倉喬司 恒文社21
『すてごろ懺悔 あばよ、青春』真樹日佐夫 フルコム
『九十歳。何がめでたい』佐藤愛子 小学館
『One Day at a Time 昭和の面影「パブ・コダマ」の一夜』美光写苑
『シブいビル 高度成長期生まれ・東京のビルガイド』鈴木伸子 リトル・モア
『東京戦後地図 ヤミ市跡を歩く』藤木TDC 実業之日本社
『烏森神社縁起』烏森神社社務所
『新橋駅の考古学』福田敏一 雄山閣
『荷風！ vol.21新橋"今昔"を歩く』日本文芸社
『週刊再現日本史 明治② 新橋―横浜間を53分 鉄道開業！』講談社
『週刊実話』2015年8月6日号「風俗新潮流 第12回 手コキの裏歴史」本橋信宏 日本ジャーナル出版
『散歩の達人』2010年12月号「愛すべきサラリーマン建築さん」交通新聞社
【神秘】数学美 フィボナッチ数列—NAVERまとめサイトより

高速道路の高架と JR 線高架の隙間（有楽町〜新橋間）に存在する謎の道

[著者]

本橋信宏 もとはし・のぶひろ

1956年埼玉県所沢市生まれ。早稲田大学政治経済学部卒。私小説的手法による庶民史をライフワークとしている。実家から徒歩10分ほどで「となりのトトロ」のモデルになった狭山丘陵・八国山が横たわる。現在、都内暮らし。半生を振り返り、バブル焼け跡派と自称する。執筆内容はノンフィクション・小説・エッセイ・評論。

本書は『東京最後の異界 鶯谷』(宝島SUGOI文庫)、『迷宮の花街 渋谷円山町』(宝島社)、『上野アンダーグラウンド』(駒草出版)につづく"東京の異界シリーズ"第4弾となる。その他著書に『裏本時代』『ＡＶ時代』(以上、幻冬舎アウトロー文庫)、『新・ＡＶ時代 悩ましき人々の群れ』(文藝春秋)、『心を開かせる技術』(幻冬舎新書)、『＜風俗体験ルポ＞やってみたらこうだった』『戦後重大事件プロファイリング』(以上、宝島SUGOI文庫)、『60年代 郷愁の東京』(主婦の友社)、『エロ本黄金時代』(東良美季共著・河出書房新社)、『全裸監督 村西とおる伝』(太田出版、第39回講談社ノンフィクション賞最終候補作)など多数。

フェイスブック https://www.facebook.com/motohashinobuhiro

新橋アンダーグラウンド

2017年11月25日　第1刷発行

著者　本橋信宏
発行人　井上弘治
発行所　駒草出版 株式会社ダンク出版事業部
〒110-0016　東京都台東区台東1-7-1邦洋秋葉原ビル2階
電話 03-3834-9087
http://www.komakusa-pub.jp
印刷・製本　シナノ印刷株式会社

カバーデザイン・本文DTP　オフィスアント
カバー写真　高野宏治
本文写真　本橋信宏、高野宏治、編集部
地図制作　江田貴子
編集　杉山茂勲(駒草出版)

ISBN978-4-905447-86-3
日本音楽著作権協会(出)許諾第1712677-701号